Future Growth Trends
The Prospects and Challenges of China's Economy

中国经济参考系列

未来的增长
中国经济的前景与挑战

卢锋 / 著

中信出版集团 | 北京

图书在版编目（CIP）数据

未来的增长：中国经济的前景与挑战 / 卢锋著. -- 北京：中信出版社，2020.12
ISBN 978-7-5217-2352-6

Ⅰ.①未… Ⅱ.①卢… Ⅲ.①中国经济－经济发展－研究 Ⅳ.①F124

中国版本图书馆CIP数据核字（2020）第202374号

未来的增长：中国经济的前景与挑战

著　　者：卢锋
出版发行：中信出版集团股份有限公司
　　　　　（北京市朝阳区惠新东街甲4号富盛大厦2座　邮编　100029）
承 印 者：中国电影出版社印刷厂

开　　本：787mm×1092mm　1/16　　印　张：21.5　　字　数：270千字
版　　次：2020年12月第1版　　　　　印　次：2020年12月第1次印刷
书　　号：ISBN 978-7-5217-2352-6
定　　价：68.00元

版权所有·侵权必究
如有印刷、装订问题，本公司负责调换。
服务热线：400-600-8099
投稿邮箱：author@citicpub.com

目 录

自序　衰退式追赶及其前景 _ V

第 一 章
世界与中国

G20 峰会的前世今生 _ 003

中国 G20 新思维 _ 014

如何看待发达国家对华政策调试动向？_ 023

金融危机 20 年后的东亚经济 _ 031

第 二 章
WTO 改革的影响

中国"市场经济地位问题"备忘录
　　——争论的缘起、前景与启示 _ 039

WTO 改革新进展 _ 048

从"所有制中性"到"竞争中性"
　　——WTO 改革国企规则制定议题背景与选择 _ 066

中美贸易摩擦与世贸组织改革 _ 077

第三章
中美经贸竞合关系

特朗普就任的经济背景 _ 085

评美对华301调查结果 _ 094

中美经贸关系变局 _ 101

中美经贸关系出路 _ 108

第四章
直面产业政策

无须回避产业政策改革 _ 117

产业政策的历史特点与改革逻辑 _ 122

反思产业政策,力推国内改革 _ 129

第五章
从部门经济看全局

我国粮食安全有保障 _ 137

肉价飙升的经济学观察:问题出在供给侧 _ 146

"南猪北养"利弊探讨 _ 155

非洲猪瘟的经济后果 _ 163

钢铁业未来10~20年有望全面崛起 _ 172

全球钢铁贸易再平衡与中国调整 _ 184

我国钢铁业的困境与结构性改革 _ 193

第六章
通货紧缩究竟离我们有多远

把"通缩"这个幽灵看个透 _ 201

应对通缩的中国功夫 _ 221

第七章
拨开潜在增速的迷雾

宏观调控谋稳定，改革突破上台阶 _ 241

十九大后中国经济的前景与挑战 _ 248

如何理解本轮中国经济下行调整？_ 256

我国经济的潜在增速之谜 _ 271

第八章
疫情影响下的世界经济

农业革命开启人类新疾病模式 _ 283

新冠肺炎大流行与疫情经济学 _ 295

应对危机需全方位加强国际合作 _ 303

如何看待大疫之年的粮食安全？_ 316

美国应对新冠肺炎疫情为何迟缓？
——疫情经济学思考 _ 324

自序　衰退式追赶及其前景

2020年新冠肺炎疫情全球大流行，致使世界经济遭遇近一个世纪以来最大衰退。中国经济以其结构性优势与韧性，有望成为主要经济体中唯一实现正增长的经济体。同时人民币汇率也改变上年显著贬值的走势，5月后持续升值，1—10月数据提示年平均汇率或大致企稳。今年我国经济增速虽因疫情冲击低于潜在增速，但外部世界经济总体深度衰退，二者结合形成一种少见的"衰退式追赶"的特点。随着疫情防控与疫苗研发的进展，明年世界经济或许会普遍复苏，而中国经济较快追赶格局有望在后疫情时期持续展开。

根据IMF（国际货币基金组织）秋季《世界经济展望》（WEO）报告预测，2020年世界经济实际增速为-4.4%，其中我国经济正增长1.9%，美国经济收缩4.3%，两国实际增速相差6.2个百分点。人民币兑美元汇率年初约为7，从5月开始由贬转升，到10月下旬升到6.7左右。1—10月平均汇率虽仍比2019年略低，然而与2019年平均汇率贬值4.38%相比，已不可同日而语。如果11—12月能维持温和升值走势，全年平均汇率有望企稳。再考虑2020年我国GDP（国内生产总值）

平减指数与美国相差无几，估计我国用市场汇率衡量的美元 GDP 增速会比美国高出 6 个百分点。2019 年我国汇率折算美元 GDP 约相当于美国的 67%，2020 年该指标有望达到 71% 以上。换言之，2020 年我国对美国总量追赶或收敛速度在 4% 以上，显著高于 2012—2019 年该指标的均值 2.3%。

在推动形成衰退式追赶提速这个经验事实的诸多变量中，两方面因素发挥了基本作用。

一是借助体制特有的社会动员能力及其实现特定目标的较高执行力，我国在控制疫情方面取得了突出成效。新冠肺炎疫情虽然曾在我国大范围暴发，年初对我国经济运行造成了严峻冲击，然而得益于强有力的全社会范围内系统配套的干预措施，疫情肆虐局面较快得到控制，为经济和社会秩序稳定恢复创造了有利条件。美国和许多西方国家由于种种原因未能及时有效控制疫情，经济运行受到更大程度拖累，这显然是今年中美经济增速差距加大的最重要原因。传染病国际流行对大国经济增长绩效直接造成如此明显不对称的影响，是近现代世界经济史上极为罕见的现象。未来疫情风险如果不能因应疫苗接种及其他公共卫生措施而完全消除，这个比较疫情经济学变量对后疫情时期的国际经济增长表现仍会具有解释作用。

从 2020 年我国前三季度经济运行表现看，我国疫情防控相对有效性对国民经济运行的影响，不仅为经济社会秩序较早恢复常态奠定了基础，而且对出口与外贸超预期恢复和增长产生了始料未及的积极作用。3 月世界卫生组织宣布全球疫情大流行之后，当时较多预测观点认为，外国疫情普遍流行会打压需求，进而大幅拖累我国年内后续出口，成为不利于我国经济复苏的重要变量。但实际情况是，全球需求确实大幅萎缩，然而另一方面，由于我国经济较早恢复正常供给能力，国际市场部分需求转移到我国，前三季度取得合计出口增长 1.8%

的难得成绩。如疫情对生活方式改变带动笔记本电脑、家电出口分别增长17.6%、17.3%，包括口罩在内的纺织品出口达8 287.8亿元，增长37.5%，医药材及药品、医疗仪器及器械出口分别增长21.8%和48.2%。

另一个因素与我国经济发展的阶段性特点有关：宏观经济运行对刺激政策反应较为显著灵敏。针对年初新冠肺炎疫情暴发后对经济运行造成的罕见冲击，中央与地方政府在早先已实施"六稳"宏观经济政策的基础上，进一步快速出台各种救助性与刺激性的"六保"宏调政策举措，宏观经济不同部门很快出现较强响应。如前三季度规模以上工业增加值同比增长1.2%。固定资产投资同比增长0.8%，其中基础设施投资增长0.2%。房地产虽面临各类追加调控措施抑制作用，开发投资仍取得5.6%的较高增速，对整体投资恢复正增长发挥了重要支持作用。

宏观经济整体较快复苏的同时，高科技行业与改善民生投资较快增长显示国民经济结构高度化进程仍在持续。如今年前三季度我国高技术产业投资增长9.1%，其中医药制造业、计算机及办公设备制造业投资分别增长21.2%、9.3%，电子商务服务业、信息服务业、科技成果转化服务业投资分别增长20.4%、16.9%、16.8%。社会领域投资增长9.2%，其中卫生、教育投资分别增长20.3%、12.7%。从工业生产角度看，前三季度全国规模以上工业增加值同比增长1.2%，其中高技术制造业、装备制造业增加值同比分别增长5.9%、4.7%，工业机器人、集成电路产量同比分别增长18.2%、14.7%。

依据目前国际主流机构预测，2021年各国经济将不同程度普遍复苏，像今年这样绝对意义上衰退式追赶的现象便不再会重现。然而依据对中美与全球经济中长期增长的展望及其驱动因素的分析推测，在外部经济增速有所回落的环境下，我国经济较快追赶可能在未来一段时期持续展开。如 IMF 预测 2021 年经济增速，中美分别为 8.1% 和 3.5%，两者相差 4.6 个百分点；2021 年美国名义 GDP 以及中国用汇率衡量的美元 GDP 分别增长 5.36% 和 10.98%，暗示人民币实际汇率升值大约 1 个百分点，中国上述可比名义 GDP 增速比美国高出 5.62 个百分点。

IMF 还提供了对成员国某些宏观经济指标截至 2025 年的预测。数据显示，到 2023 年我国用市场汇率折算 GDP 规模将达到 19.513 万亿美元，当年欧盟 GDP 预测值为 18.839 万亿美元，届时中国经济用市场汇率衡量的总量规模将第一次超过欧盟。2025 年中国美元 GDP 规模将达到 23.03 万亿美元，是美国当年 25.783 万亿美元的 89.32%，是欧盟当年 20.301 万亿美元的 113.44%。依据这个长期预测，2020—2025 年，我国对美国总量年均追赶或收敛速度约为 4.56%，大约是 2012—2019 年同一指标均值 2.3% 的两倍。

任何预测都可能因为未来的不确定因素发生偏差。IMF 上述数据或可看作中位预测，对中美两国经济相对增速或中国经济未来追赶速度仍存低估或高估的可能。例如，对美国经济而言，最近辉瑞报告疫苗研制试验取得重大进展，后续大规模推广接种能否顺利推进及其效果如何？又如，今年美国总统大选经历了罕见的民意对立甚至程序性困难，年底能否顺利实现大选后政府权力传承交接，新政府能否较快弥合国内政治与族群对立，并如期稳定局势？这些因素无疑对美国能否实现预测的经济增速反弹具有重要影响。

就我国情况看，基于有关"改革状态相关的潜在增速"经验[①]，如能在农地制度、户口政策、更好保护激活民营经济长期发展积极性等方面实施必要改革，更有效释放城市化增长潜力，并更多用市场性手段有效应对房价高企问题，同时稳妥实施宏观政策应对需求冲击与金

---

① 参见本书第七章《我国经济的潜在增速之谜》一节的分析讨论。

融风险，应有可能在未来5~10年实现年均4%~6%的中高速增长。另一方面，可贸易部门生产率持续追赶派生巴拉萨－萨缪尔森效应，境外投资者对我国资产增持意愿趋势性上升，国家有关人民币国际化方针的实施，有望推动人民币实际汇率重回长期升值轨道。在此条件下，我国经济未来追赶速度可能超过上述预测水平。

在内外新环境下，我国经济追赶提速会派生多方面的复杂影响。经济保持中高速较快增长是实现国家"十四五"以及2035年远期发展目标的必要条件，也将为逐步缓解和化解阶段性外部环境矛盾压力提供必要条件。另外，与衰退性追赶相联系的疫情时代背景，为创新提出更为广义的环境保护与可持续发展概念，为探索创造包含有效防范应对新人兽共患病与新型传染病在内的新发展模式提供了现实契机，有利于推进全球合作并缓解国际矛盾。

然而，与新世纪初年全球经济繁荣环境下中国经济超预期追赶经验比较，未来新一轮经济追赶提速会面临新的挑战。美欧等主要发达国家内部经济困难增加与社会矛盾激化，中国在总量追赶加速以及中高端产业市场的竞争力提升，会对发达国家近年已开始的对华政策调整引入更多不确定性，这意味着我国未来的经济发展和追赶会面临更为特殊的外部环境风险。在这个意义上，经济后进大国追赶提速越接近某个临界点，大国相互博弈过招与利益矛盾强度越会上升，需要把实力与智慧结合起来坚定而冷静地应对。

新一轮追赶提速对新兴经济体与发展中国家的影响与新世纪初年比较也会显著不同。虽然会对国际大宗商品市场产生边际利好效果，但难以出现世纪初那种我国需求跳升推动形成超级商品牛市的景气行情。前几年我国推进"一带一路"广泛合作取得重要成果，然而发展中也出现投资项目与债务可持续等方面的问题，需进行阶段性调整。与中国经济具有较强市场互动关系的"一带一路"国家会从中国追赶提速中普遍获益，特别是与中国经济互补性较强及联系较紧密的周边邻国如东盟成员国等，在分享中国经济追赶积极影响方面会有近水楼台之便。中国发展的顺风车效应是刚刚签署的《区域全面经济伙伴关系协定》(RCEP)的重要助推因素之一。

笔者几年前出版的另一本有关开放宏观经济的评论集[①]，从不同角度分析了新世纪初年宏观经济强劲增长的原因，考察了退出"一揽子"刺激政策的宏观经济背景以及延续到十八大以后的经济调整过程。我们看到，新世纪最初十余年我国开放经济超预期追赶，快速改变了世界范围的经济版图，同时也在某种程度上再造了我国发展的外部环境条件，突出表现为近年中美关系的转折式变化。2016年特朗普入主白宫后重估对华战略，中美关系以及我国与外部世界特别是发达国家的关系，进入深度调试与转型期。

随着近年国内外环境的深刻快速演变，中国经济巨轮驶入波涛汹涌与暗礁密布的水域，前所未有的机遇与风险同时出现。面对短期事件纷至沓来与历史格局加速转变的罕见形势，本书收录文字对中美关系、国际治理改革、经济潜在增速、若干部门经济与政策等问题进行观察和评论。2020年经济运行呈现的衰退式追赶经验事实及其前景，则为未来经济增长演变提供了一个新的现实观察视角。

笔者多年来研究开放宏观经济与国际经济问题，离不开与"国际财经研究小组"年轻同事的讨论交流，并得益于他们提供的各种帮助，本书个别文章是与他们合作完成的。借此机会对正在或曾经参与国际财经研究小组工作的年轻同事和朋友表示感谢。

是为自序。

2020年11月17日

[①] 卢锋《宏调的逻辑——从十年宏调史读懂中国经济》，中信出版社，2016年版。

第一章
世界与中国

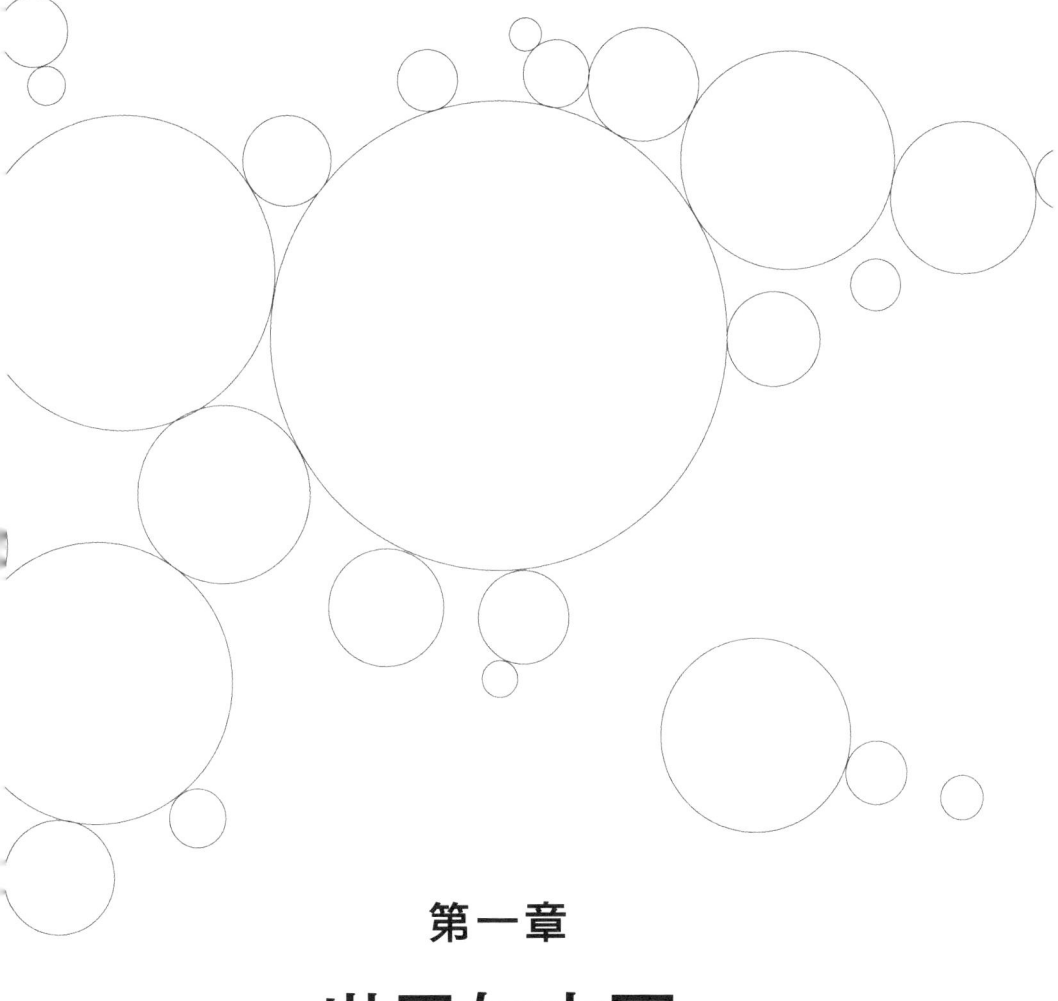

G20 峰会的前世今生

2016 年 G20（二十国集团）杭州峰会的召开，引发了人们对 G20 前所未有的关注。从较长历史视角观察，G20 峰会是战后国际经济格局与全球治理架构持续演变的结果，G20 杭州峰会以一叶知秋的方式折射了当今世界经济演变大势的特征与内涵。回顾 G20 峰会产生的历史渊源与运作发展过程，对于理解 21 世纪全球经济重组变革特点，观察 G20 杭州峰会的影响与意义，都具有重要作用。

从 G4 到 G20

G20 领导人峰会始于 2008 年底美国金融危机全面爆发之际，然而 G20 财政部长对话机制早在 1999 年就由西方 G7（七国集团）峰会主导创建。如进一步追溯 G7 峰会、G5（五国集团）峰会及更早的"图书馆集团"或 G4（四国集团）的产生，则需要将观察视野延伸到 20 世纪 70 年代初的特定历史背景。布雷顿森林国际货币体系的最初架构崩解后，西方主要工业国对创新宏观经济政策协调方式的需要及做出的努力，成为后续变化的历史起点。

1971年8月15日，时任美国总统尼克松发表关闭黄金窗口的著名演讲，标志着战后建立的以"双挂钩"（美元挂黄金，其他国家货币挂美元）为特征的布雷顿森林国际货币体系的终结。国际金融市场和主要工业国的宏观经济面临更加动荡的形势，如何应对布雷顿森林体系崩溃带来的影响，有效协调主要工业国汇率与开放宏观经济政策，成为西方世界面临的现实而紧迫的问题。

针对这一需要，1973年3月美国财政部长舒尔茨邀请英国、法国、德国财政部长在白宫图书馆举行非正式会议，讨论美元汇率等宏观经济政策议题，形成所谓的"图书馆集团"（the Liberary Group），又称"四国集团"。未被邀请的日本有意加入，同年9月日本大藏相在肯尼亚的一个外交场合邀请四国财政部长在日本大使馆会面曲诉衷肠，得到四国同僚首肯，G4扩容为G5。

1973年这次非正式与私密性的G4财政部长会议成为后来G7峰会的滥觞。随着石油危机爆发与西方国家宏观经济困难加剧，货币金融与宏观经济政策协调的必要性进一步提升。曾参加G4财政部长会议的法国前财政部长德斯坦1974年荣登法国总统，不久之后在一次接受美国媒体访谈时提出举办五国首脑峰会的设想。在峰会筹备过程中，意大利一再要求参加，最终获得允准，G5峰会扩容为G6峰会。

1975年11月15日至17日，六国集团在法国巴黎郊外的郎布依埃城堡举行第一次经济首脑会议。虽然六国领导人当时认为这不应成为一个稳定的"体制性"（institutionalized）安排，但出乎预料的是，第一次峰会后不到半年，美国就建议再次举办峰会，结果1976年六国集团在波多黎各再次举行峰会。作为对法国容许意大利参加峰会的某种平衡，美国邀请加拿大参加，形成后来七国集团相对稳定的架构。

此后20余年，G7峰会成为西方以至全球货币金融与宏观政策的重要协调机制，诸如《广场协议》《卢浮宫协议》的签订，以及日美贸易摩擦、墨西哥金融危机与亚洲金融危机等重大经济事件的应对，G7峰会都在不同程度上发挥了顶层协调与引导作用。1997年美国总统克林顿邀请俄罗斯总统叶利钦参加峰会的政治对话部分，G7峰会在形式上扩容为G8峰会，然而本质上仍是由G7主导。随着克里米亚"脱乌入俄"演变态势明朗化，2014年3月G7领导人决定暂停俄罗斯G8成员国地位。

推动G7向G20转变的关键事件是1997年底的亚洲金融危机。危机的全球性影响及救助过程，不仅使世人认识到新兴经济体对全球经济稳定增长的重要性，也凸显了国际货币金融治理体系的明显局限。G7峰会协商决定，邀请相关国家举行财政部长和央行行长会议。1999年12月16日，G20财政部长和央行行长在柏林举行创始会议，这个非正式对话新机制旨在推动发达国家与新兴市场国家交流协调经济政策与改革国际金融体制，寻求合作，推进世界经济稳定持续增长。

此后G20财政部长和央行行长会议成为常态性机制并取得明显成效。例如2000年10月在加拿大蒙特利尔举行的G20财政部长会议，讨论了经济全球化及如何防范应对具有全球性影响的金融危机问题并达成"蒙特利尔共识"。共识主要内容包括：共同推动经济和贸易全球化，使其惠及广大发展中国家；改革国际货币基金组织等机构，增加其透明度；继续朝建立统一的国际金融标准和规则方向努力，以增强联合抵抗金融危机能力；对重债国进行援助，并协助其进入全球经济体系；等等。

21世纪初，中国等新兴国家经济快速增长进一步改变世界经济格局，客观上需要把G20对话从部长级别提升到领导人层面。2003年6月，G8东道国法国邀请中国、印度和巴西等国参加南北领导人非正式对话会。2005年7月，G8+5峰会在苏格兰举行，随后几年又举行过类似对话。与此同时，G7内部出现创建G20领导人正式对话机制的呼声。然而历史表明，全球治理结构的重大调整变革仅有现实需要还不够，还要有重大历史事件推动，美国金融危机爆发为 G20 峰会的出现提供了历史契机。

危机催生 G20 峰会

2007 年初美国房地产次贷市场风险开始显现，经过一年多的持续发酵，演变为 20 世纪经济大萧条以来的最严重金融危机。2008 年 9 月，"两房"[①] 被接管，美林被并购，雷曼兄弟破产，AIG（美国国际集团）告急，一系列巨大冲击接踵而至，标志着美国金融危机全面爆发，造成全球货币金融市场剧烈动荡，给世界经济带来严重冲击与危险。如何合作应对危机渡过难关，成为当时国际社会面临的现实而紧迫的问题。

事实表明，面对这次危机，国际社会第一次采取了广泛合作的应对政策，不仅包含联合救市措施，也体现为加强国际金融监管、改革国际金融治理架构等更深层次的努力。G20 峰会这个更高级别国际经济合作平台的创建，是危机催生国际治理架构改革的突破性成果，又为指导推动后危机时代全球治理结构的改革完善提供了重要的机制性条件。举办 G20 峰会这一构想的酝酿、讨论与决策，大体发生在 2008 年 9 月下旬到 10 月中旬这一个月前后的较短时间，具体进展可从几个时间节点粗略观察。

一是 9 月下旬联合国大会释放变革呼声。美国金融危机全面爆发恰逢联合国于 9 月 23 日至 25 日举行第 63 届大会，大会发言呼吁改变治理结构和举行领导人峰会应对危机。联合国秘书长潘基文指出"全球问题需要全球应对"，"对集体行动的呼唤，对全球领导力的呼唤，

---

① "两房"指美国两家带有政府性质的住房贷款融资公司房利美、房地美。——编者注

现在正当其时"。法国总统萨科齐指出危机是20世纪30年代大萧条以来最糟糕的金融混乱，呼吁11月举办领导人峰会决定应对方针并加强国际金融市场监管，得到很多国家领导人的响应。

二是10月10日澳大利亚总理陆克文向美国总统布什电话建言举行G20峰会。据澳大利亚媒体报道，陆克文总理从9月下旬开始就在不同国际场合提出召开一次比G8更具有代表性的会议以应对金融危机，他与布什总统通电话时强调美欧主导的G8治理架构已不适应当今时代的要求，力主以应对危机为契机把中国等新兴大国纳入全球经济合作协调的制度化体系，因而需要召开G20领导人峰会。他还从政治紧迫性与经济常识角度敦促尽快举行峰会。

三是10月15日G8领导人就举办一次具有更广泛代表性的峰会达成初步共识。G8峰会有关全球经济声明对G7财政部长和央行行长早先制订的应对危机行动计划表示欢迎和支持，强调开放市场经济与完善市场监管理念，重申继续推进贸易投资自由化。声明指出，必须采取措施改革全球金融监管与修补制度漏洞，为此要寻求发达国家与发展中国家更为紧密的合作。声明期待关键国家领导人在最近的将来适当时间聚会，制定应对21世纪挑战的改革议程。

四是10月18日法国总统萨科齐与欧盟委员会主席巴罗佐到访戴维营会见美国总统布什，确定召开国际金融峰会。布什总统提到G8领导人稍早就应对金融危机举办国际会议达成共识，表示期待在不久的将来主持这次代表发达国家与发展中国家的领导人峰会。萨科齐总统支持峰会设想并提出具体建议，认为参与国应包括G8+5对话会成员国与其他一些国家，峰会可在11月底之前举行，希望以联合国作为峰会举办地点。巴罗佐主席代表欧洲表态，支持尽快举行国际峰会。

五是10月21日布什总统邀请中国参加G20峰会。据公开报道，中美两国领导人在2008年9月22日和10月21日两次通电话。第二次通话的主要内容应是向中国通报举办 G20 峰会计划并邀请中国参加。两国领导人就"国际金融峰会、加强国际合作、应对国际金融危机交换看法"。胡锦涛表示:"中国政府为应对这场金融危机采取了一系列重大举措……中国政府将继续以对中国人民和各国人民负责的态度,同国际社会密切合作,共同维护世界经济金融稳定。"(《人民日报》2008 年 10 月 22 日 01 版)

六是 10 月 22 日美国白宫新闻发言人宣布将于 11 月 15 日在华盛顿召开 G20 国际金融峰会。领导人将评估应对金融危机的进展,分析危机产生根源,为防范危机重演寻求在世界金融部门达成监管与制度改革方面的共识,讨论危机对新兴经济体与发展中国家的影响。白宫新闻发言人提到,筹办这类国际峰会通常需要一年以上,但是距开会日期仅剩下 23 天,时间非常紧迫。

G20 峰会简史

自 2008 年 11 月 15 日首次 G20 峰会举办以来,中国作为第十个 G20 峰会举办国,在杭州举办了第十一次 G20 峰会。

第一次 G20 峰会名称是"二十国集团金融市场与世界经济华盛顿峰会",峰会宣言在分析危机根源的基础上,就"已经和将要采取的行动""金融市场改革的普遍原则""部长和专家的任务""致力于开放的全球经济"等四方面议题达成共识。各国承诺"继续积极努力,进一步采取一切必要的措施,以稳定金融体系"。宣言还通过了"关于落实改革原则的行动计划"。

首次峰会决定在 2009 年 4 月 30 日之前再次举行会议,审议已经确定的有关原则和决定的落实情况。2009 年 4 月 2 日 G20 领导人在伦敦举行第二次峰会,评估已经实施的应对危机政策的效果,讨论加快全球经济复苏、加强国际金融监管、改革国际货币组织与世界银行等国际金融机构等方面的议题。

在"一揽子"经济刺激政策的作用下,中国宏观经济某些重要先行指标在2009年第二季度已出现明显复苏走势并推动总需求逐步展开V形反弹。同年下半年,美国经济也走出危机冲击的"急救室",全球经济较快进入复苏增长轨道。针对经济演变形势,2009年G20匹兹堡峰会提出"强劲、可持续和平衡增长"的目标,显示峰会主题发生显著变化。

2010年首尔峰会的突出特点是强调了发展议程,并就IMF份额调整与较大幅度提升中国与新兴国家份额达成共识。2011年以后峰会改变此前每年召开两次的做法,每年举办一次。2011年法国担任G20峰会主席国期间,高度重视推动国际货币体系改革议题讨论并取得进展。然而,由于举行戛纳峰会前后欧债危机形势恶化,领导人的注意力一定程度转移到如何应对欧债危机以稳定全球经济的议题上,有关国际货币体系设计改革的讨论受到影响,因而未能充分实现预期目标。

此后的2012年墨西哥洛斯卡沃斯峰会、2013年俄罗斯圣彼得堡峰会、2014年澳大利亚布里斯班峰会以及2015年土耳其安塔利亚峰会,在宏观政策协调、促进经济和贸易增长、国际金融改革与长期发展等领域继续推进合作,同时在促进就业、鼓励基础设施投资、稳定大宗商品市场、粮食安全、反腐败和应对全球气候变化挑战等方面开拓新合作领域,探索G20从危机应对向长效治理机制转化的路径。

G20峰会不设秘书处与专门执行机构,运作方式特点是以领导人峰会为引领,以协调人与财金部门的"双轨机制"为主渠道,以部长级会议与专题工作组为支持,以IMF、OECD(经济合作与发展组织)等国际组织为辅助。截至2020年,G20框架内共有12个专题工作组,最早的是2009年由美国倡导建立并担任主席国的增长框架工作组,次年韩国创建了第二个发展工作组,澳大利亚担任主席国时设立了三个工作组,2016 年中国创设了贸易投资工作组。

G20 峰会与 G7 峰会相比,具有多方面特点。首先是代表性更为广泛。G20 成员国人口占全球人口的 2/3,国土面积占 60%,经济活动总量与贸易额占世界 8~9 成;另外,G20 包含发达国家与发展中国家,区域分布也比较平衡。其次是相对平等性。采用寻求共识和协商一致的运作原则,新兴国家与发达国家相对平等地就国际经济金融事务沟通协调合作行动。再次是务实引领性。围绕现实问题设置议程,在应对国际金融危机、促进世界经济复苏、推动全球金融货币体系改革等方面发挥积极引领作用。四是动态演进性。因应后危机时期全球经济形势发展与矛盾演变,调整充实峰会议程、内容与行动方针,体现国际治理架构的演进性与可塑性。

G20 峰会中国年

2014 年的布里斯班峰会确定由中国举办 2016 年 G20 峰会。2015 年 11 月 16 日习近平在土耳其安塔利亚宣布,中国将于 2016 年 9 月 4 日至 5 日在浙江省杭州市举办 G20 第十一次峰会。习近平 2015 年 12 月 1 日发表 G20 峰会致辞,标志中国正式接任 2016 年 G20 主席国。中国为开好 G20 杭州峰会做了精心谋划与细致筹备工作。

第一,习近平致辞系统阐述了办好 G20 杭州峰会的原则方针。致辞肯定 G20 峰会是发达国家和新兴市场国家及发展中国家开展合作的重要论坛,在引领和推动国际经济合作方面具有举足轻重的影响。国际经济合作又走到一个重要转折点,G20"理应谋大势、做实事,推动解决世界经济的突出问题,为实现强劲、可持续、平衡增长目标而努力"。

致辞要求"致力于构建创新、活力、联动、包容的世界经济,通过创新驱动发展和结构性改革,为各国增长注入动力,使世界经济焕发活力"。"推进各国经济全方位互联互通和良性互动,完善全球经济金融治理,减少全球发展不平等、不平衡现象,使各国人民公平享有世界经济增长带来的利益。"习近平称赞峰会举办城市杭州"是历史名城,又是创新之城,既有中国文化的韵味,也有面向世界的宽广胸襟"。致辞承诺"杭州2016年峰会将呈现给世界一份别样的精彩"。(《人民日报》2015年12月1日03版)

第二,确定"创新、活力、联动、包容"的"4个i"概念作为统领G20杭州峰会的主题。八字主题与中国"十三五"规划的五大理念——创新、协调、绿色、开放、共享具有多重交集,对全球经济增长与发展问题及其需要来说具有现实针对性。中国筹办G20峰会,致力于把国内正在努力推进事业与世界经济转型发展的诉求结合起来,将国内发展政策与世界发展政策贯通衔接,体现了新兴大国通过国际合作引领世界发展潮流的特殊能动性与影响力。

第三,确定G20峰会议程并扎实推进峰会筹备工作。G20杭州峰会设计了涵盖"创新增长方式""更高效全球经济金融治理""强劲的国际贸易和投资""包容和联动式发展"等四大领域共21个分项的全面议程,既体现了与早先G20峰会内容的联系与传承,又彰显了大量中国元素与特色贡献。为实现设计目标,中国各方面做了大量细致工作。王毅部长在5月底峰会100天倒计时开始时介绍,围绕G20峰会中国年主题,将在中国20个城市举办66场各类会议,参与量将达数万人次。

以财金领域而言,2月到7月的三次G20财政部长和央行行长会议,针对国际宏观经济形势变化特点及时进行政策协调,着力维护全球宏观经济复苏增长的大局;同时就财金渠道改革与发展的广泛议题进行沟通协调，在提升结构性改革的地位和引领作用，推进国际金融治理架构改革与发展普惠及绿色金融等方面取得一系列突破性进展。又如7月在上海召开的G20贸易部长会议上，G20成员国同意创设G20贸易投资工作组，通过《二十国集团全球贸易增长战略》与《二十国集团全球投资指导原则》两个文件，有望对促进国际贸易投资产生积极影响。

第四，致力于稳定全球宏观经济形势。这是开好G20杭州峰会的前提条件。针对年初金融市场波动形势，2月的财政部长和央行行长会议指出汇率的过度波动和无序调整会影响经济和金融稳定，首次承诺就外汇市场密切讨论沟通，重申将避免竞争性贬值和不以竞争性目的来盯住汇率，反对各种形式的保护主义。4月和7月的财政部长和央行行长会议继续针对经济形势变化相机抉择采取应对政策。上述宏观政策协调措施减少了政策不确定性与潜在负面溢出效应，对增强信心、稳定市场与促进增长发挥了积极作用。全球经济保持大体平稳复苏态势，为开好G20杭州峰会提供了良好的宏观经济环境。

历史的启示

回顾梳理G20的前生今世，分析G20杭州峰会的贡献与前景，对我们辩证理解当代全球经济治理架构的形成演变规律，科学认识新中国发展道路的探索实践与未来方向，都有一些启示意义。

首先，作为国际经济合作的重要协调引导机制，无论是二十国集团还是七国集团都是特定历史条件下的产物，是特定时期大国经济实力对比等客观条件决定全球治理架构具体形式的结果。战后建立的布雷顿森林体系作为一种特定的国际经济协调机制，受当时历史环境制约，由美欧少数国家支配，存在诸多局限，在处理特定经济事务与应对重大事件和危机时经常表现出认知立场偏见或双重标准。然而这一体系同时为战后经济全球化推进提供了必要秩序规则等公共品，为包括中国在内的一批新兴经济体的开放发展提供了比早先历史时期有利的外部环境。

其次，战后全球治理架构具有一定程度的自我调节嬗变功能。在客观环境演变的条件下，原有治理架构并非采取暴烈对抗方式进行推倒重建，而是通过自我调整方式得以嬗变。治理结构的突破性变化往往通过重大危机实现。无论是 20 世纪 70 年代初布雷顿森林体系崩解后由于新协调机制的需要创建 G4 与 G7，还是亚洲金融危机助推 G20 问世，抑或是美国金融危机倒逼 G20 峰会机制产生，一个个看似偶然的事件拼接而成的整体画面，清晰反映了战后全球经济大势演变推动国际治理结构自我变革的历史辩证发展过程。

再次，新世纪初年中国经济超预期追赶，加上印度等其他新兴大国经济高速成长，以令人惊诧的速度改变南北经济力量对比与全球经济格局，客观要求创造超越布雷顿森林体系精神以更好适应 21 世纪世界发展需要的治理架构。美国在华尔街金融危机爆发后手忙脚乱地决定举办 G20 峰会，再次彰显环境变化后危机推动治理结构变革的铁律。举办 G20 杭州峰会，让中国第一次以东道国身份与世界主要国家一起，探讨如何在后危机时代引领世界经济发展新潮流。

最后，探讨 G20 杭州峰会的影响，结合回顾新中国的历史，能使我们更清晰地看到，40 年前果断结束"文革"，用"和平与发展"的新国际观逐步取代"战争与革命"的旧国际观，用改革开放、和平发展的新理念逐步替代阶级斗争为纲、无产阶级专政的旧路线，是中国经济和社会现代化走向正确道路的决定性转折。G20 杭州峰会是这个历史转折延长线上的一个标志性时点。探索未来的和平发展道路注定充满困难坎坷，而重视历史的启迪有助于我们更理性、更明智地应对未来挑战。

中国 G20 新思维

在世界经济发展面临转折期的关键当口，G20 杭州峰会以"创新、活力、联动、包容"为主题，在加强政策协调、创新增长方式、推进结构改革、优先包容发展、重振贸易投资、完善全球治理等方面取得诸多共识和成果。与"最忆是杭州"晚会上巨幅彩扇收合场景呈现美感一样，杭州峰会在 G20 发展史上留下了浓墨重彩的中国印记。

习近平在杭州 G20 峰会与 B20 峰会（二十国集团工商峰会）上做了多次演讲，这些讲话内容阐述了正确分析与应对世界经济形势的新思路，强调了和合共生与"大家都好，世界才能更美好"的包容发展新理念，凸显了大国经济政策内外衔接贯通的立场，给人以耳目一新之感。中国 G20 新思维体现了十八大以来中国决策理念方针的演进特征与内在逻辑，显示了中国经济外交战略的基本取向，对 G20 杭州峰会凝聚共识与合作行动发挥了引领作用。

重新审视世界经济形势

全面准确分析世界经济形势的基本特征与根源，是制定 G20 有效战略与政策的认识前提。重新审视世界经济形势，是中国 G20 新思维的一大亮点，也是 G20 杭州峰会的重要成果。

早先 G20 峰会对世界经济形势比较侧重短期分析。最初两次峰会即华盛顿与伦敦峰会期间，世界经济仍处于受国际金融危机冲击的震荡状态，峰会主要关注如何遏制全球经济下滑势头。2009 年 9 月匹兹堡峰会以后，对经济复苏短期制约因素的关注成为峰会分析世界经济形势的基本视角。G20 杭州峰会延续重视全球经济复苏增长的政策立场，同时调整形势分析视角并提出全新判断，提升了对后危机时期世界经济阶段性特点的认识，加深了对经济短期困难结构根源的理解，为应对策略与发展理念调整做了重要铺垫。

首先是客观认识形势并把握世界经济阶段性特征。习近平在杭州 B20 峰会主旨演讲中指出："世界经济在深度调整中曲折复苏，正处于新旧增长动能转换的关键时期。"G20 杭州峰会公报也指出："我们相聚在世界经济版图持续变化和全球增长动力大转型的重要时刻。这一转变带来挑战和不确定性，同时也蕴含机遇。"上述高度凝练的概括表述，传递了 20 国领导人对世界经济形势分析判断的重要变化。

"在深度调整中曲折复苏"，是对后危机时期世界经济形势提出的全新总体诊断。深度调整与弱势复苏相互联系，弱势复苏是表象，而深度调整是根源。世界经济经历深度调整，原因不仅在于危机前扩张期失衡因素需经历逐步化解阶段，也由于主要发达经济体在危机后主要采用量化宽松刺激政策应对困境增加全球经济复杂化因素，还与大国经济力量消长派生"世界经济版图持续变化和全球增长动力大转型"的时代特点有关。

重新审视形势还表现为在直面现实困难的同时重视分析其深层根源。习近平指出，目前世界经济"面临增长动力不足、需求不振、金融市场反复动荡、国际贸易和投资持续低迷等多重风险和挑战"。G20

杭州峰会公报也指出："经济增长仍弱于预期。金融市场潜在动荡、大宗商品价格波动、贸易和投资低迷、一些国家生产力及就业增长缓慢等下行风险犹存。地缘政治走向、难民增加以及恐怖主义冲突等挑战导致全球经济前景复杂化。"

然而全面分析经济形势，需看到短期需求不足与增长乏力表象背后的深层根源。习近平演讲指出了部分长期性和结构性原因，包括"上一轮科技进步带来的增长动能逐渐衰减，新一轮科技和产业革命尚未形成势头。主要经济体先后进入老龄化社会，人口增长率下降，给各国经济社会带来压力。经济全球化出现波折，保护主义、内顾倾向抬头，多边贸易体制受到冲击"。此外，世界经济处于格局版图变迁与增长动能转换阶段，这个变革重组阶段派生的"挑战与不确定因素"也会对经济增长带来制约。

标本兼治的政策主张

正因为后危机时期经济增长后劲不足是多方面综合原因的结果，应对措施就不应仅针对短期需求不足实施刺激政策，而要同时着力解决制约长期增长的深层结构因素，在找准病灶的基础上"开出一剂标本兼治、综合施策的药方，让世界经济走上强劲、可持续、平衡、包容增长之路"。

G20杭州峰会提出的标本兼治药方，突出体现为更加重视结构性改革政策的地位和作用，第一次把G20常备经济政策工具从货币、财政政策扩展到包括结构性改革政策。习近平在G20杭州峰会开幕辞中呼吁："二十国集团成员应该结合本国实际，采取更加全面的宏观经济政策，使用多种有效政策工具，统筹兼顾财政、货币、结构性改革政策，努力扩大全球总需求，全面改善供给质量，巩固经济增长基础。"

结构性改革与创新、新工业革命、数字革命一起，成为《二十国集团创新增长蓝图》的基本概念。

习近平在闭幕辞中指出："要标本兼治，综合施策，运用好财政、货币、结构性改革等多种有效政策工具，向国际社会传递二十国集团成员共促全球经济增长的积极信号。"G20杭州峰会公报指出："实现经济增长，必须加强政策设计和协调。我们决心将各自以及共同使用所有政策工具，包括货币、财政和结构性改革政策，以实现我们强劲、可持续、平衡和包容性增长的目标。"G20峰会就结构性改革纳入基本政策工具框架第一次达成共识。

习近平在峰会闭幕辞中所概括的杭州峰会五方面重要共识，不同方面内容组合搭配也体现标本兼治的政策取向。其中"继续加强宏观政策沟通和协调"，表明G20成员国将继续通过加强宏观政策沟通协调助推经济增长，维护与巩固全球经济复苏势头。同时强调针对长期增长制约因素发力，通过"创新增长方式，为世界经济注入新动力"。具体而言，"支持以科技创新为核心，带动发展理念、体制机制、商业模式等全方位、多层次、宽领域创新，推动创新成果交流共享"。

领导人重要共识既重视"重振国际贸易和投资这两大引擎的作用，构建开放型世界经济"，又着力谋划推进"完善全球经济金融治理，提高世界经济抗风险能力"，"同意继续推动国际金融机构份额和治理结构改革，加强落实各项金融改革举措，共同维护国际金融市场稳定"，为全球经济长期稳健强劲增长夯实治理机制与能力基础。这些标本兼治措施系统全面、重点突出、有经有权，拓展了G20形势分析视野，充实了常备政策工具箱，提升了这个全球经济治理重要平台的战略主动性与前瞻性。

补台而不拆台的合作立场

经济格局快速演变的环境必然要求与时俱进地调整改善全球治理结构，国际金融危机从反面凸显改革完善全球治理结构的必要性与紧迫性。中国作为当代重要新兴大国，在积极推进改革完善全球治理结构方面具有特殊责任，G20杭州峰会更是在推进金融经济治理改革完善方面取得多项进展。同时我们也看到，中国推进国际治理结构改革，注意依据客观发展需要在存量完善与增量创造之间保持合理平衡，特别重视维护与增强布雷顿森林体系支柱性机构——WTO（世界贸易组织）、IMF等多边机构的作用功能，体现了大国担当与合作立场。

例如G20上海贸易部长会议通过《二十国集团全球贸易增长战略》与《二十国集团全球投资指导原则》两个文件，代表G20贸易投资政策合作机制化进程取得重要进展。《二十国集团全球贸易增长战略》强调支持多边贸易体制，维护与提升WTO在世界贸易规则制定中的中心主体作用，要求区域贸易协定增加透明度以确保与多边规则保持一致。这次会议还首次将跨境投资议题纳入G20合作范畴，就制定一份非约束性的全球跨境投资指导原则达成共识，同样体现通过倡导透明多边体系规则促进跨境投资增长的开放立场。

完善国际货币金融治理架构则是G20的优先合作领域之一，中国担任G20峰会主席国后重启2014年后暂停工作的国际金融架构工作组，与各成员国密切合作，在扩大SDR（特别提款权）的使用、加强全球金融安全网、推动IMF份额和治理结构改革等方面实现一系列新进展，把G20改革完善国际货币金融治理架构工作推进到一个新阶段。这些议题特别重视围绕完善和加强以IMF为核心的国际金融治理架构，同样体现中国参与全球金融经济治理创新时奉行的互利共赢合作立场。

习近平在2013年4月的博鳌亚洲论坛年会主旨演讲中指出，各国应维护和平,"不能这边搭台、那边拆台,而应该相互补台、好戏连台"。在杭州 B20 峰会开幕式上又指出:"中国的发展得益于国际社会,也愿为国际社会提供更多公共产品。""全球经济治理应该以开放为导向,坚持理念、政策、机制开放,适应形势变化,广纳良言,充分听取社会各界建议和诉求,鼓励各方积极参与和融入,不搞排他性安排,防止治理机制封闭化和规则碎片化。……全球经济治理应该以共享为目标,提倡所有人参与,所有人受益,不搞一家独大或者赢者通吃,而是寻求利益共享,实现共赢目标。"

针对现实需要,中国近年倡导推动建立新机制,如 2013 年习近平提出的"一带一路"倡议与创设亚投行,得到国际社会普遍赞誉与积极响应。习近平在杭州 B20 峰会开幕式上强调:"中国倡导的新机制新倡议,不是为了另起炉灶,更不是为了针对谁,而是对现有国际机制的有益补充和完善,目标是实现合作共赢、共同发展。中国对外开放,……不是要营造自己的后花园,而是要建设各国共享的百花园。"

致力于"大家都好"的包容理念

提升包容发展在 G20 峰会议程中的地位,推动 G20 峰会凝聚包容发展共识,是中国 G20 新思维的又一重要内容。通过中国作为主席国积极引领与 G20 成员国的密切合作,G20 杭州峰会接受了把传统的"强劲、可持续与平衡"三要素增长政策表述拓展为"强劲、可持续、平衡和包容"四要素增长目标。

习近平在 B20 峰会开幕式主旨演讲中指出:"建设包容型世界经济,夯实共赢基础。消除贫困和饥饿,推动包容和可持续发展,不仅是国际社会的道义责任,也能释放出不可估量的有效需求。"他在 G20 开幕式致辞中指出:"面对当前挑战,我们应该落实 2030 年可持续发展议程,促进包容性发展。……把发展置于二十国集团议程的突出位置,共同承诺积极落实2030年可持续发展议程,并制定了行动计划。同时,我们还将通过支持非洲和最不发达国家工业化、提高能源可及性、提高效能、加强清洁能源和可再生能源利用、发展普惠金融、鼓励青年创业等方式,减少全球发展不平等和不平衡,使各国人民共享世界经济增长成果。"

习近平在G20闭幕式致辞中再次指出:"我们决心推动包容和联动式发展,让二十国集团合作成果惠及全球。我们第一次把发展问题置于全球宏观政策框架突出位置,第一次就落实联合国2030年可持续发展议程制定行动计划,具有开创性意义。我们同意在落实气候变化《巴黎协定》方面发挥表率作用,推动《巴黎协定》尽早生效。我们发起《二十国集团支持非洲和最不发达国家工业化倡议》制定创业行动计划,发起《全球基础设施互联互通联盟倡议》……为发展中国家人民带来实实在在的好处,……为全人类共同发展贡献力量。"

习近平G20新思维特别重视包容发展,既有对发展理念根本原则的考量,也有源自对世界经济具体形势分析的现实针对性。普惠共享无疑是经济发展的基本取向与根本目标,倡导包容发展与国际社会广泛认同的普遍价值观兼容一致。如2015年12月1日中国成为G20轮值主席国时习近平致辞指出:"各国发展水平有高有低,但发展的鸿沟只能缩小,不能扩大,发展的成果只能共享,不能垄断。二十国集团应当继续致力于使增长更具包容性,从而惠及面更加广泛,通过实际行动减少全球发展的不平等、不平衡现象,使各国人民共享世界经济增长的红利。"

倡导包容发展同时具有现实针对性。事实表明,如果很多国家发展进程受阻,甚至陷入动荡与混乱局面,特定区域经济发展甚至经济全球化大局就难以维系。如果世界范围内收入分配差距过大,少数国家政策对广大发展中国家带来过大的负面外溢效应,也会对全球经济稳健发展带来不利影响。就发展潜力而言,通过落实联合国可持续发展议程与合作推进"一带一路"建设,激活广大发展中国家经济发展潜能一并进入起飞轨道,将为世界经济发展提供新活力与新动力。

内外衔接贯通的大国政策逻辑

大国外交是内政的继续,经济外交是国内发展战略的延伸。中国正处在从中等收入水平向高收入水平迈进与全面建成小康社会的攻坚阶段,中国发展潜能的释放对世界经济发展全局具有举足轻重的影响。发挥中国与国际社会合作引领世界经济发展潮流的特殊能动性,把十八大以后中国决策层对国内外经济形势的分析论断与谋划转换为G20转型新战略元素,在对内对外发展战略之间建立衔接贯通的逻辑联系,是理解中国G20新思维的一个重要线索。

倡导G20包容发展理念与国内弘扬共享理念显然衔接贯通。习近平在第十二届全国人民代表大会第一次会议指出,要让中国人民"共同享有人生出彩的机会,共同享有梦想成真的机会,共同享有同祖国和时代一起成长与进步的机会"。《"十三五"规划建议》强调,要"作出更有效的制度安排,使全体人民在共建共享发展中有更多获得感"。为实现共享理念,中国提出消除贫困政策目标,承诺在"十三五"规划时期实现几千万生活在贫困线以下人口全部脱贫。同时致力于让人民共享公平优质教育、共享平等就业创业、共享社会保障、共享基本医疗卫生服务等多方面的权利。国内共享与全球包容理念之间存在清晰的政策逻辑。

G20杭州峰会倡导辩证分析经济形势与制定标本兼治政策,与中国决策层对后危机时期中国经济走势演变特点的分析研判有关。随着近年经济进入深度调整期，十八大以后中国决策层审时度势、谋划长远，把经济方针从一段时期比较倚重需求侧宏观调控转向更加重视改革调整与需求管理相结合的政策组合，并进一步提出在适度提升总需求的同时着力推进结构性改革。G20杭州峰会凝聚结构性改革共识，彰显中国大国经济方针内外衔接贯通的特点，有助于在国内改革发展与全球创新增长方式之间形成积极互动关系。

又如中国"十三五"规划以"创新"作为五大理念之首，与G20杭州峰会就创新增长方式达成重要共识形成内外呼应。十八大以后中国致力于进一步提升全方位开放水平，积极参与推进不同层面的贸易与投资自由化制度规则建设，与中国利用G20峰会平台积极推动重振贸易和投资一脉相承。中国利用自身发展阶段优势，在全球各地，特别是与亚非拉广大发展中国家合作实施大规模基础设施建设，并以此为背景推动G20杭州峰会就提升基础设施互联互通水平达成共识以造福全球经济，显然逻辑一致，顺理成章。

在相互依存联动的全球开放经济环境中，关键大国能以包容合作的天下情怀为本心，将内外政策衔接贯通形成互动合力，必将有助于为全球经济发展与国际治理结构演进提供现实驱动力。这也意味着，中国成功举办G20杭州峰会具有对外与对内双重意义，即不仅对全球创新增长方式与完善治理架构做出大国贡献，而且会对国内深化改革、扩大开放与增强和平发展道路的信心产生积极影响。

如何看待发达国家对华政策调试动向？

2019年的《政府工作报告》指出，"我们面对的是深刻变化的外部环境"。对这一论断可从不同角度研究，我想从我国与外部世界关系入手，侧重于就发达国家对华政策的群体性重估调试动向角度略加探讨。首先观察梳理发达国家对华政策调试的几点事实：一是中美新近贸易摩擦前所未有，二是中美贸易摩擦某些重点议题超出双边范围，三是主要发达国家借助WTO改革表达其群体性诉求，四是对华政策调试延伸到战略重估。然后简略讨论应如何看待上述演变。

中美新一轮贸易摩擦前所未有

发达国家对华政策整体调试的突出表现，是美国借助"301调查"挑起新一轮贸易摩擦。当代中美经贸关系发展历史不乏间歇性磕磕碰碰，以美方对华301调查而言，在1991年至2010年就发生过5次。然而2018年3月美方发布《对华301调查报告》挑起新一轮摩擦，与早先历次争端不可同日而语。

一是关税措施涉及进口规模前所未有。早先301调查引发摩擦导致的关税惩罚和报复措施涉及进口规模一般在十几亿至几十亿美元，考虑时间因素，折算为现价估计不会超过几百亿美元。然而 2018 年美国分三批实施的加征关税措施，覆盖到 2 500 亿美元从我国进口的商品，美方还威胁对另外 2 600 亿美元的中国进口品加征关税；中国对美国加征关税进口品规模也达到 1 100 亿美元。这与此前贸易摩擦规模不是一个数量级。

二是经贸摩擦引发谈判的级别、次数、频率前所未有。过去 301 调查导致摩擦引发双边谈判，除个别例外，我国一般由对外经济贸易部副手率团进行。2018 年 5 月到 2019 年 2 月，中美不同层级经贸磋商有 10 次之多，最重要的首推两国元首参加阿根廷主办的 G20 峰会期间举行的晚餐会晤，达成停止升级贸易限制措施与在 90 天内进行磋商的共识。一年间举行了 7 次中方由分管副总理领衔的高级别经贸磋商，2019 年初不到一个月内举行 3 次高级别磋商。此外，2018 年 8 月和 2019 年 1 月上旬，两国还举行了 2 次副部长级磋商。

三是双边谈判涉及议题的广度和深度前所未有。前五次 301 调查往往由某个特定领域或少数具体议题争议引起，如盗版光盘制作销售、专利和商业秘密保护、特定领域进口壁垒或补贴政策等。新一轮经贸磋商不仅涉及降低关税、增加进口、知识产权保护等中美间常规性经贸议题，还涵盖技术转让、产业补贴、网络侵权、非关税壁垒、国企体制等更为广泛复杂的"结构性议题"，2019 年初的磋商延伸到对谈判协议的有效检验与实施机制问题。

中美摩擦议题超出双边范围

2018 年初美国政府以国家安全为由对钢铝进口实施加征关税措施，引发其盟友如欧盟、加拿大等抵制反对，对我国针锋相对回应美国制裁措施客观上形成积极呼应。不过另一方面，一些发达国家出于共同利益，仍公开附和支持美国 301 调查对我国有关经济体制与政策的质疑，联手对我国表达诉求并施加压力。中美经贸摩擦重要议题超出双边范围，成为主要发达国家的集体立场，构成发达国家近来调试对华经贸政策的重要表现。

2018 年 5 月 31 日美欧日三方贸易部长在巴黎发表联合声明，采用不点国名方式支持美国《对华 301 调查报告》的四点质疑，是主要发达国家就此较早的集体发声。该声明还别有用心地系统提出所谓"市场取向条件"的概念，强调该条件对公平互利贸易体制具有根本保障作用，为发达国家调整对华经贸关系进行更为深远的布局。另外，2018 年 7 月 25 日欧盟委员会主席访美时与特朗普总统发表共同声明，宣称要"联合保护美欧公司免于全球不公平的贸易惯例。……强调改革不公平的贸易惯例，包括窃取知识产权、强制性的技术转让、产业补贴、由国企导致的扭曲和产能过剩"，也明显剑指中国。

2018 年 10 月 1 日北美三国签署新的《美墨加三国协议》（USMCA），把原先《北美自由贸易区协议》（NAFTA）中有关竞争、国企、垄断的内容从一章扩展成两章，规定禁止向国企提供比市场更优惠贷款或担保，禁止向濒临破产尚未制订可信重组计划的国企提供非商业性援助，禁止对国企提供不符合私人投资规则的债转股支持，分享包括竞争中立在内的政策实践以确保国企与私企之间公平竞争。新协议的直接目的首先是调整北美三国内部关系，然而显然也包含重塑和整合发达国家对华经贸政策的含义。

另外，2018 年 10 月 4 日 B20 峰会就公告文件内容发生少见争议，从一个侧面折射出发达国家对华政策调试动向。2018 年阿根廷作为主席国举办 G20 峰会和 B20 峰会，年底 B20 发布《对 G20 的政策建议》等文件，包含倡导谈判解决产业补贴扭曲效应、保证国有企业廉洁守则等内容。中方参会机构和企业表达不同意见，后因内部协调未果发表公开声明抗议和拒绝参会。这个不和谐声音，显示发达国家试图在多边场合联手新兴国家表达对华政策调试诉求。

借 WTO 改革调整对华经贸关系

新一轮 WTO 改革与该机构常规性改革议程虽有交叉内容，然而其特征含义是对当下国际经贸环境演变的超常态反应。新一轮改革发轫于 2017 年底第 11 届 WTO 部长会议期间部分国家动议，到 2018 年下半年已被包括中国在内的国际社会普遍接受，并在 2018 年底得到 G20 峰会的原则性肯定。不同国家和国家集团对 WTO 改革的理解与主张差别很大，就主要发达国家立场意图而言，优先目标是通过规则重构来调整与发展中国家尤其是与中国的经贸关系。

中方支持对 WTO 进行必要改革以增强其有效性和权威性。2018 年 11 月我国有关部门发布专题文件，阐述中方有关 WTO 改革的三点原则与五点主张。11 月 22 日，中国、欧盟、加拿大、印度等向 WTO 提交联合提案，就制定新规则制衡个别大国抵制上诉机构法官任命程序等议题提出改革建议。此外，2019 年 1 月 25 日中国、美国、日本、新加坡等 76 个 WTO 成员签署《关于电子商务的联合声明》，表示将在 WTO 现有协定和框架基础上启动与贸易有关的电子商务议题谈判。可见，WTO 改革为中方与包括美国在内的 WTO 成员合作创新多边贸易规则提供新机会。

2018 年、2019 年这两年，美国等发达国家动作频频，试图改变多边规则调整对华经贸关系。如美国、欧盟、日本三方贸易部长多次发布联合声明协调相关立场，2018 年 9 月欧盟发布有关 WTO 改革的概念性文件，11 月美欧日与部分发展中国家联合提出改革议案。目前这些政策诉求涉及发达国家与我国经贸关系争议的几乎所有重要领域，包括如何应对产业补贴、如何看待国有企业在经济中的地位和作用、所谓强制技术转让与战略性投资并购问题、国内补贴政策告知与政策环境透明度问题、发展中国家"特殊与差别待遇"议题，还包括对所谓"市场导向行业地位"的定义与认定。WTO改革可能成为下一步调整国际经贸关系的新热点，成为发达国家调试对华政策的重要观察点。

对华战略再评估动向

现阶段主要发达国家对华政策调试虽以经贸关系为重点，同时也表现出对整体战略进行再评估、再定位的动向。继2017年12月发布的《美国国家安全战略报告（2017）》把中国指认为战略对手，别出心裁地给中俄戴上"修正主义"国家大帽子之后，2018年9月美国《国防授权法案》又指责中国用"举国之力""长期战略"实现经济和军事崛起，指出美国应采取"全政府方略"加以应对。该法案宣称"与中国长期战略竞争是美国主要优先目标，要求整合外交、经济、情报、执法和军事因素在内的多重国家力量"服务于上述目标。

在上述背景下，2018年10月4日美国副总统彭斯发表强硬对华政策演讲，指责中国渗透美国，触角延伸到好莱坞、大学、智库、企业，甚至地方政府，公开质疑中国推进"一带一路"倡议以债务外交"扩大全球影响力"。2018年10月24日美智库发布《中国影响与美国利益》报告，建议在立法机构、地方政府、美籍华人、大学、智库、媒体、公司、技术与研究等八大领域保持"建设性警觉"，全面贯彻对等原则与防范渗透。该报告显示的"冷遇制"倾向，甚至在美国学界也引发担忧与争议。

欧盟作为当今世界最大的发达国家集团，近年也在调试对华政策。

如 2016 年 6 月欧盟发布《欧盟对华新战略要素》，该文件概括中国发展多重趋势，对我国的改革、有关外国非政府组织立法及人权问题提出质疑。报告建议根据过去十多年形势变化重估中欧关系，强调双边政治经济交往需对等互惠，期待中国承担与获得利益相一致的责任。报告提出"全欧盟方略"协调成员国与中国交往。

2019 年 3 月 13 日欧盟公布《欧中战略前景》文件，调试对华战略意向更为彰显。文件指出"欧洲越来越认识到中国发展代表的挑战与机遇平衡点已经变动"。该文件对欧中关系提出新的四重定位——合作伙伴、谈判伙伴、经济竞争者、治理模式的系统对手关系，认为对华接触政策需根据涉及议题具体区分与重估。提出中国不应继续被看作发展中国家，要求中国达到更大程度的对等性、非歧视性与系统开放性，要求"16+1"合作与欧盟法律、规则、政策保持一致。提出的十点行动计划包含多项对我国的竞争性诉求，如呼吁我国兑现有关补贴和强制技术转让承诺，在市场准入与国内采购方面实施对等措施，减少国企与政府融资的扭曲性影响，对 5G 网络安全实施欧盟统一政策，加强出口与投资监管，等等。

在全球通信技术进行 5G 升级的背景下，华为 5G 设备领先优势引发猜忌，美国官方 2018 年 8 月以威胁国家安全为由禁用华为设备和服务，并力劝其盟国采取类似政策。绝大部分国家拒绝跟风，不过仍有部分国家追随美国立场。除"五眼联盟"其他成员国——英国、加拿大、澳大利亚、新西兰试图跟进或部分呼应外，日本、韩国、法国、德国、挪威等国也考虑是否禁用和限制采用华为设备。美国的打压不仅无法改变中国优秀企业的技术进步和影响力提升，反而会在客观上加速这一进程。不过这一事件也从一个侧面显示部分发达国家调整对华政策与战略的纠结。

如何看待发达国家政策调试

以上事实显示我国外部环境近期变化的一个方面，对此无疑需关注与重视。然而也要看到，近来发达国家对华政策呈现的强调竞争博弈新动向，受到其他限制性因素与相反力量的制约与平衡，并未构成具有确定含义的潮流性转变，前景也并非注定导向"新冷战"或某种冲突陷阱。

现实存在多方面的制约平衡因素。首先，由于各自内外环境及涉华关系内容的差异，发达国家内部对华政策取向存在显著分歧，美国与其他发达国家之间、欧盟不同成员国之间，对华政策锣齐鼓不齐。其次，某些发达国家政策近期发生变化，或一定程度源自既有西方盟国间制度性安排及大国施压，或受到自身政策摇摆因素影响，不同于内在趋势性变化。再次，面对世界格局演变的客观趋势，发达国家大都务实肯定中国发展的全球性影响，正面评价与中国合作的必要性与积极意义，认识到中国更多参与全球治理是大势所趋。最后，针对外部环境变化，中国采取了坚持原则、务实应对、灵活调整、区别对待的合理对策，有助于缓冲矛盾升级与避免情绪式冲撞加剧。多重因素交织发生互动作用，使得发达国家相关政策调整在谋变取向与迟疑心态之间纠结，表现出重估应变与斟酌试探相结合的对冲性与调试性特点。

发达国家调试对华政策并非偶然，而是新世纪以来特别是后危机时期中国发展与世界格局演变客观形势的必然产物。首先，中国经济快速增长并成为对全球经济增量贡献最大的经济体，中国在诸多高增加值和高科技行业与前沿发达国家差距快速缩小，使得美国等主要发达国家备感压力并催生政策调整意向。其次，中国在全球治理体系存量与增量改革方面表现活跃，中国发展道路在世界范围内特别是对发展中国家的影响力上升，中国几千年文明积淀展现出治理层面的积极意义。这些变化与西方主导的现代治理模式互补共鉴，本应有助于更好应对当今世界的深层矛盾问题，但如果发达国家因认识隔膜产生过多防范心态，也会人为过度强化对华关系的竞争性动机。最后，受多方面因素制约，一段时期以来我国改革开放推进相对滞后，局部场合仍存在不合理行政干预与过度管控，传统意识形态个别要素与改革开放实践发展不相适应的矛盾仍有待完善。国内体制现代化转型的阶段性特点，对发达国家有直接和间接利益含义，被外部世界较多关注解读可能使之派生急躁与失望心态，助推发达国家产生政策调整冲动。

中共十九大用"大发展大变革大调整"概括当今世界形势。中国等新兴国家大发展，带来全球格局大变革，必然催生外部环境的深刻变化。辩证看待部分发达国家调试对华政策动向，实际上传递了两方面的含义。一方面，这是我国改革开放40年的阶段性巨大成就的产物，从一个侧面折射出国际社会对我国发展阶段性成功的普遍认可，客观上为我国在全球治理层面登堂入室搭设了一个比武擂台。另一方面，上述动向作为外部环境深刻变化的重要内涵，对我国在21世纪上半期实现经济、社会、治理现代化构成关键考验，尤其是对我国与时俱进实现改革突破并完成现代化体制转型提出新的考验。

金融危机 20 年后的东亚经济[①]

1997 年爆发的亚洲金融危机，对区域经济发展乃至全球金融治理结构演变，都产生了持久而深远的影响。后危机时期，东亚国家在防控金融风险与有效应对区域外危机冲击方面做了大量努力，直接成果之一是"东盟与中日韩"（10+3）积极寻求建立新区域性合作机制，《清迈倡议》与"清迈倡议多边化"（CMIM）机制应运而生，并设立东盟与中日韩宏观经济研究办公室（简称 AMRO）。AMRO 宏观经济监测团队在与各成员进行广泛双边磋商与调研的基础上，推出首份"10+3"区域经济发展评估与风险监测的年度旗舰报告，引起各方广泛关注。

AMRO 旗舰报告的意义

AMRO 于 2011 年 4 月在新加坡成立，是"10+3"成员共同设立的区域内经济监测机构，定位于加强东亚区域金融安全网并促进东亚国家整体在全球经济治理中发挥积极作用。作为"10+3"深化财金合

[①] 本文 2017 年 5 月发表于新华网思客，作者为卢锋、李昕。

作的一项重要成果，AMRO 于 2016 年 2 月 19 日正式升格为国际组织。其主要职责包括对区域宏观经济进行监测、评估并向成员报告其宏观经济和财金领域状况，分析区域内宏观经济与金融风险并协助成员国制定应对风险的政策建议，为多边货币互换协议——"清迈倡议多边化"提供研究支持，被评论人士看作"亚洲版国际货币基金组织"。

AMRO 发布的《2017 年东亚经济展望报告》（ASEAN+3 Regional Economic Outlook 2017，以下简称《报告》），是 AMRO 升格为正式国际组织后推出的首份对东亚区域经济发展进行评估与风险监测的年度旗舰报告。该报告主要由 AMRO 研究团队通过调查研究并与成员国进行广泛双边磋商而写成，旨在全面评估区域经济发展现状，分析区域经济与全球经济之间的联系，并在此基础上对区域经济演变前景进行分析展望。《报告》分为两部分，第一部分主要描述东盟"10+3"成员国宏观经济展望与挑战，第二部分针对亚洲金融危机 20 年进行专题研究。

2017 年正值亚洲金融危机爆发 20 周年，以过去 20 年亚洲区域经济结构变化和宏观经济政策框架发展作为 AMRO 首份旗舰报告的主题，正当其时并具有特殊意义。总结应对危机以及 20 年后危机时期发展的经验教训，有助于各成员实现构建宏观审慎政策框架与推进必要金融市场化改革以实现宏观金融稳定的目标，也对加强域内各成员的政策协调以及有效应对危机机制具有积极意义。在发达国家保护主义政策倾向给经济全球化带来困扰的环境下，《报告》的发布显示出东亚区域财金与经济合作活跃推进并释放正能量。

《报告》对东亚宏观经济形势分析的主要观点

《报告》对当前"10+3"区域经济乃至全球经济形势进行了系统分析，并在此基础上定量模拟主要经济体对区域经济的溢出影响，提出区域经济面临的结构性困境和挑战。

《报告》认为主要发达经济体政策的不确定性虽有所增加，然而美国经济企稳增长与全球经济 2017 年适度复苏，有望对东亚经济带来正向溢出效应。2016 年"10+3"经济整体有望实现 5.3% 的增速，伴随宏观经济韧性（resilience）有所提高。预计 2017 年与 2018 年，在控制通胀条件下，区域经济有望维持在 5.2% 和 5.1% 的较高增速。其中，中国与日本经济增长平稳，韩国经济应对全球金融市场波动能力有所增强，其他发展中国家经济则继续较快增长。

未来区域经济面临的挑战主要包括全球主要国家政策不确定的风险，如美国的贸易保护主义政策削弱本地区出口前景，全球流动性紧缩导致各成员政策空间缩窄，平衡国内经济增长与金融稳定变得愈加困难等。域内各成员应做好充分准备应对快速变化的全球环境，促进各成员政策机构协调。除短期通胀风险及流动性风险外，"10+3"成员都不同程度面临长期结构性矛盾，需加快结构性改革，提升经济的长期潜在增长能力。

就中国经济及其对区域其他经济的影响而言，《报告》通过构建全球经济模型进行了定量分析。结果显示，中国经济对域内成员经济体的影响，较日本更加显著，与美国相比也更加持久。中国经济呈现平稳增长态势，有助于促进区域总需求并持续推动域内经济增长。展望未来，加快国有企业改革、持续产能调整、遏制债务上涨及维护金融稳定、降低金融市场系统性风险，将是中国经济面临的重大挑战。

从金融危机的经验教训中学习成长

1997 年亚洲金融风暴给东亚一些国家乃至区域经济带来严重冲击，促使域内成员经济体从危机经历中总结经验教训，通过必要而痛苦的调整过程探索可持续发展道路。过去 20 年的基本事实显示，亚洲经济并未像一些评论人士预言的那样会一蹶不振和长期低迷，而是在比总体预期较短的时期内走出了危机阴影，并在 21 世纪初年中国经济超预期增长的带动下迎来新一轮开放景气增长。即便在华尔街金融危机、欧债危机冲击与全球经济大幅减速的环境下，亚洲经济仍然表现出较为有力的增长韧性。AMRO《报告》数据显示，2016 年 "10+3" 整体 GDP 增速为 5.3%，显著高于全球 3.1% 的增速；其中 6 个国家实现 6% 以上的较高增速，成为全球经济增长的重要引擎和稳定器。

亚洲金融危机彰显了加深区域内国家宏观经济协调与金融合作对持续经济增长与有效化解危机的重要意义，促成了 2000 年《清迈倡议》、2010 年《清迈倡议多边化协议》的生效，以及 2011 年 AMRO 设立并于 2016 年升格为国际组织。危机后，域内成员实施多方面经济结构与政策改革调整，如改革汇率制度、整顿企业和金融部门、构建稳健的宏观审慎监管制度等，显著提升了区域内经济应对宏观经济周期波动与外部危机冲击的能力。目前 "10+3" 成员已初步组建区域金融安全网，各经济体宏观政策协调和财金合作意愿与能力加强，有助于区域经济持续稳健增长。

中国在东亚经济中的特殊地位

《报告》对观察中国在东亚经济中的特殊地位和作用提供了丰富信息。首先，中国是东盟最大贸易伙伴与重要投资国，中国需求在一定程度上成为域内国家应对外部冲击的稳定锚，有助于这些国家的经济提升韧性。1997 年亚洲金融危机前，东盟 10 国对美国货物出口占其货物出口总额的 19.46%，对中国货物出口占比仅为 2.53%。到 2015 年，东盟 10 国对中国出口比重已提升至 12.2%，对美国出口占比则降为 11%，中国已连续 7 年成为东盟最大贸易伙伴国。《报告》提供的数据显示，2016 年中国对东盟成员国的旅游人数超过 3 200 万人次，占区内外国游客数量的比重从 2009 年的 7.8% 上涨至 2016 年的 20.6%。中国对东盟直接投资也大幅提高：非金融类直接投资（OFDI）流量从 2003 年的 1.2 亿美元升至 2015 年的 146 亿美元，占中国对亚洲及全球 OFDI 流量的比重从 2003 年的 7.9% 和 4.2% 分别上升至 2015 年的 13.5% 和 10%。

其次，中国是推动"10+3"区域生产链发展的重要动力，在区域乃至全球制造产业转移与发展中起到承上启下的作用。随着中国要素成本持续上涨，近年来域内发展中国家根据自身的资源禀赋与比较优势承接着来自中国的各类制造产业。数据显示，越南、柬埔寨等国家主要承接中国纺织业等低附加值的劳动力密集型产业，"Made in Vietnam"（越南制造）、"Made in Cambodia"（柬埔寨制造）近年来开始在北美发达国家成衣市场取代早先"Made in China"（中国制造）的地位。泰国、马来西亚凭借其 IT 产业的历史积累而主要承接中国各类设备制造。中国既作为一般元零件供应国为马来西亚、越南等国家的电子产品与纺织品生产提供中间投入品，又作为韩国、日本等域内发达工业化国家的重要元零件进口需求国，组装加工生产机械、专用和通用设备制成品，并最终出口美国、欧洲等发达国家与地区。中国在区域生产链发展中处于承上启下的关键地位，《报告》中有关中国和东盟国家区域内中间品贸易的数据，为观察上述区域经济合作格局和态势提供了丰富信息。

最后，中国提出的"一带一路"倡议以及牵头成立的亚投行，为东盟低收入国家基础设施投资建设带来新契机，在一定程度上缓解了这些国家经济可持续发展的资金瓶颈。有望连接中国与泰国、越南、缅甸、老挝、柬埔寨、马来西亚、新加坡等 7 个陆地相连的东盟国家的铁路交通网络，将推动东盟经济一体化进程。此外，中国还积极与东盟国家开展合作，计划共同打造"中国—东盟信息港"、签署《中国—东盟环境合作战略（2016—2020年）》，大力推动教育等文化交流合作，并重点向东盟低收入国家提供经济、技术援助，支持东盟缩小内部发展差距。未来随着亚洲债券市场的建立发展以及"一带一路"倡议的实施推进，中国与区域成员的合作领域将不断拓宽，中国对稳定区域金融及促进区域经济发展的作用将进一步彰显。AMRO有望在这一进程中发挥重要而积极的作用。

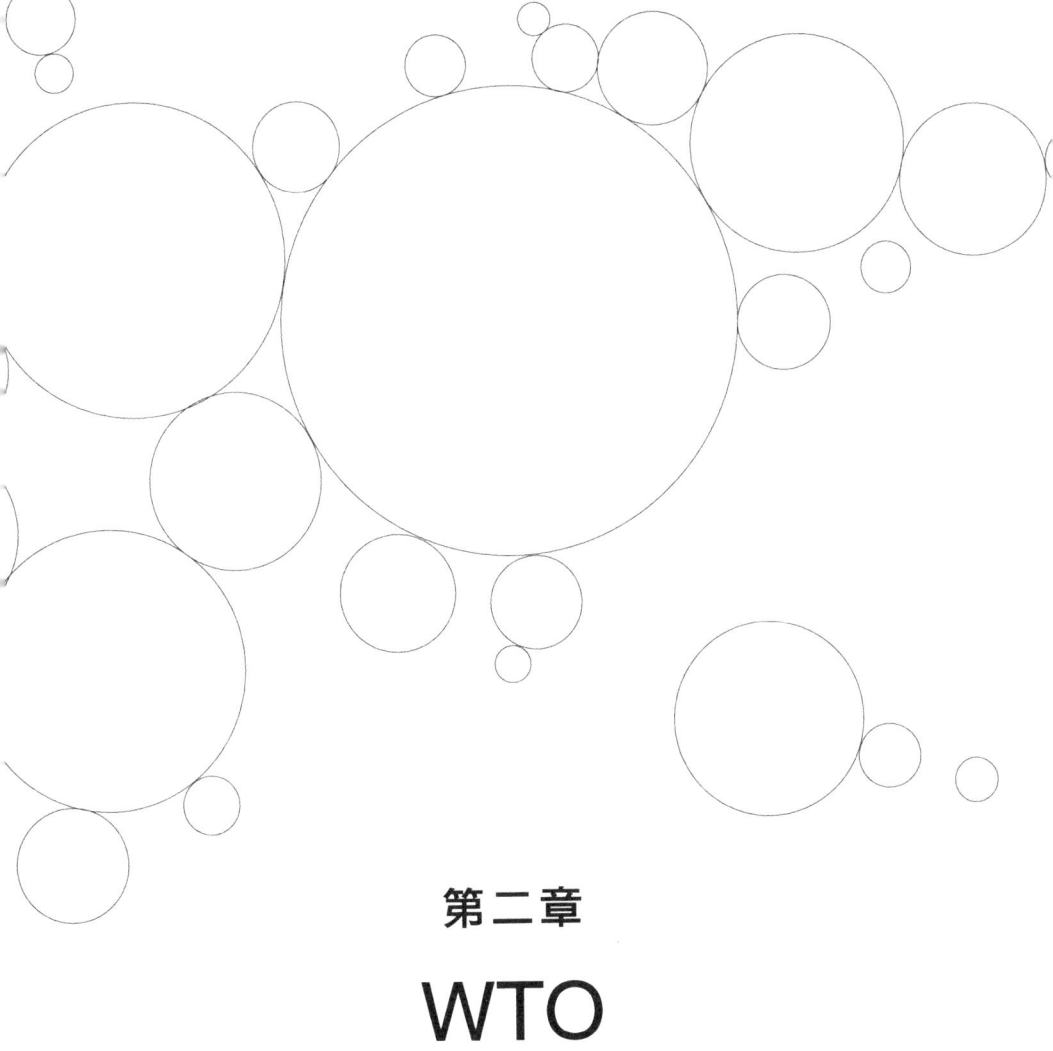

第二章

WTO 改革的影响

中国"市场经济地位问题"备忘录[①]
——争论的缘起、前景与启示

我国加入世贸组织时务实考虑各方面情况，接受了若干特殊条款。《中国加入世贸组织议定书》第15条陈述反倾销与反补贴特殊方法，并就反倾销特殊方法规定了15年截止期的"日落条款"。

加入世贸组织后不久，国内出现对"日落条款"的阐释讨论，流行观点认为，条款到期后，WTO成员有义务自动承认我国市场经济地位。2011年国际法学界出现质疑"自动承认说"的观点，在解读"日落条款"上引发持续争议。

2016年5月欧洲议会通过不承认我国市场经济地位决议与我国政府回应，标志着相关争论进入官方表态的摊牌阶段。

自动承认说

作为对"日落条款"的较早流行解读，"自动承认说"认为，依据《中国加入世贸组织议定书》，我国加入世贸组织15年后WTO成员有义

[①] 本文作者为卢锋、李双双，首刊于2016年11月7日出版的《财经》杂志。

务自动承认我国市场经济地位。这一观点最迟到 2004 年已有学术论文表达，并很快成为国内学界主流看法与媒体流行表述。与这一认识相一致，争取世贸组织成员尽早承认我国市场经济地位成为一段时期我国经济外交政策的优先目标之一。商务部数据显示，2004 年争取到 30 多个国家承认我国市场经济地位，2005—2007 年，每年各有 10 多个国家承认。

2011 年 6 月人民网发表中央某研究机构专家题为《中国入世十周年——完全市场经济地位并不遥远》的文章，该文把中国争取市场经济地位的努力进程分为"交流沟通、零的突破、飞速发展、艰难攻坚"四个阶段，并在"前景展望"中指出"欧美承认中国完全市场经济地位是必然的，也是指日可待的"。第一条依据就是"根据中国加入世贸组织的议定书，加入世贸组织的 15 年后即 2016 年，世贸组织成员应承认中国完全市场经济地位"。

在 2011 年 9 月 14 日的大连夏季达沃斯论坛上，我国领导人敦促欧盟尽早承认我国市场经济地位。当时欧债危机恶化，我国领导人表示"中国愿意伸出援助之手，继续加大对欧洲的投资"，同时敦促欧盟领导人"大胆地从战略上看待中欧关系，比如承认中国完全市场经济地位"。

领导人还指出："其实，按照 WTO 规则，中国完全市场经济地位到 2016 年就为全世界所承认，早几年表示出一种诚意，是一种朋友对朋友的关系。"他表示："10 月将同欧盟领导人进行会晤，希望这次会晤能够有所突破。"

质疑观点出现

我国领导人公开阐述"自动承认说"并敦促欧盟尽早承认中国市场经济地位，影响力远超学界讨论，并在国外引发关注。当时欧洲内部也有观点认为，与其等几年后履约，被动承认中国市场经济地位，还不如提前承认，以更好推动中欧合作，应对欧债危机。就在形势似乎最有利于实现"自动承认说"所支持的政策主张之际，2011年11月27日欧洲法学界人士伯纳德·奥科纳（Bernard O'Connor）在VOX网站发表题为《中国不会自动获得市场经济地位》文章，尖锐批评"自动承认说"是缺乏依据的"神话"。从此"自动承认说"共识不复存在，如何解释"日落条款"进入持续争论新阶段。

奥科纳的文章着重解读《中国加入世贸组织议定书》第15条（d）项[①]内容，认为该法条并不包含中国将自动获得承认市场经济地位的内容。文章指出，中国能否获得欧盟承认市场经济地位，取决于中国是否符合欧盟制定的五个条件，如政府是否影响企业运行决策，企业是否采用有效会计标准，等等。在中国是否已达到欧盟制定的市场经济地位标准问题上，作者列举了几点所谓证据给出消极答案。

不难看出这位欧洲法学家对中国经济实际情况缺乏了解并抱有明显偏见。不过从理解"日落条款"的过程看，该文对"自动承认说"的质疑有一定依据并产生了逆转性影响。我们回头研读第15条内容发现，"自动承认说"虽有一定道理，但毕竟缺少足够的法条依据。将

[①] 《中国加入世贸组织议定书》第15条（a）：在根据GATT 1994第6条和《反倾销协定》确定价格可比性时，该WTO进口成员应依据下列规则，使用接受调查产业的中国价格或成本，或者使用不依据与中国国内价格或成本进行严格比较的方法。
（i）如受调查的生产者能够明确证明，生产该同类产品的产业在制造、生产和销售该产品方面具备市场经济条件，则该WTO进口成员在确定价格可比性时，应使用受调查产业的中国价格或成本。
（ii）如受调查的生产者不能明确证明生产该同类产品的产业在制造、生产和销售该产品方面具备市场经济条件，则该WTO进口成员可使用不依据与中国国内价格或成本进行严格比较的方法。
第15条（d）：一旦中国根据该WTO进口成员的国内法证实其是一个市场经济体，则（a）项的规定即应终止，但截至加入之日，该WTO进口成员的国内法中须包含有关市场经济的标准。无论如何，（a）项（ii）目的规定应在加入之日后15年终止。此外，如中国根据该WTO进口成员的国内法证实一特定产业或部门具备市场经济条件，则（a）项中的非市场经济条款不得再对该产业或部门适用。——编者注

WTO 成员承认中国市场经济地位与履行中国加入世贸组织承诺无条件绑定起来理解，并以此作为敦促有关国家提早承认我国市场经济地位的依据可能确实不够严谨。

争议持续发酵

奥科纳的文章当天被"国际经济法和政策博客"（International Economic Law and Policy Blog）转载，随后一个多月在博客引发题为"中国非市场经济地位何时结束"的讨论，专业人士就第 15 条尤其是"日落条款"提出不同解读观点，还分析了该条款文本的瑕疵歧义。讨论中不再有专业人士继续坚持"自动承认说"。

WTO 官方杂志《全球贸易与海关期刊》2014 年第 3 期发表世界贸易组织法专家豪尔赫·米兰达（Jorge Miranda）题为《解读〈中国加入世贸组织议定书〉第 15 条》的文章，标志有关讨论深入到更具学术性的阶段。该文系统考察 GATT-WTO（关税及贸易总协定-世界贸易组织）历史上不同国家面临反倾销歧视性方法的情况，说明这个议题比中国加入 WTO 更为久远，以进一步质疑"自动承认说"。该文认为，截止期后 WTO 成员对华反倾销仍可采用特殊方法，但是需承担指认中国相关行业不符合市场经济条件的举证责任。

该杂志 2014 年第 4 期接着发表四篇评论文章和一篇背景介绍短文，从不同角度分析解释"日落条款"。例如一篇文章认为，第 15 条是对 WTO 反倾销规则一般安排的"暂时偏离"而不是"永久修改"，主张《中国加入世贸组织议定书》并不必然要求特定国家承认中国市场经济地位，但是中国此后将适用 WTO 反倾销一般规则。

还有论文认为，WTO 应当在反倾销规则领域一劳永逸地抛弃早已过时的非市场经济方法，在肯定中国适用反倾销一般规则的同时，对转型国家国有企业影响较大的特定行业和场合保留采取变通处理的权利。该杂志 2016 年第 5 期、第 7 期、第 8 期共刊登 5 篇文章继续上述讨论。

近年有关讨论超出法学界。德国慕尼黑经济研究所 2016 年 2 月给欧洲议会提交了一份报告，从经济、政治和法律等角度分析欧盟如期履行《中国加入世贸组织议定书》承诺的利弊得失，认为是否承认中国市场经济地位不仅涉及反倾销问题，还涉及欧盟未来与中国、美国的关系等。报告认为欧盟在承认与不承认中国市场经济地位之外还有第三种选择，就是在承认中国市场经济地位前提下保持一定程度的自由裁量权，对中国某些行业适用"特定市场条件"原则。2015 年以来，国内学界对这一问题的研究有所增加，绝大部分研究人员不再坚持"自动承认说"。

主要观点梳理

系统梳理有关争论可知，各方先后提出的不同观点，可以归纳为以下 8 种。（见图 2-1）

（一）	（二）	（三）	（四）	（五）	（六）	（七）	（八）
自动承认说	取消（a）项说	有条件取消（a）项规定	废止替代国方法	模棱两可主张	非标准化方法	举证责任转移	实质性保留（a）项

图 2-1　对"日落条款"的不同解释观点

第一种观点是早先流行的"自动承认说"，奥科纳的质疑文章发表后，专业人士很少继续坚持这一解读，我国官方后来也改变了相关认知立场。

第二种观点是"取消（a）项"观点，这个理解建立在对（a）项整体逻辑分析的基础上。第三种观点是原则上取消非市场经济地位待遇，但是针对特定行业体制的特殊情况区别对待，2002 年美国承认俄罗斯市场经济地位方式可作为参考。第四种观点是我国政府回应欧洲议会决议时强调的"废止替代国方法",由于(a)项特殊方法表现为替代国方法,全面废止替代国方法等于实质性取消(a)项。

第五种观点认为"保留(a)项论"及其对立观点都有道理,是一种折中观点。第六种观点是欧洲议会提出的,认为"日落条款"到期后对华反倾销仍有理由采取"非标准化方法"。第七种观点认为,2016年底后WTO成员仍可采用特殊方法,但是相关举证责任转移到起诉方。第八种观点是"实质性保留(a)项",认为2016年底后WTO成员仍有理由对中国反倾销继续采取特殊方法,这种解读违背"有效条约解读规则",因而难以成立。

合理解释与争议原因

全面分析有关法条上下文及其语境,比较合理的解释应是"废止替代国方法",同时意味着实质性"取消(a)项特殊方法"。道理并不复杂:依据第15条,只有(a)项(ii)条件下WTO成员才有理由对中国反倾销采用替代国方法,(d)项"日落条款"规定中国加入世贸组织15年后(a)项(ii)作废,实际上也就否定了整个替代国方法。进一步理解,随着反倾销替代国方法终止,(a)项实质内容也就失去意义。

支持上述解读的重要辅助证据,是《中美有关中国加入世贸组织双边协议》以及《中国加入世贸组织议定书》签订后,美国政要与政府机构在很多场合阐述中美协议及《中国加入世贸组织议定书》中包含的反倾销特殊条款存在15年有效期限制。我们收集了美国官方在40多个场合就此问题发表的观点,它们无一例外地反复重申针对我国反倾销特殊条款存在15年有效期。

这个本有确定含义的法条引发持续争议主要有两点原因:一是早

先流行的"自动承认说"受到质疑后,连带引发国际法学界对"日落条款"过于技术性和怀疑性的解释倾向;二是有关条款个别细节表述方式百密一疏,存在歧义,不利于学界弥合争议、达成共识。

现状与前景

我国官方对"日落条款"的理解和政策立场,从早先认同"自动承认说"转变为要求"废止替代国方法"。官方立场具有较合理依据,在未来条约磋商及履行方面应能处于主动而有利的地位。然而国内媒体一些评论囿于"自动承认说",批评欧洲议会决议时仍隐然坚持履行"日落条款"承诺与承认我国市场经济地位直接相关的认知,与我国官方立场表现出反差。

美欧采取的策略则是利用中国官方在公开场合不愿过多涉及过往的处理方式,有意把落实"日落条款"承诺转换为中国市场经济地位议题以提升其话语权。

有关问题最终应在WTO框架内寻求解决。一种可能是我国坚持明确表述的"终止替代国方法"立场,在"日落条款"到期后对仍采用替代国方法国家提出磋商,并保留在WTO框架内诉诸争端解决机制的权利。二是在我国"终止替代国方法"主张与欧盟维持"非标准方法"诉求之间寻求交集合作,并达成某种共识。三是美欧等国在承认我国市场经济地位的同时,保留对某些行业适用"特定市场条件"原则,但是有关"特定市场条件"举证责任转移到进口国。

中国在加入世贸组织后15年过渡期内争取获得承认市场经济地位是必要合理的,不过"自动承认说"依据不够充分并在客观上带来不利影响。《中国加入世贸组织议定书》规定WTO成员在我国加入世贸组织15年内对我国反倾销可实施替代国特殊方法,同时依据"可置疑推定原则",如果中国获得国内法包含有关市场经济标准的 WTO 成员承认市场经济地位,便能提前终止反倾销特殊方法。

基于这一规则,我国加入世贸组织后积极争取相关国家承认市场经济地位,以便在局部提前终结反倾销歧视性待遇是合理必要举措。然而考虑 WTO 成员中仅有少数在中国加入世贸组织时国内法包含有关市场经济标准,争取各国普遍承认我国市场经济地位是否必要则有待探讨,以"自动承认说"作为劝说 WTO 成员提前承认我国市场经济地位的理由之一是否适当也有待反思。"自动承认说"案例显示我国经济政策决策科学化水平仍有待进一步提高完善,从一个角度证明中国决策层近年提出的加强智库建设决策是必要和正确的。

尽管加入世贸组织特殊条款给我国出口带来困扰,然而未能改变加入世贸组织扩大开放后我国经济的快速追赶趋势。加入世贸组织后,我国反倾销案件发生频率与涉案金额都呈现上升趋势,主要原因应是我国经济快速追赶与相对竞争力提升在经贸关系领域产生的反弹效应,同时加入世贸组织特殊条款为争端发起国提供便利也对此有影响。加入世贸组织以来,历年各类贸易争端涉案金额占我国出口总额比例在 0.21% 和 1.35% 之间,简单均值约为 0.5%,可见加入世贸组织特殊条款未能改变加入世贸组织扩大开放后我国经济快速追赶的大趋势。

另外,"日落条款"具有积极意义:由于历史原因,美欧等发达国家对我国企业的反倾销调查一直任意采用歧视性方法,"日落条款"借助多边规则在我国加入世贸组织 15 年后终结上述状态,对我国企业的外部经贸环境长期改善具有积极作用。

随着"日落条款"到期后终止反倾销替代国方法的前景趋于明朗,美国等 WTO 成员限制我国出口将越来越多采用反补贴措施。面对新形势,我国要更加旗帜鲜明地坚持自由贸易与积极推动经济全球化方针，反对形形色色的贸易保护主义政策。要总结早先应对"双反"及其他贸易争端的经验教训，更积极有效地利用WTO体系内部协调与调解机制，维护我国企业合法权益，并制衡少数国家的贸易保护主义举动。同时要着力推进国内结构性改革，特别要加快推进要素价格、金融体制、国有企业等关键领域的改革以完善市场体系，在提升经济运行效率的同时，增强我国应对外部反补贴措施和其他贸易争端的能力。

WTO 改革新进展

多边贸易体制改革是现阶段全球经济治理架构改革的重要内容之一。如果说 2018 年各方注重讨论 WTO 改革原则方针并就其必要性达成共识，2019 年则主要围绕若干议题更为具体地展开。从改革过程概况看，美国率先出牌，中国系统表态，发展中国家频频发声。从具体内容看，电商规则谈判异军突起，发展中国家特殊和差别待遇（S&DT）争议激烈，履行通报义务改革初步破题，上诉机构改革僵持难解。我们首先介绍改革推进概况，接着观察重点改革领域推进情况，最后简略点评改革背景、现状和前景。

2019 年改革推进概况

2019 年初美国在世贸组织改革上就有一系列动作。先是 1 月中旬向 WTO 提交有关发展中成员地位以及特殊和差别待遇的改革提案，建议取消四类成员的发展中国家地位及特殊与差别待遇。2 月 15 日美国提交题为《总理事会决议草案：加强 WTO 协商功能的程序》的提案。3 月美国年度贸易政策议程报告从四个方面系统提出美国有关

WTO 改革主张：一是 WTO 必须应对所谓"始料未及的来自非市场经济的挑战"；二是 WTO 争端解决必须充分尊重成员主权政策选择；三是 WTO 成员必须被强制要求遵守告知义务；四是 WTO 必须对发展处理方式进行调整，以反映当前全球贸易现实。

继 2018 年 11 月发布《中国关于世贸组织改革的立场文件》提出改革的三个原则和五点主张之后，2019 年 5 月 13 日，中国向 WTO 提交《中国关于世贸组织改革的建议文件》，进一步系统阐述对 WTO 改革的基本立场与行动领域的看法。文件分四个方面十二个领域提出改革具体主张。第一方面"解决危及世贸组织生存的关键和紧迫性问题"包含三个领域的议题：打破上诉机构成员遴选僵局，加严对滥用国家安全例外的措施的纪律，以及加严对不符合世贸组织规则的单边措施的纪律。第二方面"增加世贸组织在全球经济治理中的相关性"，包括解决农业领域纪律的不公平问题，以及推进电子商务议题谈判开放、包容开展等五个议题。第三方面"提高世贸组织的运行效率"，包含加强成员通报义务履行与改进世贸组织机构的工作。第四方面为"增强多边贸易体制的包容性"。

与 2018 年比较，2019 年 WTO 改革的新特点之一是更多发展中成员积极参与表达立场意见。2019 年 5 月 13 日至 14 日，印度、中国等 23 个 WTO 发展中成员在新德里举行部长级会议，其中 17 国部长和高官发表《共同努力加强世贸组织　推动发展和包容》成果文件，重申 WTO 在全球贸易规则制定和治理中的优先地位，呼吁维护 WTO 核心价值和基本原则，确保 WTO 改革反映发展中成员诉求。文件重点关注 WTO 上诉机构法官补缺、特殊和差别待遇、农业协议对发展中国家不公正、渔业补贴等问题，希望 WTO 充分考虑和尊重发展中成员尤其是最不发达成员的困难和利益，帮助发展中成员进行能力建设。

7 月 10 日，非洲集团、印度等提出"通过包容性方式加强世贸组织透明度与通报",强调应优先考虑发达国家承诺而没有履行的四项义务通报。7月22日,印度、古巴、玻利维亚和8个非洲国家共同向WTO提交改革提案《加强世贸组织以促进发展与包容》,提出反对单边主义,坚决维护多边贸易体制,认为上诉机构法官补缺是WTO改革的首要任务。处理争端解决机制关键是保持其基本特征:独立的两级争端解决系统,启动程序的自动性,争端解决机构(DSB)依据反向协商一致原则做出决定。

2019年WTO改革涉及诸多领域内容,其中有关发展中成员地位及特殊和差别待遇、电商多边规则、透明度与通报义务履行、上诉机构成员遴选程序等领域改革的讨论和推进最为活跃和引人注目。

发展中成员地位及特殊和差别待遇改革

WTO发展中成员身份及相关特殊和差别待遇问题,是2019年WTO改革中较为聚焦与争论较大的议题。美国选择其作为2019年推进WTO改革的优先议程,试图通过单边施压迫使其他成员接受其改革建议。许多新兴经济体和发展中成员质疑美国立场,据理力争提出针锋相对的改革建议。中国秉持坚守原则与客观务实立场,明确支持维护广大发展中国家相关权益,同时依据对自身现实国情以及国际经济演变态势的研判,对主要发达国家的某些诉求做出理性回应。

特殊和差别待遇的缘起与改革背景

特殊和差别待遇指GATT/WTO协议包含的各种旨在扶持发展中成员经济和贸易发展的特殊条款,要旨是在实施多边规则时赋予发展中成员某些特殊权利,规定发达成员为发展中成员提供某些优惠待遇的义务。GATT创建初期，发展中成员争取到允许在进口激增和国际收支困难时采取数量限制的权利，此为特殊和差别待遇规则的滥觞。在1963年创设的联合国贸易和发展会议（UNCTAD）与1964年成立的77国集团的推动下，GATT第四部分"贸易与发展"章节于1966年生效，肯定发展中成员可获得某些非对等权利的原则。1979年的东京回合形成"授权条款"（Enabling Clause），就普惠制（generalized system of preference）、最不发达国家优惠待遇达成共识。乌拉圭回合谈判将特殊和差别待遇条款适用范围从《货物贸易总协定》扩展到《服务贸易总协定》（GATS）、《与贸易有关的知识产权协定》（TRIPS）及《关于争端解决规则和程序的谅解》（DSU），有关共识原则被随后成立的WTO继承和发展。根据2018年WTO最新版特殊和差别待遇，发展中成员目前共享有155条优惠待遇，分6种类型：一是旨在增加发展中成员贸易机会的规定；二是维护发展中成员利益的规定；三是承诺、行动和贸易政策工具的灵活性安排；四是过渡期方面的规定；五是有关技术援助的规定；六是关于最不发达国家的优惠条款。GATT/WTO没有对"发展中成员"拟定官方定义，而是成员加入时"自我声明"是否以发展中成员身份加入。

WTO成立后，特别是进入21世纪以来，全球经济发展取得成就并呈现新特点。一方面，广大发展中国家与发达国家经济发展水平的差距仍然存在，国际经济金融治理体系中某些不利于发展中国家经济发展的规则内容仍然存在，发展中国家摆脱贫困持续发展的紧迫性仍然存在，由此决定了特殊和差别待遇的制度规则安排仍具有现实必要性与积极意义。另一方面，在WTO推进经济全球化拓展的环境下，发展中国家相对增长较快，WTO成员间人均收入差距有所缩小：以汇率计算人均收入，WTO成员的基尼系数从1995年的0.76下降至2015年的0.63，以PPP（购买力平价）计算则从0.58下降到0.47。后危机时期全球经济增长动力结构发生"三重转换"。20 世纪 90 年代美国对全球增长贡献 29.1%，G7 贡献 56.8%，发达国家整体贡献 76%；2008 年金融危机爆发 10 年来，该指标分别下降到 10.2%、15.1% 和 25.9%。20 世纪 90 年代中国对全球增长贡献 8.3%，金砖国家贡献 11.5%，新兴和发展中国家贡献 23.9%；过去 10 年该指标分别上升到 35.4%、47.9% 和 74.1%。

在上述演变背景下，美欧等发达国家内部对 WTO 多边规则及其代表的经济全球化态度发生显著变化。先是美欧等主要发达国家内部缺乏比较优势和开放竞争力的部门面临调整压力，相关行业就业群体及其利益代表较早质疑多边贸易体制。进入新世纪，特别是美国金融危机和欧洲债务危机以来，全球化怀疑论对美欧主要发达国家主流立场和民意的影响显著增加。另外，随着长期经济发展和形势演变，特殊和差别待遇的具体内容对一些已进入较高收入水平的发展中成员的现实意义发生变化，例如通过技术援助提升发展能力、补贴灵活性和降低贸易壁垒等，对某些高收入发展中成员的现实意义有所下降。

由此可见，特殊和差别待遇是发展中成员群体在历史上争取到的权利，是通过特定程序嵌入多边规则体系的既定事实，因而包括中国在内的广大发展中成员维护自身权益，具有历史正当性与规则合理性。当然也要看到，在历史中形成的规则会随着历史环境演变而需要调整改动。随着当代全球经济增长朝着相对有利于发展中成员的方向演变，随着 WTO 成员间人均收入差距初步缩小，发达国家在多哈回合时就提出改革特殊和差别待遇动议，近来部分发达国家积极倡导推动相关规则改革，特别是美国更以单边手段施压试图强推改革，使得有关议题成为 2019 年 WTO 改革争议较多的对象。

部分成员改革主张的交锋

美国 2019 年 1 月的相关提案认为，部分 G20 成员国以及已经取得显著发展的国家，通过自我声明方式获得发展中国家地位享受特殊和差别待遇，违背历史上形成这个规则以帮助少数成员克服融入世界贸易体系困难的创设初衷。2 月 15 日，美国提交《总理事会决议草案：加强 WTO 协商功能的程序》，建议取消四类国家发展中国家地位及特殊和差别待遇：一是 OECD 成员或将要加入 OECD 的国家；二是 G20 成员；三是被世界银行认定的高收入国家；四是全球进出口贸易占比达到 5% 及以上的国家。点名提出取消新加坡、韩国、中国、巴西、墨西哥、俄罗斯、印度、印度尼西亚、南非、尼日利亚等国的特殊和差别待遇。

美国总统特朗普 2019 年 7 月 26 日发表《改革世界贸易组织发展中国家地位备忘录》，指示美国贸易代表办公室（USTR）用"一切可能手段"，防止自我声明但没有适当经济或其他指标佐证的发展中国家利用 WTO 规则和谈判中的灵活性谋取利益。该文件点名提到文莱等小型经济体人均收入已经很高却依然声称拥有发展中国家地位。接着质疑中国经济和出口总量已居世界前列，依然声称是发展中国家。备忘录指出这种状况必须改变，否则将无法满足美国劳工和企业的需求，无法面对当前的全球经济挑战。备忘录要求美国贸易代表办公室在 60 天内汇报进展，还提出若 90 天无实质性进展，美国将单方面不再承认部分国家在 WTO 的发展中国家地位，不支持此类国家的 OECD 成员资格。

许多发展中成员表达了与美国上述主张不同的立场，体现在中国、印度、非洲集团和其他很多发展中成员联合签署的多份改革建议中。2019 年 2 月 15 日，中国、印度、南非、委内瑞拉等四国共同提交《惠及发展中成员的特殊和差别待遇对于促进发展和确保包容的持续相关性》报告，通过指标说明发展中国家与发达国家的发展水平鸿沟依然存在，发展中国家自我认定法具有历史合法性。强调目前WTO的核心问题不是发展中国家自我认定，而是贸易保护主义、单边主义、上诉机构法官产生机制停摆及多哈回合僵局。

2019年10月15日，52个WTO成员（非洲集团43国、玻利维亚、柬埔寨、中国、古巴、印度、老挝、阿曼、巴基斯坦、委内瑞拉）向WTO总理事会第四次会议提交《关于"促进发展的特殊与差别待遇"联合声明》作为讨论资料，指出特殊和差别待遇对于保证贸易包容与平等的极端重要意义，任何剥夺发展中成员条约嵌入权的单边做法都与成员义务不一致，并且侵蚀多边贸易体制基础。文件重申四个"必须"原则：在WTO规则和谈判中，发展中国家的无条件权利必须继续；发展中国家必须被允许依据自我评估决定发展中国家地位；现有的特殊和差别待遇条款必须保持；目前和未来谈判必须提供特殊和差别待遇条件。

少数发展中成员出于种种考虑单边采取了与美方建议一致或接近的立场。2019年3月19日特朗普与巴西总统博尔索纳罗在华盛顿会晤后发表联合声明，巴西"与其全球领导者的地位相称，经美方建议，博尔索纳罗总统同意开始在WTO谈判中放弃特殊和差别待遇"。新加坡贸工部于2019年7月27日表示，支持更新世贸组织规则，承诺在WTO贸易便利化协定生效后立即实施而不寻求过渡期。韩国于2019年10月24日宣布放弃发展中国家地位。

中国立场的考量与选择

中国是最大的发展中国家，与WTO广大发展中成员休戚与共；中国又是最重要的新兴大国，在推动国际治理架构改进完善方面承担特殊责任。因而中国对特殊和差别待遇议题会有更多维度和更为全面的考量：要优先维护广大发展中国家的正当权益，重视国际治理架构与时俱进的客观需要，兼顾与美国及发达国家长期关系的定位，更重要的是务实评估特殊和差别待遇对中国经济的现实利益基准。

就最后一点而言，据初步梳理，在WTO协议现有特殊和差别待遇条款中，去掉加入世贸组织谈判中承诺放弃的条款以及逐步失去实际意义的条款，我国目前享受并仍有现实意义的条款有50多条。这些仍有现实意义的条款主要涉及技术援助的权利和义务，补贴灵活性和降低壁垒承诺的非对等性特权，谈判新规则可能设置特殊和差别待遇等方面的权益。随着进入新世纪以来经济超预期发展，某些条款（如获得外部援助特殊照顾等）的现实含金量与我国加入世贸组织时相比已显著下降。补贴政策灵活性与降低壁垒承诺等方面的非对等性权利对我国现实利益较大，维护相关权益关乎我国外部经济环境的稳定，显然应是我国相关谈判需重点考虑的目标。不过也需看到，随着近年我国与主要发达国家经贸关系的演变，有关我国的补贴等政策争议超出WTO谈判范围，要在相关权益方面原封不动地保持与普通发展中成员完全相同的权利有一定难度。

基于上述考量，中国在与发展中成员共同倡导"四个必须"原则方针的同时，对具体内容的表态也有某些自选动作。这一点体现为中方独立建议的相关内容：一是加强对WTO现有特殊和差别待遇条款的执行和监督力度，特别是最不发达国家关注的"免关税、免配额"待遇等的实施；二是增加技术援助的针对性和具体性，确保其有助于发展中成员融入多边贸易体制和全球价值链；三是根据《多哈部长宣言》要求，继续推进特殊与差别待遇条款的谈判；四是在未来贸易投资规则制定中，为发展中成员提供充分有效的特殊与差别待遇；五是鼓励发展中成员积极承担与其发展水平和经济能力相符的义务。

在 2019 年 7 月底的 WTO 第三次总理事会上，中国大使就特殊和差别待遇问题发言时明确指出："特殊与差别待遇原则是嵌入条约的、所有发展中成员都享有的不容协商的权利。"他还用英国 2008 年的喜剧片《事不过三》(Three and Out)来调侃"美国第三次原封不动将其文件提交总理事会"的做法，表达中方对美国片面改革立场主张的质疑和抵制。他同时表示，中国"从来不回避自己的责任……对于今后具体谈判中的特殊和差别待遇，如果确有需要，我们会直言相告，并在谈判中尽力争取；如果不再需要了，我们会毫不犹豫把机会让给更需要的发展中成员"。这可看作中国既坚持原则也保留灵活度的政策立场的一个注释。

电子商务规则谈判的突破性进展

1998 年在日内瓦召开的 WTO 第二届部长级会议通过了《全球电子商务宣言》并设立工作组，经过 20 年酝酿磨合才在 2017 年 12 月 WTO 布宜诺斯艾利斯第十一届部长级会议上形成推动电子商务议题讨论的决定。突破性进展发生在 2019 年初：2019 年 1 月 25 日在瑞士达沃斯举行的电子商务非正式部长级会议上，中国、美国、欧盟、日本、俄罗斯、巴西等几十个 WTO 成员签署《关于电子商务的联合声明》，确认有意在世贸组织现有协定和框架的基础上正式启动与贸易有关的电子商务议题谈判。

达成达沃斯共识后，相关成员首轮磋商于 2019 年 5 月 13 日至 15 日举行，各方围绕电子签名、电子认证、数字产品非歧视待遇、在线消费者保护、透明度等方面交换意见。第二轮磋商于 6 月 18 日至 20 日举行，讨论数据跨境流动、计算设施本地化、网络安全、电子传输免征关税、电信议题等方面的议题。7 月 15 日至 17 日第三轮磋商聚焦便利化、市场准入、商业信任、技术援助与合作等领域的议题。各方提交数十份提案，既包括电子商务涉及概念和规则制定思路，也包含对诸如电子商务免征关税、电子签名认可、数字跨境流动、公民个人隐私权保护、国家安全、数据中心本地化等具体规则拟定方式的讨论，某些成员还提交了有关规则建议文本。

美国提案重点关注数字产品的非歧视性待遇、跨境数据自由流动、禁止数字基础设施本地化、保护源代码等议题。6月27日WTO服务贸易理事会举行正式会议讨论电子商务工作方案，会上美国介绍了一份关于"跨境数据流的经济效益"的报告，强调跨境数据流对数字贸易和其他经济部门的重要作用。日本以TPP/CPTPP（《跨太平洋伙伴关系协定》/《全面与进步跨太平洋伙伴关系协定》）条款为基准，提出政府不得限制特定网站和互联网服务，不得违反正当程序要求企业披露数据和商业秘密。欧盟关注电子合同、电子认证与电子签名、消费者保护、电子传输关税、转移或访问源代码、跨境数据流动、个人资料和隐私保护等议题，尤其强调个人资料和隐私受到高标准保护。欧盟认为有关谈判应涵盖电信规则，包含竞争保障、互联互通、授权许可、独立的监管机构等内容，要求电信监管机构与公共电信服务提供者分离且不对其负责，监管机构不得在任何公共电信服务提供者中拥有财务利益或管理职能。

中国提案在陈述谈判目标与推进方针的基础上，系统提出有关改革行动领域的主张。中国认为谈判目标应致力于挖掘电子商务的巨大潜力，帮助成员方，特别是发展中成员和最不发达成员融入全球价值链。谈判进程方面应秉持开放、包容、透明原则，在未来谈判结果的承诺方式上给予成员必要的灵活性。在谈判方向重点上，应以WTO现有协定和框架为基础，重点讨论通过互联网实现交易的跨境货物贸易及物流、支付等相关服务，推动建立规范便利、安全可信的电子商务交易和市场环境。具体包括界定与贸易有关的电子商务、电子传输等定义的内涵和外延，电子商务规则与WTO现有规则的关系等；建立规范便利的电子商务交易环境，包括跨境电子商务、电子签名和电子认证、电子合同；营造安全可信的电子商务市场环境，如线上消费者权益和个人信息保护、网络安全等问题。中国肯定与贸易有关数据流动的重要意义，但是认为数据流动、数据存储、数字产品处理等规则复杂而敏感，各成员之间分歧较大，在将这些议题提交WTO谈判前需有更多探索性讨论。

另外，加拿大、新加坡、新西兰等成员国也从不同角度提出多份改革建议。参与各方对创新电商多边规则表现出很高积极性，谈判磋商快速推进到某些操作层面的内容，然而各方提案仍存在明显分歧。如美国针对其跨国企业在开展全球化经营过程中遇到的本地化、限制跨境数据流动、不恰当的互联网审查等壁垒，在谈判中重点关注跨国数据流动、计算机设施本地化、强制性技术转让、数字产品的非歧视待遇等议题。欧盟强调个人数据保护、消费者保护等议题，力主将电信规则议题纳入WTO电子商务规则谈判范围。中国则坚持发展导向，重视通过互联网实现跨境货物贸易及物流、支付等相关服务，推动建立规范便利和安全可信的电子商务交易环境，对数据跨境流动规则目前采取更为审慎的立场。

借助开放式诸边谈判方法，电子商务规则磋商谈判得以启动并活跃展开，成为2019年WTO改革的重要突破和一大亮点。然而也要看到，WTO一些重要成员如印度、印尼、南非等对某些关键问题持保留立场，尚未参加谈判，目前参与成员的立场观点及利益诉求存在明显差异甚至隐含对立因素。现有谈判能否弥合参与成员立场观点的差距，形成可普遍接受的规则文本，使电商规则创新成为新一轮WTO改革的早期成果，是后续改革的重要观察点之一。

加强履行通报义务改革

在 WTO 规则体系内,通过履行通报与透明度(notification and transparency)义务,提升政策体制环境的"可预见性"(predictability),是保障实现最惠国待遇、非歧视原则、自由贸易、公平竞争等 WTO 基本原则的必要前提。除 GATT 第 10 条一般性规定外,该原则在多个特定领域多边规则中得到表述。由于种种原因,过去通报规则实际执行情况不尽如人意,部分发展中成员相关义务履行存在不同程度的欠缺,也有发达成员未能充分履行通报义务。在美欧日等主要发达国家的推动下,加强履行通报与透明度义务成为新一轮WTO改革议题之一。部分发达成员在强调相关改革的必要性时指出,如果世贸组织的一些成员对各自国土范围内实施的补贴未予或大部分未予通报,其他成员便无法评估其贸易影响,或无法了解已告知补贴方案的实际运作情况,由此派生的扭曲效应会给其他成员的工人和企业造成不公平竞争,阻碍新技术的开发和应用,并对国际贸易正常运行造成负面影响。

2018 年 11 月 12 日,WTO 货物贸易理事会公布了一份由阿根廷、哥斯达黎加、欧盟、日本和美国提交的 WTO 改革提案《提高透明度和加强世贸组织协定下通报要求的程序》,要求 WTO 成员应对其所适用的 WTO 协议执行情况履行通报义务,对履行通报义务有困难的发展中成员可以寻求 WTO 秘书处的援助。该提案建议对未如期履行通报义务又未向 WTO 秘书处寻求援助的成员给予如下处罚:对于未履行通报义务满一年但是不满两年的成员,从第二年开始,该成员代表将无法获得任何主持 WTO 机构的提名;在贸易政策审议大会上该成员对其他成员的提问,其他成员无须作答;该成员上缴 WTO 预算经费在原先正常的基础上上浮 5%,从下一个两年预算周期算起;WTO 秘书处将每年向货物贸易理事会报告该成员履行通报义务的情况;该成员需要在总理事会上做特别报告；对于未履行通报义务满两年而不满三年的成员，从第三年起，除适用上述处罚外，该成员还将被认定为"非活跃成员"，在WTO正式会议上，只有当其他成员代表发言后，该"非活跃成员"代表才能发言。

欧盟在2018年提交的《WTO现代化方案》中提出要增强补贴的透明度，认为"缺乏关于成员国提供补贴的全面信息是现行制度在执行过程中的最大缺点之一"。欧盟建议建立一个可反驳的一般推定，据此，如果特定成员补贴未主动通报可被其他成员反通报，如成立则可被认定为补贴甚或造成严重损害的补贴。《补贴与反补贴措施协定》现行规则认定出口绩效补贴和进口替代补贴属于禁止性补贴，欧盟认为现实中许多严重扭曲的国际贸易补贴类型在现行规则下无法得到有效识别，建议使现行规则原则上允许却有害的补贴类型服从更严格的规则，包括导致产能过剩而困扰多个经济部门的补贴、无限制的担保，以及对没有可靠重组计划的资不抵债或陷入困境的企业提供的补贴。

2019年，WTO通报程序改革进一步发酵。3月美国发布的贸易议程报告延续2018年美国表达的立场，把WTO成员必须遵守通报义务作为改革四大主题之一。美国认为履行通报义务松弛无力，使WTO缺乏评估执行现有规则的关键信息，并使相关谈判难以推进，提出要采取具体措施使未能履行承诺义务的成员面临后果，同时强调更好地利用WTO现有委员会来提升透明度及WTO规则整体实施效果。

中国于5月提出改革建议，也把这个议题作为WTO改革的12个改革行动领域之一，并提出5点建议：一是发达成员在履行通报义务上发挥示范作用，确保通报全面、及时、准确；二是成员应提高补贴反向通报质量；三是成员应增加经验交流；四是秘书处应尽快更新通报技术手册并加强培训；五是应努力改进发展中成员通报义务的履行，对最不发达国家通过技术援助加强其通报能力建设。中国建议在肯定这方面改革必要性的同时，重视不同类型成员都应全面履行相关义务，注意照顾最不发达成员克服履行义务的具体困难，相关立场体现出建设性与均衡性的特点。

2019年这个领域的改革重点进展之一，是发展中成员群体就此提出具体主张。7月10日，非洲集团、古巴、印度的提案《通过包容性方式加强世贸组织透明度与通报》，提出解决某些成员履行WTO承诺问题需从履行四方面通报义务着手，包括定期通报影响现有服务贸易协议有关"自然人流动"（presence of natural persons）模式承诺的入境相关措施执行情况，《与贸易有关的知识产权协定》有关发达国家在向最不发达国家转让技术方面负有法律义务条款，专利申请中披露传统知识和遗传资源的来源等。该提案强调，比通报义务更重要的是世贸组织的运作必须透明与包容。

从当时的情况看，各方原则上同意加强履行透明度和通报义务的必要性，然而WTO成员对改革重点和方法的看法存在明显差别。例如美国等主要发达成员希望对不履行通报义务的成员实施处罚以强化规则，中国则希望发达成员能在履行通报义务方面发挥示范作用。另外，各方对加强通报纪律和透明度的重点对象领域认识不同，如美国希望加强在《反倾销协定》《补贴与反补贴措施协定》《保障措施协定》、GATT（1994）第17条关于国营贸易企业的规定、《技术性贸易壁垒协定》等规则方面的通报义务。中国则对美国滥用安全例外条款和贸易救济明确表示不满，希望"加强对以国家安全为由加征进口关税等做法的通报纪律，对措施开展多边审议"。印度、非洲集团等发展中成员则就服务贸易协议中模式4"自然人流动"，以及发达成员向最不发达成员进行技术转让等方面规则的执行情况，提出不同于发达成员优先关注议题的观点。

探求破解上诉机构法官遴选僵局

以上诉机构为重要组成部分的争端解决机构，是WTO多边规则体系大厦的重要支柱之一。美国为迫使WTO成员接受其单边改革议程，对上诉机构运行中某些不完善因素借题发挥，从2017上半年开始蓄意抵制上诉机构法官正常遴选过程，造成在编法官严重缺员，危及上诉机构和争端解决机制正常运转。2018年有关各方已对化解危机及必要改革提出了建设性意见，召开了十多次会议研讨如何破解僵局，然而未能改变美国等少数成员继续抵制启动遴选过程的立场。2019年包括中国在内的更多WTO成员上交提案，就改革上诉机构运行机制建言，并呼吁尽快启动上诉机构法官遴选过程。

中国2019年5月提出12项改革提案，涉及4个行动领域，第一项就是要打破上诉机构法官遴选僵局，优先解决这个关乎WTO正常运转的最紧迫问题。6月25日非洲集团向WTO提交有关上诉机构改革的提案，提出系统改革建议并要求尽快启动法官遴选程序。建议主要内容包括：上诉机构法官遴选应在法官任职期满3个月前自动启动；现任法官在任职期满后没有人补缺的情况下需继续履职，但超期履职不能超过2年；将法官数量从7人增到9人，法官任职期限改成7年但不能连任；案件审查和提交报告期限为90天，特殊情况可延到120天，相关方提交文件数量不得超过30页；上诉机构在任何情况下都不应就争端任何一方未提出的问题发表声明。

鉴于2019年12月10日上诉机构可能失能瘫痪的局面，2019年夏秋以来，更多WTO成员特别是发展中成员呼吁启动遴选过程。2019年8月2日，114个成员提交启动上诉机构法官遴选提案，在8月15日的争端解决会议上，墨西哥代表也签署了成员发言。9月18日泰国和马来西亚加入，116国再次联名上交提案。116个签署成员除绝大部分发展中国家外,也包括部分发达成员如加拿大、澳大利亚、韩国、新西兰、新加坡、以色列等,但不含欧盟和日本等主要发达成员。

2018年6月22日的WTO争端解决机制讨论会上,美国对上诉机构运行提出若干质疑,美国以这些问题未能解决为由坚持其既有立场。美国的质疑集中在以下几个方面。一是抱怨上诉机构未能按规定及时裁决案件。WTO争端解决机制为促进迅速解决争端,规定90天为上诉完成期限,2011年后上诉案件处理平均耗时149天,2014年5月后平均耗时163天。美国指责上诉机构总给不能按期完成判决找理由,而不是为确保遵守规则改变行为,WTO成员对此未能尽到督促责任。二是抱怨"越权裁判":上诉机构试图给出大量咨询意见,超出其解释现有条例的职权。三是抱怨上诉机构与专家组试图对争端进行独立调查并施加新的法律标准,而非客观评估争议各方提供的证据。四是抱怨任期已过的法官仍在处理案件。上述指责在某些具体细节上虽然并非完全没有依据,但美方一再抵制上诉机构法官遴选显然不是要完善相关机制程序,而是试图利用WTO的一票否决机制来操控WTO改革议程。2019年7月,WTO上诉机构就中国诉美国反补贴措施案(DS437)执行之诉形成对美不利的裁定结果,美国指责上诉机构执法不公并以此为由继续坚持其错误立场。

小结与前瞻

WTO创建以来,世界经济快速发展并出现多重深刻演变。信息技术产业革命与互联网快速普及重构世界经济,电子商务与数字经济新业态蓬勃发展要求创新相关多边经贸规则填补空白。中国经济超预期追赶与全球经济增长动力构成发生"三重转换",伴随国际经济利益结构嬗变,给早先美国和G7支配全球经济增长格局环境下形成的现有多边规则带来调整压力。随着新兴经济体与发展中成员经济整体较快发展推动 WTO 成员收入水平差距初步减少，发达成员与发展中成员对经济全球化及多边规则的立场态度悄然转变。这些变化既是 WTO 的积极功能部分促成的结果，又反过来对 WTO 规则提出改革要求。

2018 年似乎突兀而起的 WTO 改革话题很快形成必要性共识，显示 WTO 改革成为时代的需要与趋势。2019 年改革推进到对一系列具体规则议题进行讨论磋商的阶段。虽然上诉机构改革困境尚未取得突破，116 个成员联合提案仍代表着有关议程的重要进展。有关发展中成员地位和待遇的改革问题，引发各方最为激烈的交锋。2019 年初部分成员决定通过开放诸边途径启动电商规则磋商及后续谈判活跃推进，构成 2019 年 WTO 改革的重要亮点。履行通报义务这个程序性议题领域改革也开始进入破题阶段。

作为 WTO 成员中最大的新兴经济体，中国高度重视 WTO 改革。从改革进展情况看，中国在上述及其他问题上采取了务实理性的改革立场，并重视处理几个方面的关系。一是中国经济社会发展利益和要求与多边规则与时俱进演变发展的关系，二是坚定支持维护广大发展中成员的诉求和权益与推动某些必要改革议程的关系，三是明确抵制反对个别发达国家的不合理主张及片面要求与务实合作及必要灵活性的关系。从上述改革议程最新进展看，中国目前的合理务实主张取得了较好的反馈和成效。

中国与美国在当今及可预见的未来是世界上两大最重要的经济体，这个特征决定了目前全球经济格局演变内生多边经贸规则改革，与中美经济格局演变内生双边经贸关系现实调整，具有内在联系与互动关系。在 WTO 改革的特殊和差别待遇议题上，美国的主张有意重构与发展中国家的整体关系，也凸显出其调整对华经贸关系的诉求。在其他领域如电商规则磋商、加强通报程序改革等，中美立场差异与美方的博弈意图也清晰可见。纵观近年美国调整对华经贸方针的举措，与我国双边磋商、创建新区域经贸规则、推进WTO改革等三个界面相互配合的战略用意已显而易见。当然，两国对某些问题改革的认知也存在不同程度的交集，给双方后续务实合作预留了空间。

最后需指出，美国对WTO改革的首要目标指向所谓非市场体制的扭曲作用，这方面的立场认知在相当程度上被美欧日组成的所谓"三边进程"共享。2019年1月及5月美欧日分别在巴黎和华盛顿召开第五次、第六次贸易部长会议，继续研讨设计在WTO改革中推荐这方面新规则的概念框架与建议文本。美欧日在这方面的改革意图，与中国目前表述的十多个领域的系统改革主张毫无交集。经济体制争议及其在多边规则领域的投射，应是WTO改革将面临的最为敏感与棘手的问题，是对中美以至中国与主要发达国家的经贸关系向合作新范式过渡的关键考验。

从"所有制中性"到"竞争中性"
——WTO改革国企规则制定议题背景与选择

2018年10月14日,央行行长易纲在一个国际研讨会上指出,我们将"考虑以'竞争中性'原则对待国有企业"。次日,国资委发言人彭华岗就同一议题发表评论,指出还要坚持"所有制中立","反对在国际规则制定中给予国有企业歧视性待遇"。就本源含义而言,所有制中立或所有制中性(ownership neutrality)与GATT/WTO规则的一个历史特点有关,大体指早先多边贸易规则对国有企业尽量不实施特殊规范这样一个隐含原则。与此对照,过去十来年国际上兴起的竞争中立或竞争中性(competitive neutrality)概念认为,需要对国有企业引入必要规制以确保公平竞争。从趋势看,一段时期以来竞争中性原则运用范围从国内经济治理向国际经济规则领域延伸,近年美国、欧盟等更是试图在WTO改革中优先推动这方面的议题。考察两个"中性"关系消长及其驱动因素,有助于理解国际经贸规则和WTO改革的国企议题由来,对我国相关政策选择也有启示意义。

所有制中性原则及其演变

"所有制中性"源自世界贸易组织法领域的研究文献，大体指多边贸易规则暗含一种取向或原则，避免对包括国企在内的不同类型企业设置特别规范。以 GATT（1994）为例，除第 17 条"国营贸易企业"外，反倾销、反补贴等规则都没有对特定企业类型设置特别条款，而是基于对倾销与补贴行为的识别提出规制。

这一特点有其历史原因，与 GATT/WTO 早期有关市场经济体制条件的隐含原则有联系。GATT 最初 23 个创始成员国基本属于市场经济国家，缔约方实施市场经济体制这个前提条件也以不成文隐含形式存在。虽然企业所有制结构是体现经济体制差异的指标之一，但在最初缔约方基本属于市场经济体制、国有企业对现实经济影响较小的环境下，GATT 缔约国认为相关规则可针对特定行为加以设计规范，无须把国有企业作为额外考察因素。换言之，当时 GATT 对市场经济体制条件采取不成文的约定俗成方式处理，在逻辑上暗含所有制中性的意思。

GATT 规则早年隐含所有制中性精神，不等于说 GATT 认为国有企业与多边贸易规则注定没有矛盾。GATT 一开始就对国营贸易企业制定了系统的特殊规范。另外，从历史看，在经济体制差异较大的经济体申请加入 GATT/WTO 时，其入关入世谈判往往涉及包含规制国有企业在内的经济体制调整内容，或多或少会突破上述所有制中性原则。20 世纪 50—70 年代，一些东欧国家加入 GATT 的谈判内容就有相应表现。中国加入世贸组织时这一点表现得更为突出。例如 WTO 对我国国有企业运行方式和补贴认定提出特别条款：一是规定中国国有企业身份对判断是否发生 WTO 规则下的补贴行为具有识别意义；二是规定"国企买卖行为遵循商业考虑和非歧视原则"，"政府不直接或间接地影响国企商业决策"。这些显然突破了所有制中性原则。

中国加入世贸组织以后十几年，中美经济态势与全球经济格局发生了令人始料未及的多方面变化。一是我国经济超预期追赶并重塑全球经济增长格局；二是后危机时期中国加快通过从存量和增量两个方面积极参与全球经济的治理机制改革；三是随着内外形势演变，中国经济体制改革力度、节奏、重点出现某些阶段性特点；四是美国、欧元区两个发达国家地区先后发生两次大危机，并且面临"四民（民族主义、民粹主义、移民、难民）问题"困扰加剧的形势。

面对快速演变的环境，美国决策层2011年前后重估中美关系，指责中国经济发展体现的国家主导驱动增长模式，质疑早先有关中国发展的"五个基本判断能否继续成立"，并从"崛起国"与"守成国"关系的角度分析两国关系。美方当时提出一个贯穿至今的政策方针，就是接过OECD当时已在研究推广的竞争中性原则，将其转换拓展为国际经贸规则，以制衡他们眼中中国这样政府主导的经济发展模式。过去几年上述政策动态演变，推动国际经贸规则体系内"所有制中性"与"竞争中性"关系的变化。

竞争原则及其造法过程

"竞争中性"概念的政策取向是调整国有企业与市场竞争关系，中心思想是要限制和消除任何企业特别是国有企业因为与政府存在特殊关系可能获得的额外竞争优势，从而确保公平竞争平台的有效性。竞争中性概念在20世纪90年代发轫于大洋洲国家，2009年开始得到OECD的重视与系统研究推广。这一概念在发达国家流行与两重客观环境因素有关。一是经过20年的私有化改革，即便西方国家和地区也普遍认识到，国有企业长期存在有其客观理由，国企不会随着私有化完全消失。二是现实经济生活中国有企业会借助与政府的特殊联系，获得各种私营企业不具有的特殊竞争优势,影响市场经济公平竞争原则切实落地。竞争中性在肯定国企存在的客观必要性前提下,对国企由于与公权力的特殊关系可能获得额外竞争优势加以系统规制,形成规范OECD成员国内部及相互间经济关系的推荐准则。就其由来和本义而言,竞争中性更多出自发达国家调节国内及其相关经济关系的需要,并非注定具有歧视国有企业的含义,而是意在创建更高水平的市场竞争规则以落实公平竞争。

然而随着中国经济超预期追赶,推动全球经济格局演变,后危机时期美国官方借力打力,把竞争中性作为重估调整对华经贸战略的重要支点。2011年5月,时任美国副国务卿罗伯特·霍马茨发表《竞争中立:确保全球竞争良好基础》一文,系统阐述这方面的主张。他认为美国经济竞争力面临中国及其他经济体所谓"国家资本主义的挑战",由此提出的一个应对策略是推动国际社会在政治上承诺竞争中性原则,并在双边、区域、多边场合使竞争中性的概念规则化,从而对国家主导经济发展模式构成制衡。2012年2月,时任美国国务卿希拉里·克林顿在G20部长会议上也呼吁G20成员应确认竞争中性原则。

通过造法过程使竞争中性变成国际经贸规则,这一做法在2012年的《美韩自由贸易协定》中就有体现,而在奥巴马政府力推并于2015年签署的TPP中体现得最为集中。例如TPP第17章要求各缔约方政府保证其国有企业和指定垄断企业在从事商业活动时,必须按"商业考虑"原则开展产品或服务的购销活动,而"相关的私营企业在商业决策中通常考虑的其他因素"被写进规则,作为"商业考虑"的识别标准。TPP还要求任何缔约方都不得通过对其国有企业进行直接或间接的非商业资助,而对其他缔约方造成不利影响。TPP从股权、投票权和任命权三个维度界定国有企业,防范缔约方在国企界定方面自由裁量以规避国企条款实际发生作用。2018年10月签署的《美墨加三国协议》全盘接受 TPP 相关内容，并在某些重要方面进一步发展强化。2018 年 7 月签署和 2019 年 2 月生效的《欧日经济伙伴关系协定》（EPA），也引入了有关国企、补贴、竞争方面的专门条款。据初步匡算，目前参与包含竞争中性与国企条款方面国际经贸规则的国家，其经济规模已经占到全球经济总量的六成上下。

由此可见，竞争中性规则化与将国际经贸规则引入新一代国企条款，反映了两方面不同性质的驱动因素的作用。一方面体现了国际社会对国有企业这种特殊企业类型长期存在的客观必要性的认识，反映了在经济全球化深化拓展的新时代背景下，创新制定更高标准的开放型市场规则以维护国际公平竞争舞台，构成新区域主义对新一代经贸规则进行创新分析的重要内容。我国作为经济全球化的重要参与方、贡献方与获益方，坚持开放发展与推进经济全球化方针，对由经济全球化深化拓展提出的现实问题或许可持开放和参与态度。另一方面，上述双边与区域经贸规则变动的背后，存在美国及其主要盟国利用新规则制衡包括中国在内的新兴经济体追赶的博弈动机，体现了从美国利益角度对我国体制转型阶段性特点及发展方式的片面认知和解读。中国对这方面因素的作用无疑需保持警觉和抵制。

WTO 改革的国企规制议题

推动竞争中性在国际经贸规则领域造法进程的最新动向，是美国等主要发达国家试图在 WTO 改革中引入这类议题。美国、欧盟与日本联手形成"三边进程"，从 2017 年 12 月到 2019 年初多次发表共同声明，系统阐述 WTO 改革需引入国有企业、产业补贴、新竞争规则等市场经济体制议题。2018 年 9 月欧盟发表有关 WTO 改革的概念性文件，三方面核心诉求的首要内容就是认为经常导致市场扭曲的国有企业补贴问题未能被WTO现有规则规范，因而亟须创建新规则加以应对。美国2019年3月提出WTO改革四点方针，第一条也强调WTO必须解决所谓"非市场经济兴起带来的意外挑战"，应对所谓"主要通过国家指导管理经济成员国"对全球贸易造成的影响，表示"三边进程"将"通过制定新多边规则和采用其他措施应对这些挑战"。

中国支持对WTO进行必要改革，但是对改革必要性及优先议题的理解与美国等国存在实质性分歧。2018年11月23日发布的《中国关于世贸组织改革的立场文件》，系统阐述了中国政府关于WTO改革的三个基本原则和五点主张，包括维护多边贸易体制地位及其非歧视和开放的核心价值，保障发展中成员的发展利益，尽快解决上诉机构成员遴选受阻等紧迫问题，解决发达成员过度农业补贴问题，纠正滥用贸易救济问题，等等。对美国等国试图在WTO改革中推动国企规则和竞争中性等议题，中国抱有审慎和质疑立场。有关WTO改革体制性议题立场的分歧，2018年底已在B20峰会与APEC（亚太经济合作组织）会议的两次公告表述上产生直接争议。

我国有关部门对WTO改革方针的立场是务实与合理的，不过也需结合多方面的内外环境条件演变动态评估形势。一是我国20世纪90年代以来持续进行的国企改革与鼓励竞争措施，与国际上的竞争中性原则有不少相互兼容因素，对此我国学界和决策部门已有相当程度的共识。二是下一步为实现十九大提出的经济高质量发展与2035年初步实现现代化的目标，我国自身客观需要深化国企改革与完善竞争规则。三是国有企业经过几十年改革开放，在市场经济环境中充分历练，体制政策负担大幅减轻，且伴随着内部治理机制和素质的改进，在更加公平透明竞争的环境下实现可持续发展的能力得到实质性提升。四是从外部环境客观演变情况看，近年占全球经济约六成的国家参与的双边与区域经贸协定，已经包含国企条款与某种形式的竞争中性内容，折射出新一代国际经贸规则演变的客观趋势。

在目前形势下，我国相关政策可做新谋划。在 WTO 改革领域应继续坚持现有合理立场，优先考虑争端解决机制等涉及 WTO 正常运行的议题，并联手其他成员国积极推动。同时通过内外统筹组合政策的制定实施，改变国内经济增长下行压力挥之不去与外部环境变动造成的困难局面。首先，在国内确立高标准市场经济体制转型目标，加快国企改革以完善市场竞争，包括考虑通过必要修法程序从根本上赋予不同企业作为社会主义市场经济微观主体的平等地位。其次，在目前中国已参与的区域和次区域合作机制场合，研究主动倡导增加有关体制性规则性内容的可能性，以面向未来、面向现代化为目标，在新一轮国际经贸规则创新方面快速逼近前沿并引领潮流。最后，重新评估相关立场，尽快申请加入 CPTPP，探索如何优化中国转型期的体制和营商环境，以便与区域贸易规则有关竞争中性原则的具体要求兼容和对接。

竞争中性对我国现实的借鉴意义

过去 40 年我国在党的领导下探索改革开放发展道路，体制转型释放巨大活力，推动经济高速增长，取得举世公认的成就，中共十九大描绘的加快现代化的光明前景正在现实展开。然而目前国内外经济形势也存在特殊困难。受关键领域重大改革滞后及其他因素影响，国内经济增长目前仍处在最长下行调整期，未能通过体制创新充分释放内生增长能力以开辟新一轮景气周期。国外中美贸易摩擦意味着双边关系长期积累矛盾集中释放，成为我国与主要发达国家之间的现实分歧，并可能向某些多边场合延伸。在内外经济环境深刻演变的背景下，借鉴竞争中性原则加快推进改革，具有多方面的必要性与可行性。

第一，我国几十年经济体制改革探索方向与竞争中性原则取向存在一致性。40年前我国告别计划经济开始引入市场竞争机制，20世纪90年代初确立社会主义市场经济体制基本目标，鼓励公平竞争推动经济发展逐步成为社会共识，也成为基本政策方针。1993年中共十四届三中全会通过的《中共中央关于建立社会主义市场经济体制若干问题的决定》就指出："发挥市场机制在资源配置中的基础性作用，必须培育和发展市场体系。……反对不正当竞争，创造平等竞争的环境，形成统一、开放、竞争、有序的大市场。"十八届三中全会通过的《中共中央关于全面深化改革若干重大问题的决定》要求"国家保护各种所有制经济产权和合法利益，保证各种所有制经济依法平等使用生产要素、公开公平公正参与市场竞争、同等受到法律保护……"2015年中共中央国务院有关文件提出"逐步确立竞争政策的基础性作用"，国务院2014年20号文件和2016年34号文件对落实促进市场公平竞争方针做出具体部署。可见竞争中性虽然不是我国政策标准用语，然而其强调不同所有制企业不应超越市场竞争规则的核心思想，与我国建立完善开放型市场经济的基本经验具有兼容性，与我国长期推进企业改革与培育促进公平竞争的政策取向存在交集。

第二，通过改革真正落实企业平等竞争理念方针仍是我国体制转型面临的现实而艰巨的任务，竞争中性原则对突破改革僵局具有现实借鉴意义。过去40年我国利用市场竞争机制取得巨大成就，然而现实中仍在相当程度上存在所有制差别待遇现象。例如由于行政性垄断与有关部门的产业干预政策，在不少竞争性部门，民企在市场准入和投资方面仍面临歧视性待遇。在信贷融资条件、获得政府补贴、并购与破产风险、违法违规受处罚、遭遇流动性困难或债务危机时获救助等方面，国有企业与民营企业之间的区别性待遇也相当常见。由于我国经济制度转型的特殊历史背景，现实中对不同类型企业的区别性待遇不仅源自具体政策操作层面的内容，而且在相关法律层面有直接表达，使得我国贯彻公平、公正、公开的市场竞争原则面临更为困难与复杂的因素，派生出研究人员观察到的"国企改革十几年没大突破"局面。如能借鉴竞争中性原则突破相关领域深层改革举步维艰的困局，将对提升我国经济竞争程度与完善开放型市场经济体制产生积极影响。

第三，从应对我国宏观经济当下困难的角度看，借鉴竞争中性推进改革有助于提振民营企业的信心，更好地激活市场内生力量走出下行调整阶段。我国经济已进入高质量发展新阶段，然而我国目前人均 GDP 尚在 1 万美元左右，与主要发达国家人均 4 万~5 万美元仍有很大差距，实现现代化目标仍需在坚持高质量的前提下，充分释放市场内生动力，以保持较快增长。近年我国经济虽成功保持中高速增长，然而经济运行尚未真正摆脱下行压力。本轮下行调整特别长，背后有多方面的原因，包括经济潜在增速下降与外部环境的不利影响等，然而受关键领域改革难以突破因素的制约，加上某些政策走向不确定的信号，加剧民营企业信心不足与投资不振，制约民营经济内在活力充分发挥，也是导致目前经济特殊困难的重要解释变量之一。针对目前形势，有关部门出台新的宏观调控与救市举措虽短期有效，然而釜底抽薪的应对之道则是要把供给侧结构性改革聚焦到针对现实体制瓶颈与破除机制障碍上，尽快补上改革"赤字"。借鉴竞争中性原则启动必要改革，有助于更好提振民间信心与市场预期，进一步激活民营部门的创新与投资活力，推动我国经济增长按照既有规律尽快走出下行调整阶段并迎来新一轮内生景气增长。

第四，从对外关系来看，借鉴竞争中性原则有助于更能动、更有效地应对美国发难，引导外部环境朝着对我国积极有利的方向转变。2018 年夏秋季，中美争端继续发酵，美国在升级加征关税与投资管制等经贸措施的同时，在国家安全与战略领域进一步制造新议题，紧锣密鼓谋划制定针对我国的所谓"全政府战略"。另一方面，美国在联手其他国家集体针对我国方面动作频频并有进展：2018年7月25日美国、欧盟发布包含针对经贸政策的联合声明，9月18日欧盟基于美欧声明立场推出WTO改革建议导言，9月25日美欧日贸易部长再次发表针对中国经贸政策的共同声明，10月初北美三国达成包含排他性条款的贸易协议，阿根廷主办B20所提交文件的部分表述引发我国工商界代表团的公开抗议和缺席抵制。

上述系列事件显示，美国对我国经济体制某些特征提出的质疑，正在从双边争议向我国与主要发达国家之间的现实分歧方向转变，并可能会向WTO与B20及G20等多边场合延伸。对有关争议国际化和多边化的演变动向，我们无疑应更加重视。应当指出，面对外部环境变化，中国政府实施抗击美国单边措施、坚持改革开放方针、积极拓展国际合作组合应对措施是合理正确的，并且初步取得了积极效果。当务之急是要加快补齐上述应对方针中"改革"措施的短板，以我国自身长期发展根本利益为本位，主动推出新一轮必要改革，扭转外部环境朝不利方向演变的苗头。借鉴竞争中性原则，有助于在统筹内外两个大局的前提下选择必要改革的现实切入点与突破口。

最后需要指出，大国的内政决定外交，中国内政有自身逻辑。国企改革可借鉴国外经验，然而其实质是中国经济转型发展历史趋势与现实逻辑的展开，其基本内容与路径选择必然要服从中国经济长期发展的根本利益，必须要符合我国的具体国情与现实制约条件。据官方数据，2017年我国国有企业国有资本及权益总额为50.3万亿元，按照目前汇率折算为7万多亿美元，相当于全球其他所有国家国有企业资本规模的数倍。如上所述，中国广泛存在企业差异性待遇，并且在现有法律层面得到体制性支持。这意味着中国的相关改革会采取以我为主、积极稳妥、渐进务实的方式推进，不应该也不可能照搬外国经验。

然而为今之计，确实要对必要改革形成紧迫感，尽快动起来。先初步提出系统改革的方针意向，以此为基础，利用一段时间研究制定统筹应对内外环境变化的系统改革规划，通过果断实施新的一揽子重大改革开放举措，推动内外形势积极转变，为加快实现现代化目标打赢这场体制创新攻坚战。

中美贸易摩擦与世贸组织改革

2018年10月24至25日，日本、澳大利亚等12个WTO成员国贸易部长与欧盟代表在加拿大首都渥太华开会，讨论如何改革加强世贸组织使之现代化的议题。会后发表的联合声明《明确和坚决支持以规则为基础的多边贸易制度》，从争端解决机制、重振WTO谈判职能、加强贸易政策透明度三方面对拟议中的新一轮WTO改革提出建议主张。

在WTO现行体制下，每两年举行一次的各成员贸易部长全体会议及其日常办事机构总理事会是最高决策机构，秘书处则是常设协调机构。这次渥太华会议讨论WTO现代化这样的重大议题，既不是通过秘书处协调举行，也没有在最高决策机构平台上讨论，甚至中美两个WTO最大成员国也未出席。借助WTO的成员驱动议程机制，会议由一个成员的贸易部长发起，召集十多个成员举行，组织方式不同寻常。

渥太华会议与目前世贸组织运行与中美经贸关系遭遇罕见困难的特殊形势有关。中美作为WTO两个最大成员国，双边经贸关系和其他领域累积矛盾集中释放，处于僵持状态。另一方面，世贸组织及其前身关贸总协定经过半个多世纪的运行发展，在全球经贸格局深刻演变背景下也面临前所未有的危机。在两方面困局相互作用持续发酵的形势下，十多个来自全球五大洲自称"志同道合"的 WTO 成员（所谓"like-minded WTO members"）齐聚渥太华，意在用"诸边"促"多边"方式推动 WTO 改革，并试图为调解中美争端做出努力。

中美贸易摩擦非一日之寒，然而就直接动因而言，则是由美方一手挑起。2017 年 10 月 26 日美国商务部发布题为《中国非市场经济地位》报告，对中国的国企、补贴和产业政策等方面的情况提出质疑。2018 年 3 月 23 日美国发布《对华 301 调查报告》，指责中国强制技术转让等技术创新政策损害美国企业利益，并提出对中国采取加征关税等单边措施挑起争端，由此引发中方反击。7 月初中美两国相互实施第一轮加征关税措施，标志中美经贸摩擦实际展开。进入夏秋季，双边争端进一步发酵加剧，导致两国经贸以至整体关系面临建交以来罕见的紧张局面。

特朗普政府对华经贸政策的调整，涉及美方 WTO 政策立场转变。美方认为当初接纳中国加入世贸组织是一个错误，WTO 制度设计不适用于中国这样所谓的"国家驱动经济"。特朗普政府对 WTO 施加压力，强调美国加入 WTO 并不妨碍其依据国内贸易法实施对外贸易管制，主张在 WTO 多边规则之外依然有实施本国法律的特权。特朗普总统"不无悲情"地抱怨，大家都从 WTO 中得到好处，唯独美国没有。他甚至威胁，如果谈不拢，美国会考虑退出 WTO。

渥太华会议之前几个月，美国的一系列经济外交政策举措，都与其对 WTO 的立场转变存在联系。与欧盟等盟友倡导推动新一轮 WTO 谈判，是实现其新诉求的重要路径。为倒逼更多 WTO 成员重视美国利益，美方利用 WTO 一致同意规则，借故一再行使否决权以阻止 WTO 补充上诉机构法官，使 WTO 争端仲裁机制面临不久将瘫痪的危机前景。另外，美国不遗余力推动形成新的北美贸易协议，其某些内容包含为未来WTO制定新规则提供模板的用意。

特朗普政府用不管不顾的方式强势推进其新贸易政策议程虽有所斩获，然而其明目张胆的保护主义政策取向与蛮横无理的单边行事方式，也使美国国家信誉在国际社会包括其传统盟国面前受到折损。美国以国家安全为由采用232条款对各国出口到美国的钢铝实施加征关税措施，受到包括其盟友欧盟、加拿大等很多经济体的反对和抵制。其蓄意抵制WTO上诉机构法官遴选的做法更是不得人心，引发很多WTO成员的不满和批评。

质疑和抵制特朗普政府某些贸易政策和做法，在渥太华贸易部长声明中的多处内容有明显表达。例如该声明第一点"强调争端解决制度是世贸组织的中心支柱"，指出"我们深为关切国际贸易最近的事态发展，特别是保护主义的抬头，这对世贸组织产生了不利影响，使整个多边贸易体系处于危险之中"。由于美国的单边行动是新一轮保护主义政策回潮的最重要推手，渥太华声明的上述警告和评论不言而喻具有针对美国的含义。

在维护加强WTO上诉机构与坚持贸易发展议程等问题上，渥太华声明也表达了明显与美国唱反调的方针立场。声明指出："我们深为关切的是，上诉机构继续出现空缺，对整个世贸组织制度都有风险。因此，我们强调迫切需要排除任命上诉机构成员的障碍。"声明还明确表示"发展必须仍然是我们工作不可分割的一部分。我们需要探讨如何在规则制定工作中最好地追求发展层面，包括特殊和差别待遇"。

当然，渥太华声明在不点名质疑美国有关政策立场的同时，也委婉表达了美方有关诉求。例如在谴责保护主义之后提到"我们注意到日益增长的贸易紧张关系与全球贸易格局的重大变化有关"。在上诉机构争议上提及"人们对争端解决制度的运作提出了关切"。不过总体而言，渥太华声明显示，即便是由美国盟国主导提出的WTO改革意见，在某些重要问题上也包含与美方立场有显著差异的表述，甚至不点名批评美方做法。这从一个侧面折射了当代国际治理的多极化力量在真实发挥作用，历史上美国一言九鼎的局面已一去不复返。

就 WTO 改革与中美摩擦而言，当然不能指望渥太华声明全面给中国背书。国际社会特别是发达国家群体，对中美贸易摩擦的态度存在不对称倾向。一方面，国际上广泛质疑特朗普政府实施的单边保护主义措施，同情中国回击美方蛮横霸道行为，有利于中国与国际社会合作制约和抵制美方倒行逆施的做法。另一方面，美方对中国经济体制政策某些特征的质疑诘难，在较多发达国家甚至个别新兴经济体也引发某种响应附和，助推中美经贸摩擦某些议题从双边争端朝国际化、多边化方向延伸。

因而渥太华声明也包含某些给中国出题目甚或个别主要针对中国的内容。例如在发展议程方面，声明肯定 WTO 成员"特殊和差别待遇"、同时表示"将审查和发展具体的参与方式"。考虑中国作为 WTO 发展中成员的地位已受到美国质疑，未来有关谈判难免发生争议。另外，渥太华声明强调要"加强对成员国贸易政策的监督和透明度，在确保世贸组织成员及时了解其合作伙伴采取的政策行动方面发挥中心作用"。从过去的情况看，这个议题可能成为中方软肋之一。

在未来的 WTO 谈判中，我国可能面临的最具挑战性的议题，大概会聚焦在制定 WTO 新规则应对市场扭曲方面。WTO 现有规则包含反倾销反补贴条款，对各成员在国有企业、产业政策、不影响贸易补贴措施等方面并未特别加以规制，而是将其归结为各成员国内体制安排和政策选择范畴。现在美国和欧盟等主要发达经济体不满这一状态，强调随着新世纪经济格局的演变，特别是以中国为代表的所谓国家主导经济模式的兴起，上述 WTO 规则设计已不适应客观经济形势，需要实施相应改革。

或许出于策略考虑，渥太华声明对此着墨不多，仅在改革建议第二点"重振世贸组织谈判功能"结尾指出："我们认识到必须解决补贴和其他手段造成的市场扭曲。"这句话意思很明确，不过对"市场扭曲"的具体内涵以及补贴之外还有哪些"手段"造成扭曲则语焉不详。对此不宜因其言辞简略而忽视，也不好假定有关国家尚未就此形成具体思路。参考渥太华会议主导方在其他场合对相关立场的表述，不难了解这句话背后具体的内涵及其剑指中国的意向。

例如2018年9月18日欧盟发布关于WTO现代化改革的概念性文件，文件在"未来建议"题目下提出三组建议，第一组"WTO未来制定新规则活动建议"中第一项就是要采取多种措施应对产业补贴与国有企业体制导致的市场扭曲问题，第二项是"制定新规则以解决包括强制技术转让在内的服务与投资技术壁垒"。加拿大9月21日发布《加强WTO使之现代化交流讨论稿》，在"面向21世纪贸易规则现代化"的建议中，也表示要关注"通过国有企业、产业补贴、技术与商业秘密转让以及透明度等方式造成的市场扭曲效果"。

美国、欧盟、日本对此合作表态更是不遗余力。在渥太华会议之前不到一年时间里，三方贸易部长至少已发表三次共同声明，阐述消除市场扭曲保证"全球公平竞争平台"的观点。2017年底在阿根廷举办的WTO第十一届部长级会议期间，美国、欧盟、日本发表共同声明，"共同认为政府融资和支持的产能扩张导致的关键部门严重产能过剩，造成大规模市场扭曲的补贴和国有补贴、强制技术转让和本地内容要求及偏好导致的非公平竞争条件，构成对国际贸易正常运作、创新技术创造以及全球经济持续增长的严重关切"。

2018年5月31日和9月25日，美欧日三方贸易部长分别在巴黎和纽约发表联合声明，对上述问题表达了更为系统的观点，不点名针对中国的指向也更明显。尤其是在巴黎发表的声明，为系统说明应对所谓"第三方"市场扭曲政策做法，特意包含三个附件对有关议题要点详加阐述。附件一是"厘定针对产业补贴和国有企业更强规则的基础"；附件二是"阐述有关'技术转让政策和做法'立场"；附件三强调"市场取向条件（market-oriented condition）对一个公平、互利的全球贸易环境具有根本意义"，试图界定"非市场取向政策和做法"的因素与指标。

这些文件所强调的内容，与美国《对华 301 调查报告》以及 2017 年发布的《中国非市场经济地位》报告的基本思路有相当程度的交集。结合这些信息，不难推测渥太华声明中"我们认识到必须解决补贴和其他手段造成的市场扭曲"这一表态的潜在含义。

进入新世纪以来，全球经济格局快速演变，经济现实与 WTO 现有规则的不适应之处显著放大，新一轮 WTO 改革议论不断升温。另外，中国经济在新世纪初年超预期追赶并助推全球格局转变，中国作为崛起大国与守成大国美国在经贸关系中多年积累的矛盾近期集中释放，双边经贸关系经历深刻调整。两方面相对独立又相互联系的变化趋势，成为观察目前全球经济形势演变的重要视角。

在此背景下，渥太华部分 WTO 成员贸易部长与欧盟代表会议至少有两点指标含义。新一轮 WTO 改革仍处在提出动议阶段，这次由加拿大首次召集来自五大洲的 WTO 成员开会专门讨论并提出主张，是试图用"诸边"促"多边"的方式推动改革向启动实施阶段转变的标志性事件之一。或许更需要关注的是，会议显示中美经贸摩擦中的某些争议内容，正在从双边争端朝国际化与多边化方向延伸，意味着不久可能会在某些多边场合出现对我国经济体制政策某些特征进行质疑的局面。外部环境的动态演变趋势，给我国相关政策选择带来新压力，也提供新机遇。

第三章

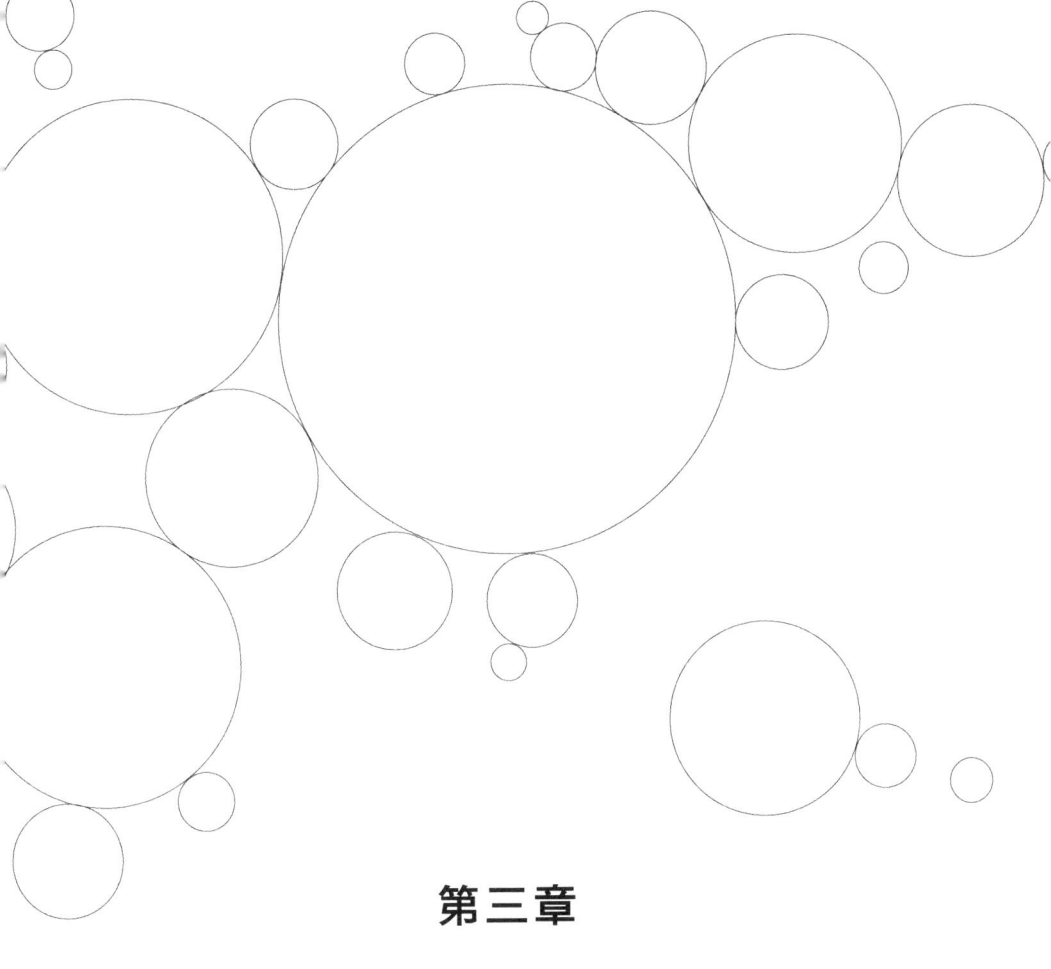

中美经贸
竞合关系

特朗普就任的经济背景

特朗普的当选，无疑是中美经贸竞合关系转变的关键节点。分析他当选的经济背景，可以让我们对这种转变有一个更加全面的了解。

特朗普无疑是2016年美国总统选举的超级明星：这位完全没有从政经验的亿万富翁，以"美国第一""让美国再次伟大"为纲领，以一系列激进尖锐的经济、政治和外交观点主张为号召，以强悍张扬、斗志昂扬的个人风格为利器，在共和党总统候选人初选阶段过关斩将获得提名，并在与民主党资深政治家希拉里的大选对决中险胜，创造了美国当代政治史上的奇观。为何发生特朗普当选这样的小概率事件？什么背景条件和驱动因素使得特朗普特立独行甚至离经叛道的经济主张得到美国选民的认可？上述问题需要从不同专业角度分析，然而重大经济政治现象产生的根源，必深植于特定历史阶段的经济环境演变之中，本文侧重分析特朗普冲击现象产生的经济原因。

初步看法是，除选战策略与个人风格外，特朗普赢得大选至少有三方面的基本面条件发挥了关键助推作用。一是经济长期潜在增速大幅回落使长期居于霸主地位的美国深感忧虑失落；二是中国等新兴国家的追赶导致全球格局演变，使美国焦虑感倍增；三是美国国内收入差距扩大、移民压力等经济社会矛盾发酵，引发美国社会不满情绪上升，助推潮流转向。上述大势演变并非始自特朗普参选时，2008 年奥巴马倡导变革登临大位就曾借力于此，然而之后美国经济困境未得舒缓反见加剧，成为特朗普激进政策高调推出并被认可的关键助推因素，也由此框定特朗普之后的经济施政重心与成效的重要制约变量。

美国经济失速带来失落感

"发展才是硬道理"这个中国式命题对美国其实也适用：进入新世纪后，美国经济长期潜在增速大幅滑坡，相当程度上成为美国经济社会诸多矛盾发展加剧的总根源，由此带来的失落感增加是这次美国大选"动作变形"的基本背景条件之一。

战后美国经济增速呈现三阶段演变大势。20 世纪 50—60 年代美国平均经济增速约为 4.2%，周期性景气扩张阶段经济增速经常会超过 5%，属于经济增速"4 时代"。进入 70 年代后，经济增速显著回落，20 世纪最后 30 年的年均增速约为 3.3%，其中 70 年代约为 3.2%，80 年代为 3.3%，90 年代为 3.4%，与 50—60 年代相比降幅略超两成。然而进入 21 世纪后，美国经济增速大幅下滑，2000—2016 年平均增速预计下降到 1.8%，比战后高增长时期下降近六成，与 20 世纪末叶比降幅也超过四成。即便不算新世纪初年和 2008 年前后两次金融危机经济衰退年份，2002—2007 年景气繁荣期年均经济增速约为 2.7%，2010 年之后 7 年经济复苏时期年均增速为 2.2%。可见进入 21 世纪后，即便在不含衰退年份的宏观周期扩张阶段，美国经济增速也已降至"2 时代"，远低于早先包括衰退年份的全周期经济增速。

更让美国精英忧心忡忡的是，新世纪美国实际取得的经济增速是在超常宏观刺激政策环境下实现的，是以透支美国经济"正常体力"

为代价勉强达到的，与中性宏观政策相对应的美国潜在经济增速实际应该比本已令人失望的统计增速更低。2000年互联网泡沫破灭后，美国经济进入衰退期，美联储从2001年1月开始十余次下调利率，使美国经济较快走出衰退，然而美国经济复苏呈疲弱态势，消费物价等一般物价指数也没有出现早先景气复苏时期较快上升的情况。当时美联储非常担心通缩，在2002年底和2003年中宏观经济已经复苏并存在显著正通胀的环境下，通过两次激进追加降息，把政策利率进一步打压到1%的历史低位。超常刺激虽然对危机前几年美国经济增速有勉强拔高作用，但同时也对次贷-次债泡沫产生推波助澜的影响。可见危机前美国经济2.7%的平均增速，其实具有虚高因素，难以持续。

美联储利用超常刺激手段在应对金融危机及后续影响上再次表现出"非凡勇气"：不仅在长达8年的后危机时期维持接近零利率，而且再三实施量化宽松货币政策，试图长期服用超量"激素"提振经济增长。结果美联储资产负债从危机前的9 254亿美元激增到45 000亿美元以上，美联储总负债占GDP比重从2007年的6.3%上下飙升到2014年超过25%的峰值水平，美国联邦政府债务率也上升到100%以上。然而超常刺激政策未能使美国经济摆脱我们2010年初评估美国经济时提出的"复苏不易，景气难再"的判断。当时我们推测，美国经济年均增速未来十年平均水平不会超过2.5%，与实际情况一致。如同运动员在服用大剂量兴奋剂时取得的成绩算不得正常成绩一样，超常刺激政策带来的经济增速也算不得潜在经济增速，我们有理由推测现阶段与中性宏观政策相对应的美国经济潜在增长率或许已降到2%以下落入"1时代"。这是近年哈佛大学前校长拉里·萨默斯（Larry Summers）教授提出"长期停滞"（secular stagnation）命题并引发西方主流经济学界热议的宏观经济背景。美国上上下下难以接受这一现实，构成美国社会愿意接受一位"另类"领导人以求扭转颓势的重要环境条件。

上述"长期停滞"是依据开放宏观经济学理逻辑对美国经济增长失速的分析判断，其他学者从供给侧分析同样得出美国潜在经济增速大幅走低的结论。如 2011 年斯坦福大学的罗伯特·霍尔（Robert Hall）教授与乔治梅森大学的泰勒·考恩（Tyler Cowen）教授分别发表题为《长期疲软》（The Long Slump）与《大停滞》（*The Great Stagnation*）著述，从不同角度强调美国经济前景不容乐观。2012 年美国西北大学的罗伯特·戈登（Robert Gordon）教授发表题为《增长是否终结？》（Is Economic Growth Over）的论文，分析美国经济长期增长面临的深层限制。列举的这些研究没有包括基于马克思主义理论框架一直预言资本主义将通过危机崩溃毁灭的激进左派学者观点，也没有列举市场评论人士耸人听闻的尖锐预测观点，而是都出自在美国著名大学担任终身教职的主流学者，对认识美国经济失速导致失落感尤其具有说服力和参考价值。

相对竞争力下降催生焦虑感

新兴经济体特别是中国经济生气勃勃地追赶并快速改变全球经济格局，使美国的相对影响力显著下降，由此催生的焦虑感是美国 2016 年大选"动作变形"的又一基本背景条件。最让美国感到压力的显然是中国一些常规宏观经济指标以及与国际竞争力相关性较强的重要经济指标正在快速追赶和超越美国。例如用汇率衡量的储蓄和投资规模、工业与制造业增加值等指标，中国已在后危机时期较大幅度超过美国，以汇率衡量 GDP 总量指标也在快速缩小与美国的差距。在专业人才培养方面，我国每年工程技术专业的大学和研究生毕业人数也已大幅度超过美国。在一些先进科技应用与科技投入密集的部门，中国也在快速追赶并缩小与美国的差距，在某些领域已稳定占据领先地位，如高铁技术利用及大规模建造运营、大型桥梁隧道等超级工程建造、大飞机与航母设计制造、航天科技产业、社交媒体和电商零售等当代互联网运用行业等，都属于这类情况。

又如随着中国等新兴国家快速追赶，二战后以美国为首的发达国家主导全球经济增长的格局已发生重大转变。后危机时期，中国、新兴经济体、发展中国家，与美国、G7、发达国家，对全球经济增长的作用发生系统转换，发达国家在经济体量上仍占绝对优势，然而在增量贡献上已发生阶段性转折。

另外，针对战后全球化模式面临挑战和现行全球治理体系存在"能力赤字"的问题，中国与新兴国家及国际社会合作努力，从存量改革和增量创新两方面改进完善全球治理架构，早先在全球治理体系中美国占据绝对支配地位并享有超级特权的情况也在逐步发生变化。存量改革的标志性事件之一是G7这个早先重要的国际经济治理平台在金融危机后扩容成为G20，中国与新兴国家在国际治理体系内部的话语权有所提升，中国成功举办2016年G20杭州峰会显示了这一变化的积极意义。2010年IMF决定实施份额调整，显著提升中国、印度等新兴经济体的份额和投票权比重，2015年IMF批准人民币加入SDR货币篮子的申请并于2016年10月生效。近年国际治理增量调整也在活跃推进。如2009年6月金砖国合作机制创建，2015年7月新发展银行（New Development Bank）开始运营，体现新兴国家对战后金融治理架构实施增量改革的重要成果。中国近年倡导"一带一路"合作与创建亚投行，得到全球的广泛积极响应，也对国际治理架构增量改革具有积极意义。

结构性矛盾发酵加剧纠结感

美国国内经济一些结构性问题持续发酵，尤其是收入分配差距加大、移民与本国公民矛盾发展等因素，加剧国内经济社会矛盾并导致社会不满程度上升，对特朗普"黑马式"竞选策略险中取胜提供重要支持作用。不过也需看到，这些结构性矛盾因素在美国社会早已存在并引发广泛关注，如果没有上述两方面内外环境更为深刻的新变化、新挑战，它们或许不足以成为特朗普竞选总统成功的现实条件。

以收入差距问题而言，美国基尼系数从 20 世纪 70 年代的约 0.4 上升到 2015 年的 0.48 高位，其间大体分为几个阶段：20 世纪 70—80 年代上升近 0.03，90 年代前后加快增长，10 年左右进一步上升近 0.03，新世纪初在波动中进一步上升到 2013 年的 0.482 历史峰值，后微幅回落到 2015 年的 0.479。

美国经济体制市场化程度较高，收入差距较大一直是备受争议的问题。进入新世纪后的三方面变化加剧收入差距。

一是全球化背景下，美国企业大规模外包借助国外要素的比较优势获取竞争优势，对本国普通工薪阶层的工资和收入上升产生抑制作用。美国家庭实际工资中位数 2015 年为 56 516 美元，比 2012 年的 52 666 美元有明显回升，然而低于 1999 年的峰值 57 909 美元。美国贫困人口占总人口比例在 20 世纪 50—70 年代有较大幅度下降，然而过去 30 多年该指标随经济形势变动不再表现出明显下降趋势。美国普通工资收入者通过退休养老机构投资账户因资产价格较快上升间接得到一些利益，然而总体经济福利改进缓慢甚至停滞不前。

二是金融与 IT 高科技行业创造大量高收入群体，客观上推高收入差距。金融与 IT 是专业知识与智力投入相对密集的部门，并且具有较高程度的外向型特点，在当代 IT 技术变革和全球化环境下处于激活状态，过去 20 多年成为盛产高收入人群的两大行业。20 世纪初美国企业界巨头以卡内基、杜邦、摩根为代表，钢铁、化工等制造业是财富创造最重要的行业，到 20 世纪末和新世纪初年，财富传奇则往往非金融行业与 IT 行业莫属。华尔街金融机构成功延续其历史地位，而且利用全球化新环境创造出层出不穷的致富新招；硅谷 IT 高科技企业兴起和发展，从早年的比尔·盖茨到近年的 FLG（脸书、领英、谷歌这美国当代三大互联网公司的简称），互联网巨头创始人演绎了无数财富神话。

三是金融危机后美国政府实施金融救助和刺激政策，扩大收入差距，导致公众不满。金融危机后美国政府迫于"大到不能倒"的压力，大规模救助濒临倒闭的大型金融机构。美联储资产负债表从 9 000 多亿美元上升到 45 000 亿美元，其中直接购买支持私营金融机构的抵押证券（MBS），从无到有增加到近年的 17 000 亿美元，占其总负债接近四成，主要用于对这些濒临破产的金融机构进行直接和间接救助。在美国公众看来，这些华尔街"肥猫"在经济扩张阶段过度扩张赚得盆满钵满，捅出金融危机娄子后，政府又用纳税人的钱对其出手救助，实在令人愤慨。另外，后危机时期超宽松货币政策推高资产价格，产生对富人阶层更为有利的分配效果。2011 年 9—10 月纽约爆发"占领华尔街"事件，公众谴责华尔街巨头的无节制贪婪导致危机，抗议政府和监管部门对华尔街宽容放纵，表示"99% 的人不能再忍受 1% 的人的贪婪与腐败"，从一个角度折射美国社会不满程度加剧。

移民加剧社会矛盾是美国社会面临的另一比较突出的问题。数据显示，美国新增合法和非法移民从 2000 年的 166.2 万下降到 2011 年的低谷 108.4 万，但是 2016 年前后上升到 159 万；合法和非法移民总数从 2009 年的 3 930 万上升到 2015 年的 4 330 万，6 年增加了 400 万。美国与墨西哥存在几千公里陆地边境线，墨西哥成为美国单个最大移民来源国，墨西哥移民年度规模 2000 年最高为 551 万，金融危机前的 2007 年下降到 280 万，2011 年降到低谷 131 万，2012—2014 年在 150 万上下。移民是美国大选政治辩论的重要议题之一，对大选选情具有显著影响。虽然美国移民形势并未出现逆转性变化，然而这个因素持续发酵加剧美国社会矛盾，对特朗普高调发声争取民意提供了有利条件。

要理解特朗普冲击现象显然还要考虑其他方面的因素。如社交媒体兴起对选战制约因素与策略选择的影响已引起政治学研究人员的重视，美国草根阶层对精英阶层不信任与美国社会断层加剧有利于激进政策主张扩大影响，另外，特朗普的个人风格与选战策略无疑也是不应忽视的重要因素。本文侧重从经济视角观察，强调经济失速催生的失落感与相对实力减弱带来的焦虑感交织形成的危机感，与收入分配差距、移民以及其他传统结构性因素结合，形成特朗普冲击现象发生的基本经济和社会条件。特朗普经济政策将以应对上述问题为主轴展开，对其政策影响和成效预估的判断也应联系上述经济演变大势背景。

中国是当今世界最重要的新兴大国，注定会成为守成国美国在全球范围的主要对标国，特朗普当选使中美关系与全球经济不确定性显著上升。关于中国的应对，本文分析结论是，中国应在战术上重视特朗普冲击并全力应对，战略上又应藐视，保持定力，坚定发展信心。由于中国的追赶导致压力上升是美国政策"动作变形"的关键原因，美国在全球博弈格局中势必会进一步锁定中国作为最重要对家。美国在零和思维模式支配下放大中美竞合关系中的竞争与博弈因素，通过不同领域的出格出界行为试探底线与改变规则，试图营造让中国出错招、打错牌的压力环境，将构成未来一段时期中美关系新常态。中美关系可能会由此面临两国关系正常化以来最深刻、最严峻、最复杂的考验，对此中国显然需要高度重视与认真应对。

然而美国经济目前的内外演变与危机，本质上是当代开放环境下大国经济发展不平衡规律作用的产物。特朗普的一些重要主张置身于客观规律作用的对立面，其政策制定实施有的会困难重重难以收效，有的作用方向则与其目标诉求背道而驰。现阶段中美经济关系的特点是，美国试图抵制时代潮流演变，受危机感驱动"穷则思变"先声夺人，表面主动而实则被动；中国则处于历史上升期，对内改革与对外倡导开放合作选项更多，在战略上更具有能动性。中国应审时度势、保持定力、以静制动、因势利导，采用有理有利有节的方式接招较量，通过一个"不打不相识"的博弈反制过程，最终使美国对华政策回归相互尊重与互利共赢的正确轨道。

评美对华 301 调查结果[①]

2018 年 3 月 22 日，美国总统特朗普签发一份备忘录，公布前一年 8 月中旬发起的对华 301 调查初步裁定结果，认定中国在强制美国企业技术转让等四个方面存在"不合理与歧视性"问题，并宣称将从征收关税等三个方面实施制裁。这份备忘录激发了中国媒体的普遍批评谴责，同时引发包括美国在内的全球范围的广泛关注评论，研究人员从不同方面提出中国应如何反制的意见和建议。

中美贸易摩擦悬念

所谓贸易摩擦，一般指某国引入贸易壁垒措施限制别国进口，或通过倾销和外汇贬值等措施争夺出口市场，并由此引发的一系列报复与反报复行为。一般贸易摩擦都具有"负和"博弈的特点，且具有互动性：一国率先行动引发对手国反制报复，可能触发制裁–报复循环加剧。贸易摩擦牵动参与方国内舆情与民族情绪，会派生经贸争议政治

[①] 本文 2018 年 4 月 2 日发表于北京大学国家发展研究院网站，作者为卢锋、李双双。

化倾向与社会压力。

中美贸易摩擦悬念早已植入公众记忆。2016年美国总统大选中，特朗普作为竞选人高调倡导单边贸易保护主义，公开提出要对中国进口货物征收45%的高额关税，以减少巨额贸易逆差。虽然一开始就有分析指出，受制于美国相关体制和法律的程序性约束，特朗普当选后不太可能马上全面实施强硬表态，然而根据其贸易保护主义偏激立场与特立独行的行事风格，人们有理由对他任内中美贸易关系恶化保持担忧。

然而回顾2017年中美经贸关系形势，虽暗流涌动却仍维持了大体平稳状态。实施百日合作计划并实现早期收获，两国首脑成功实现互访，贸易摩擦预期随之下降，有分析提出特朗普任内可能不会发生中美贸易摩擦。早先特朗普的偏激主张被解释为竞选人为拉选票放出的"重话"，或认为特朗普作为商人其决策立场容易被几次美国获利的经贸"交易"软化。尤其是特朗普访华时对中国多方言辞示好，有媒体乐观评论："一切超出预期，一切特别顺利。""不声不响中，'两岸猿声啼不住，轻舟已过万重山'。"

其实特朗普政府并未放弃对华强硬经贸政策立场，暂未大打出手主要是受多方面因素制约，在推延实施时间表。首先是特朗普元年在内政方面先后推动医改与税改，为此要投入大量决策精力。其次，在对外经贸领域2017年8月重启北美自由贸易区谈判，到2018年2月已进行7轮谈判仍未见分晓，美国贸易代表办公室的执行力部分耗费于此。再次，中国努力用合作对话的建设性方法处理经贸利益矛盾，特别是习近平2017年4月份访美实现两国元首海湖庄园会并达成"百日合作"计划，对延缓两国经贸关系恶化发挥了积极作用。

另外，特朗普政府需要时间为对华经贸政策转向做准备。美国官方所做的政策重新阐述与文宣工作，试图用强词夺理的方法使其对华强硬经贸政策师出有名。如 2017 年 3 月美国贸易代表办公室发布的《2017 年贸易政策议程和 2016 年年度报告》，系统阐述美国贸易政策"新方法"（a new approach）、关键目标和最优先议程。又如美国商务部发布了长篇新版《中国非市场经济地位报告》，系统分析指责中国体制与政策扭曲市场，为美方在对华经贸关系领域生事提供借口。

更重要的是，2017 年美国对中国实施了数量空前的贸易调查，为后续的贸易制裁进行实操层面的准备。美国毕竟是法治国家，特定政府部门乃至总统要给某个贸易伙伴国找麻烦，也要根据不同情况走法律程序。实施贸易制裁的前置功课是对贸易争端立案。美国对华发起贸易争端的手段根据其规则依据来源可分两类：一类是 WTO 多边规则下的贸易救济，包括反倾销、反补贴、保障措施等等；另一类是依据美国国内贸易法相关条款采取的贸易调查，主要包括 232、301、337 条款调查等。

2016 年是美国大选年，民主与共和两党都试图用强势贸易保护主义姿态拉选票，当年美国对华贸易调查立案数大幅拉升到 44 起，根据我们整理的 1980 年以来美国对华各类贸易调查总数的时间序列数据，2016 年达到年度数据的峰值。然而 2017 年这个指标并未随着美国选战结束而回落到比较正常的状态，而是进一步增长到 51 起的创纪录水平。2017 年美国在 WTO 规则下发起的针对中国贸易救济的立案数为 25 起，依据美国国内贸易法发起的对华贸易调查为 26 起，其中包括 2017 年 8 月中旬启动、特朗普亲自公布初裁结果的 301 调查。

特朗普贸易政策发力

2017 年 12 月 22 日特朗普签署税改法案，同时其经济政策重心已向对外经贸领域转移，2018 年其强势贸易保护主义政策开始逐步发力。

先是在 1 月 23 日对电冰箱、太阳能电池板实施保障措施，对其分别征收最高为 50% 和 30% 的关税。3 月 1 日宣布将对进口的钢铁和电解铝普遍分别征收 25% 和 10% 的关税。一开始美国宣称对钢铝加税是全球性措施，引发中国等很多国家的批评抗议，包括欧盟在内的一些国家和组织表示要实施报复措施，特朗普政府"成功"制造了全球范围的贸易保护主义压力。

上述两项措施虽未专门针对中国，然而都给中国经贸利益带来较大损害。美国官方一直指责中国太阳能电池板产能过剩，冲击全球贸易，对太阳能电池板征税显然主要针对中国。钢铝征税措施公布后，美国表示将与各国就豁免征税进行双边谈判，也力图将制裁焦点聚焦到中国，甚至以特定国家对华经贸政策立场选择作为是否给予其豁免待遇的考量依据，体现其经贸政策方针全面调整为以中国作为主要博弈对象的基本取向。特朗普用备忘录方式公布对华 301 调查结果，拉开在经贸政策领域叫板中国的重头戏的序幕。

特朗普备忘录指责中国迫使外资企业向中方转移技术，限制和干预美国企业技术许可的市场交易条件，还批评中方通过企业在美投资并购，大规模获取先进技术支持实施国内产业政策计划等。以此为借口，备忘录表示将对中国实施三方面的制裁措施。一是指示其贸易谈判代表考虑是否对中国进口商品增加关税。二是利用 WTO 争端解决机制起诉中方在外资技术许可证方面的歧视性做法。三是指示财政部在与相关机构磋商的基础上，采用"行政机构措施"对中方在美投资实施更为严格的管制。

美国贸易代表办公室发布的《对华 301 调查报告》提供了美国对华加征关税的可能规模与行业分布。这份文件指出，"依据针对这一议题跨部门机构专家和经济学家估计，中方政策对美国经济至少造成了 500 亿美元的损失"，因而美方准备实施对与上述损失规模相当的中方进口品加征25%从价关税,"拟议加征关税产品清单将覆盖航天、信息通信技术、机械等行业"。在那份备忘录签署仪式上,特朗普提到制裁规模可能在600亿美元,还狮子大开口要求2018年中方把对美贸易逆差减少1 000亿美元。

针对美方的片面指控与单边保护主义升级行动,中国外交部、商务部和驻美领馆等官方机构第一时间表达强烈不满和坚决反对。商务部于2018年3月23日宣布拟对自美进口部分产品加征关税。中国拟对7类自美进口产品加征关税,按2017年统计,涉及美对华约30亿美元出口。

3月24日中国中财办主任刘鹤指出:"美方近期公布301调查报告,是违背国际贸易规则的,不利于中方利益,不利于美方利益,不利于全球利益。中方已经做好准备,有实力捍卫国家利益,希望双方保持理性,共同努力,维护中美经贸关系总体稳定的大局。双方同意继续就此保持沟通。"这一表述简要系统阐述了中方应对美方单边保护主义的政策立场。

何为301调查?

301调查是美国针对他国不合理、不公平、歧视性的贸易做法而采取的反制措施,因成形于美国《1974年贸易法》第301节而得名,后经1979年、1984年、1988年多次修订,衍生出"特别301"和"超级301"调查等变种。特别301调查针对知识产权保护和知识产权市场准入条款,超级301调查主要针对贸易自由化领域,涉及出口奖励措施、出口实绩要求、劳工保护法令等。与其他依据美国国内贸易法发起的贸易调查通常针对特定市场主体或特定产品不同,301调查针对贸易伙伴国法律、政策、措施等体制政策层面的对象,涉及的具体行业和行为对象范围更为宽泛，因而在美国实施单边贸易保护主义工具选择中具有特殊地位。

根据美国301法案，一个特定案件从启动调查到终结一共有5个流程和8个方面内容：（1）发起调查；（2）调查发起后的磋商；（3）贸易代表的裁定；（4）措施的实施；（5）对外国的监督；（6）措施的修正与终止；（7）信息的请求；（8）行政管理等程序。其中前4步按照顺序依次进行，而后4步则是在调查发起后贯穿在后续程序之中。就这次针对中国的301调查而言，特朗普3月22日的备忘录宣布了初步裁定结果，显示这个案子应该处于第3步即将结束并向第4步过渡的阶段。

美国301调查拟议的三方面制裁措施有不同的实施时间表。就加征关税这个最为敏感重要的制裁措施而言，从特朗普发表备忘录到可能发生的最终实施，依据美国301法案程序性规则，还有三个环节。一是由美国贸易代表办公室公布初步加征关税产品对象与加征关税清单，二是经过一个公示和跨部门磋商后形成301调查最终裁定并公布最终产品与关税清单，三是再经过一个时期进入最后实施阶段。

特朗普备忘录仅仅提到15天以内美国贸易代表办公室必须公布初步制裁清单，对最终清单时间没有直接说明，而是说在初步清单提出后"经过一段时间公示评议……与相应机构与委员会磋商后……公布最终清单"。美国贸易代表办公室的"情况介绍"进一步说明后续时间表：一是该机构表示"将在未来几天内"公布初步清单，二是随后公示磋商期为30天，到期将在美国《联邦纪事》（Federal Register）上公布对华301调查最终制裁清单。可见前面两段程序时间已大体确定，就是特朗普备忘录发表开始一个半月以内。

问题在于第三步要走多久？依据美国301法律相关法条（《美国法典·海关关税卷》第2415条）给出的原则规定，在通常情况下，最终清单公布后30天内要付诸实施——这应是目前讨论流行认为中美贸易摩擦2~3个月内必见分晓的依据。不过需要注意，该法条还规定，在特殊情况下实施制裁措施可以延后最长不超过180天。特殊情况包括：调查申请方主动要求延迟；在贸易代表主动发起调查场合，调查对象国在起草或实施立法或在行政措施方面取得实质进展；或者贸易代表认为延迟实施有助于维护美国的权利或者得到令人满意的解决方案。另外，所有进展都取决于总统本人是否有特别指示。换言之，如果特朗普改主意，整个流程都可能改变。

中美经贸关系变局[①]

2018年2月27日至3月3日，中共中央政治局委员、中央财经领导小组办公室主任刘鹤访问美国。据报道，刘鹤主任会见了美国财政部长姆努钦、白宫国家经济委员会主任科恩、贸易代表莱特希泽等财经高官，就中美经贸合作及其他重要问题举行了磋商，同美国工商界重要人士和知名专家学者分别进行座谈交流，还会见了有关国际机构负责人。

过去10余年，中美已建立起若干常规性对话交流机制，两国财经高官互访不足为奇。然而这次刘鹤访美时间节点引人注目：其时中共中央十九届三中全会仍在进行，十九大后第一次政协人大两会即将开幕。在中国国内政治生活最重要的两件大事进行之际，刘鹤访美显然负有某种特殊使命。

对应的背景形势，显然是特朗普总统就任后，美国对华经贸政策甚至整体方针发生了重要而深刻的调整转变。特朗普主政元年，中美经贸关系虽在波折起伏中大体平稳，然而美国相关政策总体上朝强势

---

① 原文首发于2018年3月7日FT中文网，经作者再次修订。

鹰派方向转变。2017年底以来美国政府一系列组合政策所传递的信息，显示其对华经贸政策方针调整已大体完成布局。

美国新政策基本取向，是应其内外环境变化与全球格局演变的时代特点，突出聚焦中美经贸和其他领域竞合关系中的竞争博弈因素，试图扭转美国对华贸易赤字居高不下与对外经济竞争力在动态比较变化层面上的相对弱势，并与美国对华整体方针与全球战略重构相配合，服务其"让美国再次伟大"的目标。初步观察，特朗普政府对华经贸新政呈现以下几方面特点。

第一，在国家战略层面进一步强调经济问题的重要性，聚焦中美经贸关系现存矛盾问题，提升相关政策目标优先度。

2017年12月发布的新版《美国国家安全战略报告》提出一个新命题："经济安全不仅关系到国家安全，经济安全就是国家安全。"依据美国官方分析，目前美国经济表现不佳，既有国内过度管制过高税收等因素抑制经济活力等根源，也有外部贸易伙伴不公平竞争导致美方利益受损等原因。重振美国经济的发展战略需从内外两个方面展开，中国则被看作对美方经济维持超级大国主导性造成最重要挑战国家。

第二，在贸易方针上突出强调对等性原则，试图为对华经贸政策强势调整提供合理性依据。

自由贸易是美国竞争力强盛时信奉宣扬的贸易方针。然而随着新世纪初年美国国际竞争力相对衰落，特别是美国经济遭遇金融危机打击之后，到奥巴马时代转而倡导公平贸易，特朗普就任后把"促进与贸易伙伴的对等性"作为贸易政策的"首要目标"之一。特朗普在2017年11月的APEC演讲中提到中美之间"当前的贸易失衡是不可接受的"，强调"从今以后要在公平、对等的基础上竞争"。依据美方诠释的对等性标准，早先国际经贸关系中各国由于发展阶段差异存在的关税差异不再被接受,贸易不平衡也可被看作不符合对等性原则。

第三,选择从会谈对话到贸易制裁各种手段实施政策调整。

2017年《美国国家安全战略报告》指出,"抵制不公平贸易行为:美国将采取一切适当手段,从对话到执法手段,以应对扭曲市场的所有不公平贸易行为"。虽然没有挑明特定国家,然而中国显然是最重要的对手。特朗普政府并不排除双边对话,然而由于美方一味责难施压与漫天要价,对话可能更难取得积极进展。发布官方文告、领导人与高官频繁喊话施压,成为一段时期的某种常态性现象。对双边投资采取更加挑剔与负面政策立场,2018年初蚂蚁金服收购速汇金、华为与AT&T分销协议等商业投资与市场合作项目被美国外国投资委员会叫停就是具体例证。通过发起贸易调查与制裁制造摩擦则是更为常用的手段。据统计,2017年美方对中国企业贸易争端立案总数,从2016年44起的历史峰值进一步增长到51起。根据历史上立案数与制裁数统计关系推测,美方对华贸易制裁频率会显著上升。

第四,在经贸关系领域自设标准,区分"守规矩"与"不守规矩"两类国家,通过督促各国选边站,对中国施加压力。

2017年《美国国家安全战略报告》提出:"美国将经济竞争对手按照是否遵守公平和自由市场原则进行区分。"特朗普在APEC峰会演讲中强调:"我们必须确保所有人都守规矩,现在人们都不守规矩。守规矩的人是我们最亲近的经济伙伴。不守规矩的,美国肯定不会再对违犯、欺骗或经济侵略视而不见了。那样的日子到头了。""我将同想成为我们的伙伴并遵守公平、互利贸易准则的印太国家签署双边贸易协定。"在达沃斯演讲中,特朗普再次批评不守规矩的国家。

第五,2017年11月上旬美国商务部发布新版《中国非市场经济地位报告》,为美方对华反倾销继续采用第三国价格和成本这一违背

WTO 规则的做法制造借口。

该报告从人民币汇率与工资形成机制、外资政策、国有企业、政府控制与配置资源、法治和监管透明度等诸多方面，对中国经济制度、政策与运行方式进行了考察。与 2006 年同名初版报告比较，新版篇幅从 80 多页增加到 200 多页，各类资料文献注释 1 000 多个，可见特朗普政府为此下足了功夫。报告分析阐述的核心观点是，中国"国家在经济中的作用及其与市场和私营部门的关系导致根本性扭曲"，依据这一结论，报告认为中国是非市场经济，因而"美国商务部不足以允许在进行反倾销分析时采用中国的价格和成本"。值得注意的是，这份报告在 2017 年 11 月特朗普访华前夕全文公开发布，显示美国政府对华经贸政策朝硬化方向调整是既定方针，不会因为一次国事访问的成果而改变。

第六，质疑 WTO 规则，指责中国等 WTO 成员利用多边规则获取不正当利益，要求在贸易领域获得超越多边规则约束的法外施法权力。

中国加入世贸组织以后开放经济发展进入新阶段，货物进出口额从 2001 年的 5 097 亿美元增长到 2017 年约 4 万亿美元，16 年增长 6.85 倍，年均增速 13.7%，同期中国对美贸易顺差也数倍增长。美方对此极为不满，认为中国等新兴国家的经济发展对 WTO 规则可适用性带来挑战。特朗普在 APEC 峰会演讲中责难："美国促进私人企业、创新和产业，其他国家却支持政府主导的产业计划和国有企业。我们遵守世贸组织关于保护知识产权和保证公平、平等市场准入的原则，他们却倾销产品、补贴商品、操纵货币并推行掠夺性产业政策。"话里话外剑指中国。笔者近年与美国智库专家、官员交流对话，不乏听到美方后悔当初允许中国加入世贸组织、认为 WTO 制度设计不适用于中国这样所谓"国家驱动经济"的观点。

特朗普在大选期间曾扬言美国要退出 WTO。虽然这个被美国媒体评论为"疯狂"的想法并未付诸实施,但特朗普就任后美国一直对WTO规则体系运行施加压力。2017年初的美国贸易政策议程报告强调,美国加入WTO并不妨碍其依据国内贸易法实施对外贸易管制,主张在WTO多边规则之外依然有实施本国法律的特权。美国尤其反感WTO争端仲裁机制,美国贸易代表莱特希泽抱怨WTO已成为一个专注诉讼的机构,并且对中国等发展中国家过于偏袒。美方一再否决WTO启动对上诉机构法官空缺职位的遴选程序,试图阻挠WTO争端仲裁机制正常运作。

全面认识特朗普政府对华政策转变需关注两方面的相关情况。一方面,美国对外经贸政策朝保守主义和单边行动方向转变并非仅仅针对中国,而是涉及美国与很多国家——包括其传统盟国以及美国试图加强双边战略关系的国家。特朗普政府推动北美自由贸易区重新谈判,涉及加拿大与墨西哥等成员国的利益。美方尖锐批评欧盟、日本、印度等重要国家和经济体的贸易政策,如特朗普在APEC峰会演说中抱怨"在世贸组织受到不公平待遇",指责"各国得到世界贸易组织支持,然而它们没有遵守原则"。

可见经贸政策转变是美国经济战略调整的组成部分,试图强行调整美国与外部世界的经济联系方式,特朗普宣布将对进口钢铁和电解铝分别普遍征收25%和10%的关税,就突出体现其强势单边主义取向的经贸政策不怕触犯国际众怒的特点。然而由于中美贸易不平衡规模较大,中国经济几十年快速发展过程中呈现的相对稳定的体制特征,更由于中国经济体量巨大,具有推动全球经济格局演变的较大潜力,中国在美国经贸政策强硬化调整中不可避免被锁定为主要对象国。

另一方面,美国对中国经贸政策的调整不是仅限于经贸领域的孤立变化,而是美国对华整体战略转变的重要组成部分。特朗普就任以来,美方对华整体战略方针正在偏离过去几十年总体合作的方向,为此别出心裁地给中国和俄罗斯戴上一顶"修正主义"的帽子,指责以中俄"为代表的修正主义势力"是对美国全球主导地位和国际秩序的首要挑战势力。虽然美方也意识到"竞争并不总是意味着敌对,也不一定会导致冲突",然而美方对华强硬战略已被和盘托出。2018年2月28日"台湾旅行法"走完两院立法程序,是美国对华整体方针阶段性转变的具体表现之一。

因而目前中美经贸领域的矛盾,不同于小布什与奥巴马政府时期,在美方对华总体合作政策方针前提下,双边就汇率、知识产权、贸易不平衡发生意见分歧和争议对话,因而可能通过就事论事的政策调整,或者中方一次较大规模的组团采购得到阶段性化解。目前美方对华经贸政策转变是其对华政策整体调整的重头戏,对中美经贸和整体双边关系形势带来全新考验。

在特朗普政府率性而为甚至鲁莽冲动的政策转变形势下,中国当然不会跟着美方的鼓点节奏跳舞。中国外交部发言人对刘鹤此行的定位是"为下一步深入合作创造了必要条件"。可见中国临变不惊,首先选择冷静低调处理,努力寻求通过对话合作解决矛盾分歧的渠道。刘鹤访美的意义在于释放了中国方面力求稳定中美关系大局的善意。特朗普政府对很多国家挥舞贸易制裁大棒广泛树敌,刘鹤访美也有助于中国在未来实施应对政策时获得国际社会的加分。

刘鹤访美也应有实地摸底的作用。2018年春节前一段时期以来,中国学界对美国相关政策转变多有讨论。有关形势演变当然会在中国决策层的密切关注之中。刘鹤访美与美国官方及社会各界广泛交流,了解一线信息和实地感知情况,对中国决策层在知己知彼基础上制定应变方略政策,显然具有积极意义。

在美方政策转变为中美经贸以及双边整体关系引入前所未有的不确定因素的背景下,刘鹤访美并非意在马上全面解决中美经贸关系的分歧和问题,而是要对双边关系演变究竟出现了什么问题做出更为准确的研判。他大概并未带去一揽子解决方案,而是要明示中国政府的一贯立场,就是不论发生什么情况,总要在坚持不冲突、不对抗、相互尊重、合作共赢的方针前提下寻求解决之道。

中美经贸关系出路

2019年10月27日，中美37位世界知名经贸和法学专家共同发表《中美经贸关系联合倡议书》，希望从学术的角度，以学者的担当，为近年陷入困境的中美经贸关系寻求新的出路。任何一种关系处于正常状态时，一般不会严肃讨论出路问题。然而近两年来，贸易摩擦持续发酵使中美关系面临严峻考验：双方加征关税措施涉及进口规模达几千亿美元之巨，两国政府已进行十几轮高级别经贸磋商试图寻求和解之道，这些在中美关系史以及国际经贸史上都实属前所未有。应对目前形势，确实需从不同角度探寻破解困局的新思路。

为什么曾经取得巨大成就的中美关系似乎突然遭遇冰点？为什么美国2018年初竟然诉诸301调查单边措施挑起中美贸易争端？简化而言，可以把诸多矛盾分歧因素归结为美方两大认知问题：一是美国如何看待中国的经济追赶，二是美国如何看待中国的体制转型。认知误解背后的复杂时代内涵与巨大利益纠缠，决定了两国分歧与争议的长期性与深刻性。要在更高水平上实现两国关系再平衡，美国需调整对中国发展方式与体制转型的认知心态，基于自身利益接受中国现代化发展大趋势；中国则需以自身现代化根本目标为本位，深化改革，扩大开放，加快向高质量开放型市场经济体制转型。

首先讨论美国如何看待中国经济追赶派生的所谓两强博弈问题。20世纪90年代中国国内改革突破释放体制创新效应，进入新世纪后中国经济实现超预期强劲增长，似乎在不经意之间显著改变中美经济实力对比与全球经济格局。这个快速演变过程给长期居于领先地位的美国带来危机感和焦虑感，从大国博弈角度看派生出所谓的"老大老二"或"修昔底德陷阱"问题。

这个问题的提出并非始于特朗普政府，而是后危机时代美国对华政策调整的产物。北大国发院与美中关系全国委员会合作，过去十年持续进行每年两次的民间中美经济对话，2011年1月中旬我们赴美对话得到一个突出印象，就是美方交流对象无论是学界专家、商界人士还是政府官员，不约而同地提出了所谓"对中国的几个基本判断能否继续成立"的问题，集中表达当时美方重估对华关系与政策的意图。其中有一点质疑"中国愿意接受国际规则并在参与制定未来国际规则上发挥积极作用的判断能否继续成立？"显示后危机时期美国开始从守成大国与新兴大国的关系角度审视中美关系，成为21世纪美方对华政策第二次辩论的重要议题，并在几年后成为更为学术化的"修昔底德陷阱"范式表达。

中国作为新兴大国，发展权无疑不容否定，中国经济现代化是不以人们意志为转移的历史进程，14亿人口大国的经济成长必然会对全球格局和治理方式产生显著影响，也自然会对中美关系产生回应与影响。就此而言，在全球经济格局演变的环境下，守成霸主和新兴大国的关系调整与博弈具有必然性与长期性。然而观察经济领域的多方面条件，这个调整过程并非注定会落入零和游戏与相互对抗的陷阱。

第一，中国经济起飞是通过逐步开放和融入全球经济体系实现的。开放与合作共赢符合中国自身发展的根本利益，是中国经济现代化道路的基本特征之一，也是区别于历史上强强争霸两败俱伤的客观依据。中国开放发展道路选择及其路径依赖效应，使得中国出于自身根本利益考量会成为既有国际规则的维护者和建设者，决定了中国参与和推动国际治理改革在本质上是补台而非拆台。美方对华战略设计需加深认识这个基本条件并重视其政策含义。

第二，与第一点相联系，我们看到面对近年中美经贸摩擦和外部环境变化形势，中国决策层一方面坚持原则并坚定回应美方单边措施，同时主动积极实施多方面扩大开放重大举措。中国以坚持改革开放作为应对外部环境变化支配策略的正确方针和行动，有助于广大贸易伙伴与中国共同发展并更好地共享中国经济成长利益，也有利于国际社会接受与欢迎中国作为新兴经济体的崛起，从而对美方少数强势鹰派的零和游戏思维和政策冲动构成制约。

第三，中美经济客观呈现的深度互补结构，有助于双方合作求解并抑制对抗。这一点在贸易结构中稳定顽强地表现出来：后危机时期，中国经常账户顺差占 GDP 比重从接近 10% 的高位大幅下降到 2018 年的不到 1%，然而对美顺差占美国外贸逆差总额比重仍在趋势性上升，显示超越阶段性特征的市场和经济规律力量要求两国经济融合而不是脱钩，换言之，如果选择一味冲突对抗，双方都要在经济领域支付难以承担的机会成本。

由此可见，虽然"老大老二"的关系难免存在博弈因素，特定条件下甚至会面临短期争议加剧的困难与风险，然而从长期看仍存在合作的可能。

其次是美方如何看待中国经济转型。由于对一段时期以来中国经济体制演变新态势、新特点的解读出现偏差，美国精英层和决策层产生某种失望和懊悔心态：失望是因为中国加入世贸组织后经济体制演变并未按照美国和西方战略家在世纪之交推测预判的轨迹展开，懊悔则源自美方自认为帮助中国经济崛起使自身利益受损的误解。2018年1月我们访美进行第17次民间经济对话,在与美方各界精英尤其是官员的交流中清晰感受到这方面的情绪,预示美方对华政策即将朝强硬方向发生重要调整。

这个问题对中国而言的特殊意义在于,如果说管理"老大老二"的关系在直接利益上更多体现为中美双边议题,对中国体制转型特点解读的偏差在中国与其他发达国家关系中也不同程度表现出来。例如在近年WTO改革的酝酿讨论中,美欧日"三边进程"六次举行贸易部长会议发表联合声明,试图构造规范所谓非市场经济体制扭曲的新一代多边经贸规则,大部分内容不点名针对中国经济体制政策的某些特点。近年中国与欧盟就执行《中国加入世贸组织议定书》第15条"日落条款"发生争议并诉诸WTO争端解决机制(DS516),欧盟就中国体制扭曲发布400多页长篇报告作为诉讼材料呈交WTO,其中某些误读观点比美国2017年底发布的第二份所谓《中国非市场经济地位报告》有过之而无不及。

这个问题重要而复杂,与第一个问题存在客观联系,这里简略提几点个人观点。

第一,中国经济的发展成就和外部竞争力提升,根本上不是由于中国经济体制局部仍存的不完善因素,而是得益于向开放型市场经济体制转型取得阶段性成功所释放的体制创新活力。如中国外贸规模近年达到四万多亿美元跃居世界首位,对美双边贸易取得几千亿美元顺差,这些成就是中国企业——包括美国和其他国家在华外资企业——在市场竞争环境中创造的。数据表明,近年民企对中国出口贡献近半,外企贡献约四成,国企贡献约一成。这些从一个侧面显示,中国经济的国际竞争力有了历史性提升,是中国改革开放实质性消除传统计划体制系统扭曲并释放市场竞争活力的结果。毋庸讳言,中国经济体制仍存不完善以至局部扭曲因素，有待通过深化改革逐步消除和完善，然而把中国竞争力归结为扭曲显然不正确。

第二，改革不等于复制外国体制，是中国体制转型的既定方针与明确原则，有外国朋友推测中国经济体制"与 WTO 其他发达成员国体制趋同"，这方面判断的偏差有待自我调整。中国经济体制系统转型始于 20 世纪 70 年代末，1987 年中共十三大已明确提出"建设中国特色社会主义经济体制"这一基本命题。此后，每五年一次的中国共产党全国代表大会政治报告主题，无一不包含"中国特色社会主义"这一关键词。不难看出，在中国执政党以及中国社会主流理念层面，从来没有把复制西方制度或制度趋同看作体制转型目标；事实是中国始终强调自身特色，高度重视依据中国具体国情选择发展道路与体制政策。学习西方同时拒绝西化，是当代中国经济体制改革演进的基本特征之一。

第三，中国过去 40 年改革开放与经济体制再选择的基本动因是，依据实事求是原则，务实解决自身经济和社会发展面临的重大现实问题，从体制转型动力学角度看，具有问题导向与压力倒逼的特点。人民公社体制下国民低水平温饱难以得到普遍性满足，成为推动最初农业改革的决定性动力；应对大量劳动力缺乏非农就业机会以及南方个别边境地区大批群众逃港问题，对最初特区开放政策破冰产生重要助推影响。在最初改革开放取得超预期成效后，为适应问题层出不穷、改革开放不断拓展的内在逻辑，中国决策层与社会各界不断总结经验与时俱进，到 20 世纪 90 年代初确立社会主义市场经济体制目标，并在 90 年代中后期进一步实施系统改革开放突破并加入 WTO，使得开放型市场经济体制创新取得实质性进展。中国体制转型从来都不是径行直遂的，目前体制不完善对国内经济社会发展的不利影响进一步显现，深化改革仍面临"行百里者半九十"的挑战性与紧迫感。回顾过往，展望未来，我们有理由相信中国仍会以自身长期发展与现代化根本利益为本位，继续推动中国经济体制转型的历史进程。

中美两国关系目前面临困难，然而更多现实经验证据提示两国经济存在广泛而深刻的互补性，通过必要磨合，在更为合理平衡的基础上拓展深化双边合作，是客观经济规律的内在要求。两国需直面与应对几十年成功合作累积派生的矛盾问题，然而最终是基本经济规律力量而不是特定政治意愿决定历史进程。中国需以自身现代化为本位，深化改革，扩大开放，美国则应认清时代发展趋势并调整认知回归理性，如此扩大交集，化解歧见，则僵局自破而新局可期。经过曲折磨合，从长远看两国经济更可能"再挂钩"与"深挂钩"，而不是相互分离与"脱钩"。

第四章

直面产业政策

无须回避产业政策改革

2018年7月6日,美国与中国两个最大经济体先后对来自对方的340亿美元进口货物额外征收25%的关税。美方还宣布两周后将对另外160亿美元的中国进口品实施加征关税措施,中方也将跟进同等规模和力度的反制措施。

国际贸易史上两国间最大规模的加征关税措施显示,几个月来中美贸易摩擦升级发展到新阶段,这是新时代我国外部环境阶段性转变的又一个标志性事件。

2018年7月10日,美方公布对中国另外2 000亿美元进口品征收10%的关税清单,显示两国贸易摩擦有可能进一步激化升级。

与美国历史上多次对华进行的301调查不同,美方挑起本轮争端的特点是聚焦中国技术进步领域某些产业政策举措,同时借助所谓"中国非市场经济地位"的片面论述,为其直接诉求提供体制分析支持,加征关税等措施则是其施压的具体手段。

加征进口关税、责难产业政策、质疑体制特征,构成美方挑起本轮对华贸易摩擦的三点策略要素。

美方单边关税措施受到世界各国普遍谴责,有利于中国与国际社会合作抵制美方；然而美方对中国产业政策和体制特征的指责，不仅在美国国内有一定市场，在较多发达国家也能引起某种共鸣。中国如何在理直气壮反制美方单边保护措施的同时，回应外部世界对国内产业政策与体制特征的质疑，是目前形势演变提出的一个现实问题。

2017年11月美国商务部发布新版《中国非市场经济地位报告》，2018年美国贸易代表办公室公布《对华301调查报告》。这两份文件相互支持，构成近来美方在经贸关系领域对华生事的基本话语逻辑。

《对华301调查报告》片面指责中国有关技术进步和创新的产业政策，认定中方在强制技术转让、干预商业技术许可交易、战略性并购高技术资产、通过网络窃取技术秘密等四个方面的"不合理、不公平、歧视性"政策和做法对美方造成损失，宣称如中方不改变相关政策和做法，美方将采取加征关税、就技术许可交易诉诸WTO争端、加强投资审核等措施加以报复。可见加征关税措施是美方对中国施加压力的主要手段，其基本诉求是要中国改变相关领域产业政策，根本目的则是试图延缓中国技术和经济追赶速度。与通常的贸易摩擦比较，中美目前的贸易摩擦具有更为深刻的内涵。

《中国非市场经济地位报告》则从六个方面分析中国经济体制特征：一是本币兑换为外币的可兑换程度，二是工资受雇员与管理层谈判定价的程度，三是外国企业合资和其他投资的允许程度，四是政府所有权和政府控制生产手段的程度，五是政府控制资源配置、价格和企业产出决策的程度，六是中国法律体系以及管制透明度及其他问题。其核心观点认为中国"国家在经济中的作用及其与市场和私营部门的关系导致根本性扭曲"，并由此武断认定中国是非市场经济。新版报告不同于2006年的同名初版报告，它不仅试图为美国对华进行反倾销调查时采用第三国价格和成本制造口实，更重要的是为美方在更广泛议题上挑起对华贸易摩擦提供基础性支持。

对中国"强制技术转让"的指责显示美方上述二位一体争端的话语结构。阅读美国《对华301调查报告》相关内容可见，按照美方片面收集的证据，所谓"强制技术转让"的做法主要指美国企业进入中国市场时与中国企业就合资条件讨价还价所提出的策略和主张，没有证据显示中国违背《中国加入世贸组织议定书》"政府不应将技术转让作为批准投资的条件"的承诺，也没有证据显示中国违背《中国加入工作组报告书》有关"技术转让的条款和条件、生产工序或其他专有知识，特别是在投资的范围内，只需投资双方同意"的约定。可见即便就美方刻意挑选的议题而言，美方也缺乏指控中国"强制技术转让"的依据。面对这个明显的逻辑断裂，美方借助《中国非市场经济地位报告》深文周纳编织的非市场经济地位判断，强调中国国企是政府政策工具，甚至私人企业也受到政府控制，由此把企业合作的市场谈判行为归结为政府干预行为。

虽然《中国非市场经济地位报告》引述的事实未必都是杜撰，但是不难看出美方分析逻辑与基本结论的片面错误。中国早已建构开放型社会主义市场经济体制框架，正是凭借市场经济体制释放的微观活力，才得以在进入新世纪后实现经济超预期追赶并推动全球经济格局转变。中国经济发展的阶段性成就及其客观上对美国带来的压力——这种压力是特朗普政府对华政策"动作变形"的关键原因之一——本质上源自几十年改革开放推动向开放型市场经济体制逐步转型所派生的积极功能，是不同所有制企业遵循市场竞争规律经营决策和能力快速提升的产物，而不是现实仍存在体制不完善和局部场合政府干预过多的结果。如同其他国家的情况一样，中国企业需要在法律和政策界定的体制环境下经营发展，然而指控中国企业都是政府操控的政策工具，显然是违背客观事实的误判。

美方对中国产业政策与体制特征二位一体的指责既不公正也不正

确，然而由于中美关系的复杂性及特定利益关系，上述话语体系目前在美国国内仍相当流行，成为影响美国当下政治生态与舆情走向的因素之一，特朗普在挑起对华贸易摩擦期间的短期民意支持率还有所上升就是证据之一。还需关注的是，其他发达国家对美国挑起的对华贸易摩擦持有不对称立场。这些国家普遍不赞同美国违背WTO规则对华单边加征关税措施，然而对美方挑起争端议题与逻辑则有不同程度的共鸣。欧盟相关立场具有某种代表性。出于自身利益考虑，欧盟质疑和抵制美国单边贸易保护主义措施，为中国与欧盟合作维护全球多边贸易规则提供有利条件；另一方面欧盟在如何看待中国市场经济地位、中国与技术进步和创新相关产业政策等问题上，又与美国持有类似质疑立场。

2018年5月31日，美国、欧盟、日本贸易部长在巴黎发表的共同声明及三个附件显示，主要发达国家在质疑中国某些产业政策和体制特征方面存在某种共识。例如该文件附件2标题是"关于技术转让政策和做法的共同声明"，实质上以不点国名的方式为美国对华301调查有关中国产业政策的四点质疑做了全面背书。附件3则从六个方面定义"商业与行业的市场条件"（market conditions exist for businesses and industries），试图通过联手对"市场条件"概念进行某种多边性界定，以倡导和强化识别特定国家经济体制是否具有市场经济地位的议题。由此可见，中国如何解构《对华301调查报告》和新版《中国非市场经济地位报告》的话语结构，回应外方对产业政策与体制特征的质疑和诉求，不仅是应对当下中美贸易摩擦的现实关键问题，同时具有管理与主要发达国家经贸关系及应对外部环境结构性演变的某种全局性意义。

比较广泛频密地实施产业政策是中国经济政策实践特点之一。中国重视利用产业政策并无不当之处，并且产业政策对转型期中国经济成长发挥了重要积极作用。不过随着经济发展到较高阶段与市场体制环境的演进，产业政策相对优势呈逐步弱化趋势。近年国内学界早已对如何改革完善产业政策进行了持续深入讨论，决策部门也从不同方面着手调整完善产业政策。反思改进产业政策是新时期我国市场经济体制改革完善涉及的重要内容，中国对美方高调挑起的产业政策与体制特征等议题无须回避，而是要反思改革产业政策与市场经济体制，将话语权与主动权抓在手中不放松，在揭露美方主张和立场系统性偏误的同时，以中国长期发展与根本利益为本位冷静分析与主动应对。

要跳出争端看争端，避免因美方设定议题与话语逻辑使自身应对策略选择空间受到不必要的限制，警惕外部摩擦争端环境下可能滋生的"凡是对手反对的，我们就要坚持"的思维定式的影响。具体采取对内对外两手应对策略。一方面要据理力争，在国内外舆论市场上打赢中国发展实践不输理的"口水战"，同时采取综合措施加以反制，打赢回击外方强加的"关税战"或其他"制裁战"。另一方面要顺应我国产业政策与经济体制演变客观要求与内在规律，依据"逐步发挥竞争性政策的基础性作用"方针，凝聚近年国内相关领域讨论形成的共识，以产业政策为切入点，加快推进国内经济体制关键领域的改革突破。

产业政策的历史特点与改革逻辑

与经济起飞早期有必要较多实施产业政策的普遍经验相一致，与自身体制转型的具体历史背景条件相联系，中国长期以来重视实施各种产业政策，并取得了多方面的积极成效。

随着经济发展到中高收入阶段与市场经济体制环境的逐步演进，产业政策干预相对优势逐步弱化，如何完善产业政策成为各方关注的现实议题。

近年国内学术界就新时期产业政策改革完善问题展开前所未有的热烈讨论，决策部门推出实施的多方面改革措施具有改进完善产业政策的含义。

反思产业政策与深化体制改革是促进新时期中国经济高质量发展的重要任务和必然选择，在中美贸易摩擦加剧与外部环境深刻演变的复杂环境下，中国应以自身长期发展为本位，主动反思产业政策，并力推相关国内改革。

中国产业政策特征

20世纪80年代末，中国决策层接受产业政策概念，此后一直高度重视产业政策在经济发展中的作用。国际比较经验显示，在经济起飞早期阶段较多采用产业政策具有现实合理性，即便是美欧等现今主要发达国家，在历史上也都不同程度利用产业政策作为助推经济起飞的手段，中国作为发展中国家，重视产业政策是合乎规律的现象。不过也需看到，受特定国情条件尤其是体制转型独特环境的影响，中国过去几十年产业政策的理论和实践呈现多方面特征。

一是管得比较宽。产业政策在概念内涵界定、调控对象范围、手段方法选择等方面比较宽泛。应把产业政策限定为针对特定产业进行干预并意在改变该产业市场发展轨迹的政策。中国较多把产业政策看作客观上对各类产业产生某种影响的政策，甚至认为产业政策是"政府干预经济的所有政策的总和"。

1989年第一份全面部署产业政策的文件，干预对象涵盖服务业以外大部分实物生产部门。近年相关部门制定实施产业政策，仍对几十个行业和数千种产品采用"鼓励、限制、禁止"三种措施加以规制。21世纪产业政策由主要关注工业，逐步向一、二、三次产业并重转化。早年"产业政策的实施，要运用经济的、行政的、法律的和纪律的手段，同时加强思想政治工作。计划、财政、金融、税务、物价、外贸、工商行政管理等部门必须目标一致，协同动作"。进入新世纪后，传统产业政策手段大都延续使用，产业目录指导、市场准入、项目审批与核准、供地审批、贷款的行政核准、强制性清理如淘汰落后产能等行政性干预措施有所强化。

二是管得比较深。国外产业政策大都以鼓励为主，对企业自主投资经营限制较少。我国产业政策不仅有诸多鼓励类项目，还包含大量限制性内容。管制不仅涉及行业层面，而且对企业微观主体特定投资经营行为进行审批核准。从新世纪初年情况看，产业政策包含的限制类投资对象，往往涉及快速增长与利润率较高的部门，是否核准与何时核准特定企业投资项目影响较大。以产业组织为目标的产业政策干预，经常用包括行政手段在内的多种方式影响操控企业兼并重组，有时涉及直接干预处理国企与民企、国企之间的利益关系。

三是透明度较低。不同于比较成熟的市场经济国家，产业政策主要通过法律法规形式发布，比较重视保障利益相关方与公众的合理知情权与参与权。我国产业政策虽然有时也以法规形式颁布，更多情况下是以政府部门红头文件方式下达，产业政策的制定和实施过程透明度较低。如几年前笔者在某地调研企业，一位制药厂负责人说：新药注册审批虽有 150 天期限，但有时 300 天甚至 500 天也没有结果，企业也不便抱怨。审批节奏有时取决于无法预测的因素，如遇到高层考察指示，可能会集中审批，很快出来一大批新药。又如 2012 年某市钢铁项目经多年申报后获得产业政策主管部门批准，市长面对媒体竟手捧批文激动得声泪俱下，折射出低透明度背景下产业政策管制程序的繁复与艰难。

四是多层次体系。与大国以及分权改革发挥各方积极性体制特点相联系，我国产业政策属于多层级干预体系。虽然最初相关决策规定产业政策制定权在中央，然而实际演变情况是中央政府及其职能部门制定实施覆盖全国的产业政策，省地市县级政府及所属部门也积极制定实施涉及特定行政辖区产业政策。有研究人员指出，"在产业政策施行上，中国所涉及的行政层级远较东亚其他国家为多，因此使得复杂度大幅增高"，形成所谓多层级体系特点。

五是与宏观政策混合使用。1989 年第一份产业政策权威文件要求"以产业政策为导向，加强宏观控制，指导市场发育，协调各方面行动"，强调产业政策主导地位的同时，也提示产业政策与宏观政策混合实施的取向。后来这方面特点进一步发展。笔者在研究新世纪初年宏观调控政策特点时，列举了 2003—2012 年有关部门实际采用的 30 多种宏观调控手段(《宏观调控的逻辑——从十年宏观调控史读懂中国经济》第 23 页),其中约有一多半属于产业政策工具或明显具有产业政策属性。产业政策与宏观调控政策混合使用的体制含义在于:在市场经济环境下借助宏观调控概念便于为产业政策干预提供合理性支持,产业政策则为宏观调控延伸到行业部门以至微观主体提供现实抓手,由此形成我国产业政策宏观调控化或宏观调控产业化的特点。

六是变异度较高。依据市场经济环境下的一般经济逻辑,产业政策作为结构性干预措施,在审慎评估基础上一旦确定就应相对稳定,不宜频繁变动。我国产业政策往往以宏观调控政策名义推出,而宏观调控政策本质具有相机抉择的逆周期变动特点,两类干预手段混搭派生产业政策变异度较高的特点。如 2003 年以后有关部门把抑制钢铁、电解铝投资锁定为政策目标之一,然而到大规模刺激经济时,这两个行业又突然跻身十大振兴产业。房地产部门产业政策取向更是频繁变动:2003 年强调房地产的支柱产业地位鼓励其发展,后来随房地产过热而实施抑制政策;实施"一揽子"计划时转而扶持房地产行业,2010 年后又接二连三出台抑制政策;近年再次出现房地产政策干预政策取向 U 形反转情况。

历史成就与改革逻辑

我们应当理性客观地认识中国特色产业政策。

首先应当肯定产业政策对中国经济转型发展发挥了多方面的重要作用。例如改革开放早期举全国之力兴建宝钢项目,20 世纪 90 年代对六大钢铁技术系统进行攻关突破,对中国钢铁业崛起功不可没。又如农业部门几十年产业政策投入,对中国粮食和其他农产品产量的趋势性增长做出积极贡献。尤其是交通、通信、能源等基础设施部门的发展对各类协调工作、技术、资金规模、融资期等方面有比较特殊的要求，在经济起飞初期主要借助市场力量发展受到较多局限，中国特色强势产业政策干预成效比较明显，我国高铁技术的集成和规模化推广取得成就是一个例证。我国过去40年经济成长取得举世瞩目的成就，最根本原因在于改革开放引入开放型市场经济体制，释放与激发了市场竞争活力，同时也应肯定产业政策干预发挥的积极作用。

然而随着经济发展水平和市场环境的演变，产业政策作为政府干预经济的重要手段呈现边际效益下降与比较优势递减的客观趋势。一是随着早先部分产业和基础设施部门结构性短缺逐步缓解和消除，在新兴行业实施产业政策的识别性困难上升和准确度下降。二是市场力量上升和企业能力发育成长，在越来越广泛的领域，主要借助更有效率、更为公平的市场竞争机制推动产业发展的可行性增加。三是社会保障体系建立和初步发展，增强了社会对产业结构调整与企业退出的承受能力，使得制定实施某些产业政策的现实必要性下降。四是随经济发展水平与复杂程度的提升，产业政策干预经济运行的潜在租金规模数量级飙升，以权谋私和权力寻租的隐秘性与危害性加大，实施产业政策的各类制度交易成本上升。最后，随着中国经济在全球影响力的提升，贸易伙伴国特别是美欧主要发达国家对我国产业政策的关注和挑剔程度增加，产业政策的外部交易成本上升。

新世纪初年，中国经济迎来新一轮景气扩张并伴随经济过热，政府有关部门在实施必要宏观调控时频繁采用产业政策工具手段，其连带负面效应引发学界广泛关注和质疑。2010年前后围绕产能过剩治理实施宏观调控与产业干预政策派生明显弊端，包括笔者在内的一些研究人员针对产业政策依据与效果提出过探讨意见。十八大以后中国经济逐步进入新常态，学界针对产业政策依据和利弊进一步展开讨论。2016年11月9日，著名经济学家林毅夫教授和张维迎教授就产业政策问题展开公开辩论，引起各方面广泛关注，并激发此后有关我国产业政策前所未有的热烈讨论。浏览林张公开辩论后发表的几十篇相关论文、演讲和评论，主流观点大都肯定政府实施产业政策的历史合理性与现实必要性，同时也普遍关注和重视现实产业政策存在诸多弊端与问题，并从不同角度对改革完善产业政策提出了诸多建议和意见。

十八大以来，中国决策层针对某些领域存在的问题所实施的改革措施和政策调整，也直接或间接具有改进和完善现行产业政策的含义。如2013年高层对宏观经济形势提出的"三期叠加"分析及此后提出的"经济新常态"的判断，在总结经济政策经验教训的基础上，更加重视宏观调控科学化，并表示慎用经济刺激措施，有助于抑制以宏观调控名义实施过多产业政策干预的冲动。十八大以来，国务院从战略高度持续推进简政放权。据报道，2013—2017年中国已取消近千项国务院部门行政审批事项，在推动政府职能转变与合理界定市场与市场关系的同时，也在控制产业政策过多与改进产业政策实施方法上发挥了积极作用。

近年中国决策层强调竞争政策的作用体现出改革调整产业政策的倾向。2014年国务院印发《关于促进市场公平竞争维护市场正常秩序的若干意见》（国发〔2014〕20号），围绕落实使市场在资源配置中起决定性作用和更好发挥政府作用进行一系列部署，"着力解决市场体系不完善、政府干预过多和监管不到位问题"。尤其是2015年发布的《中共中央国务院关于推进价格机制改革的若干意见》，明确提出"逐步确立竞争政策的基础性作用"，为转变产业政策理论和实践提供方针引领与现实契机。2016年国务院印发《关于在市场体系建设中建立公平竞争审查制度的意见》（国发〔2016〕34号），要求建立公平竞争审查制度，防止出台新的排除限制竞争的政策措施，并逐步清理废除已有的妨碍公平竞争的规定和做法，为落实中共中央和国务院"逐步确立竞争政策的基础性地位"的要求迈出重要一步。

学界专家和业内人士高度评价上述讨论与政策调整对于改革完善产业政策的积极意义。吴敬琏先生指出，在当前形势下，"转向以竞争政策为主、产业政策服从竞争政策就成为历史发展的必然"。陈清泰先生认为："影响产业发展有两大政策，一个是产业政策，一个是竞争政策。在中国，产业政策的地位之高几乎是各个国家所没有过的，而且持续至今。这就成了限制竞争、阻碍向创新驱动发展转型的障碍。实现可持续经济增长必须此消彼长，把竞争政策放到基础地位，产业政策不能削弱竞争。"产业政策大讨论"意义不仅在于澄清理论概念，更重要的是促进向创新驱动发展的转型"。

对我国产业政策产生演变的特征和规律，首先要紧密结合我国转型发展具体环境加以全面认识；对产业政策利弊得失与改革必要性，也要依据我国体制环境与发展阶段要求客观分析。在开放经济环境下，产业政策因其外溢效应，可能成为对外经贸关系领域的议题，甚至可能被特定国家借题发挥成为贸易摩擦焦点，产业政策影响的复杂性上升。在外部争端议题与国内改革议题相互交织的环境下，需要明辨产业政策依随经济发展阶段演变而改进的客观规律要求，以中国自身发展为本位，理性反思与主动改革。

反思产业政策，力推国内改革

中美贸易摩擦中，美方核心诉求之一聚焦在对中国相关产业政策和体制特征的质疑上，两国多次经贸高层磋商就此未能取得实质性进展，相关分歧构成争端胶着点。加征进口关税、责难产业政策、质疑体制特征，是美方挑起本轮对华贸易摩擦的三点策略要素。美国《对华301调查报告》与《中国非市场经济地位报告》集中表达美方对中国产业政策与体制特征的质疑，构成其挑起贸易摩擦的话语逻辑。美方单边保护措施受到国际社会的普遍反感和批评，然而有关我国产业政策与体制特征的指责引起欧盟等发达经济体不同程度的共鸣。就产业政策而言，中国需据理回应美方不实指责和不合理批评，反制美国《对华301调查报告》拟议的单边惩罚措施；同时也要以中国经济长期发展为本位，以国内产业政策自身演变规律与客观要求为依据，对相关政策给以理性反思与改进完善。

需厘清几点关系

反思调整产业政策在思路上需区分几点关系。

一是区分产业政策作为手段与其设定目标之间的关系，避免把调整技术进步的产业政策与放弃创新政策目标等量齐观。

产业政策通常都在积极可取目标的基础上制定实施，如近年IT产业政策致力于提升我国企业在"核高基"（核心电子器件、高端通用芯片及基础软件产品）领域的国际竞争力，促进经济转型升级是很多产业政策设计的普遍目标之一，这些目标为经济转型发展所必需，无疑是正确的，今后需继续追求。问题在于是主要通过政府干预和产业政策手段来达到这些目标，还是更多借助市场竞争机制与激活市场微观活力来实现。调整特定部门产业政策不等于放弃原先的预设目标，而是依据现实条件演变对实现给定目标的方法和手段进行再选择。

二是厘清产业政策绝对有无与边际多少的关系。

反思改进产业政策，不是要取消产业政策，而是要通过适当取舍与精炼，以提升产业政策整体效率水平。以往产业政策讨论有时较多集中在要不要产业政策这样比较抽象的问题上，更有现实意义的问题则应结合现实经济中产业政策总体是偏多还是偏少，哪些领域过多而哪些地方不足，边际意义上的增减损益是否有利于经济效率提升和长期经济发展等。从国际比较经验看，各国通常都会实施某种形式的产业政策，因而一般讨论要不要产业政策虽有助于表达经济理念，但其现实性和针对性比较有限。更需要考察改革开放40年后的今天，我国实施产业政策的实际情况到底怎样，这类政策具体成效究竟如何，从提升效率与有利于长期发展角度看是否存在边际调整需要，结合现实讨论分析，更可能形成某种共识并推动必要的政策调整。

三是比较产业政策的成效与成本之间的关系，把技术效果评价提升到市场效率评价。

实施产业政策意味着需用某种行政干预方式配置稀缺资源，讨论评估其经济合理性，不仅要看是否带来与设定目标相一致的效果，同时还要从机会成本的意义上比较实施干预资源配置所付出的代价。如既要考察动用税收补贴和其他公共资源实施产业政策的直接代价，还要考虑差别性政策对市场竞争机制可能造成扭曲并对潜在竞争性市场主体带来抑制的间接成本。如产业政策对粮食产量趋势上升等方面有积极贡献，同时也要看到，采用多种手段干预粮食价格和流通造成或加剧改革时代四次粮食相对过剩的局面，近年粮食保护价干预导致主产区粮食加工业受到抑制的不合理现象。在高科技部门实施助推核心技术追赶的产业政策，也需客观评估这类政策干预对市场竞争机制促进创新可能产生的影响，通过改革以更好发挥"竞争政策的基础性作用"与产业政策配合作用的合力。

四是区分历史必要性与现实合理性的关系，用辩证方法和动态视角辨识评估产业政策。

近现代世界经济史显示，即便是目前较少采用产业政策干预经济的欧美发达国家，在其早期发展阶段也不同程度采用扶持本国新兴行业的产业政策。随着经济发展到较高阶段与本国企业竞争力增强，政府产业政策力度随之淡出和相应减弱，企业在"挪开梯子"后凭借自身实力能更好地推动国民经济内生增长和参与国际竞争。中国产业政策目前也处在这样转型调整的历史阶段。

讨论我国产业政策还应体现以计划经济为历史起点的体制转轨观察维度。改革开放初期原先主导现代部门的国有企业缺乏市场竞争能力，处于襁褓阶段并面临合法性质疑的民营企业难以承担国民经济转型升级的重任，政府对各类经济活动不仅实际具有无远弗届的控制权，也在产业和微观层面经济管理上积累了较多经验与管理能力，因而在渐进式改革早期较多倚重产业政策应是自然选择。随着几十年改革开放取得阶段性成功，上述几方面边界性限制条件发生实质性改变，产业政策合理化评价天平逐步朝另一方向移动，因而有待"逐步确立竞争政策的基础性作用"。

反思改进产业政策

在诸多行业比较广泛频密地实施产业政策干预，目前仍是中国经济转型发展的现实特征之一。笔者个人认为，在改革开放 40 年后的今天，现实生活虽然仍存在少数领域必要产业政策缺失或有待加强的问题，但比较突出的是产业政策实施范围过宽、成本过高和效率偏低、实施方法有待完善等方面的问题。产业政策干预在不少领域取得重要积极成效的同时，也给完善国内市场经济秩序和管理外部经贸关系带来新矛盾、新问题，甚至在个别场合要实现这类政策自身设定的目标也可能得不偿失。有鉴于此，近年国内学术界就产业政策展开前所未有的讨论和争论，学者和业内人士对改革完善产业政策提出很多积极建议和意见。十八届三中全会要求"大幅度减少政府对资源的直接配置，推动资源配置依据市场规则、市场价格、市场竞争实现效益最大化和效率最优化"。近年中共中央国务院进一步要求"逐步确立竞争政策的基础性作用"。这些改革方针具有改进调整产业政策的含义并取得初步成效。全面观察目前形势，我国推进新时代经济高质量发展，需要深入反思与改革完善产业政策。

对更为广泛的经济体制特征，我们也应采取立足国内、以我为主的分析立场，提升推进必要改革的紧迫感。改革开放 40 年我国体制转型取得历史性成就，然而仍面临"行百里者半九十"的困难。在企业体制与保护产权、破除行业准入区别性待遇与鼓励竞争、消除土地等要素市场不完善和扭曲、加快改革户口体制、透明公正执法保障对行政权力的有效监督等诸多方面，仍需改革攻坚，实现十八届三中全会和四中全会提出的完善市场经济体制和社会主义法治的目标，夯实中国经济和社会高质量可持续发展所必需的制度基础。

第五章

从部门经济看全局

我国粮食安全有保障

我国经济发展转型期的一个特征性现象,是粮食安全之忧会周期性演变成热议问题。近年中美关系积累矛盾释放伴随外部环境变化,2020年新冠肺炎疫情全球流行一度引发国际粮食市场波动,国内粮食市场与政策调整伴随国有部门夏粮收购量下降,另外,国家再次严肃强调杜绝餐饮浪费,倡导节约粮食。在多方面因素叠加作用下,公众与学界对粮食安全的关注度显著上升。有关机构发布报告预测,几年后我国粮食供求缺口将显著加大,有学者把粮食安全作为实施"双循环"调整的首要举措加以强调,市场分析机构纷纷发表相关分析评估观点。如何看待我国粮食安全形势再次引发各方关注与广泛评论。

作为有14亿人口的转型大国,保障粮食安全对我国经济与社会发展至关重要。目前国内外经济环境经历深刻演变,更需动态研判粮食安全领域的问题与风险并未雨绸缪。另外,从历史上几次粮食市场周期转变与"半周期改革"现象可见,对粮食安全状态的判断不仅关乎食物供给保障,也涉及粮食领域市场机制与政府干预关系的界定,对粮食部门特别是流通领域能否坚持必要市场化改革产生微妙影响。因而有必要实证考察粮食安全形势,对我国粮食安全保障条件、形成原因、现实问题与风险形成比较接近实际的判断。

粮食安全有保障

从国内产出看，20、21世纪之交的调减过程到2003年告一段落，此后"十二连增"把粮食年产量从4.3亿吨大幅拉升到2015年的6.6亿吨，加上大豆等粮食进口大规模增长，推动粮食供求关系由比较紧缺向相对过剩阶段转变。以2015年粮食部门对库存形势提出两个"前所未有"判断为标志，改革时期第四次粮食供大于求相对过剩的局面大体形成。近年粮食周期调整力量改变"连增"走势，2015—2019年粮食年产量稳定在6.6亿吨上下，加上净进口因素，粮食表观消费量维持在7.7亿~7.8亿吨的历史高位。我国人均粮食产量从1997年的298公斤，增加到21世纪初年的350公斤左右，2008年再增长到400公斤以上，2015年上升到481公斤的峰值，近年维持在470公斤上下。国内粮食产量的持续趋势性提升，构成我国粮食安全保障的最重要基石。

从国际贸易看，我国计划经济时代就灵活利用国际市场应对粮食短缺并兼顾出口创汇，改革时代我国参与国际市场程度大幅提升。近年我国粮食贸易呈现两方面的特点。一方面，谷物进口规模不小，然而贸易依存度较低。如2018—2019年，大米、小麦、玉米等主要谷物年净进口700多万吨，加上大麦等杂粮年净进口600万~700万吨，谷物净进口约占国内产量的2.5%。另一方面，大豆进口规模持续扩大，2000年与2010年净进口分别超过1 000万吨和5 000万吨，2015—2019年在8 200万~9 500万吨的高位波动。大规模进口大豆节约了国内稀缺的耕地与水资源，通过提供优质饲料原料支撑了国内饲养业快速发展与国民膳食结构改进。当然，大豆贸易高依存度也存在潜在风险，万一国际市场面临扰动会对我国产生调整压力。

从库存方面看，我国粮食库存规模随市场周期变动，不过总体而言远高于国际通常安全标准。与 2015 年前后粮食第四次相对过剩峰值互为表里，当时社会粮食中库存估计显著高于年消费量。近年官方调整最低收购价，减少收购量同时增加销售量，国有粮食库存总量显著调减，玉米库存降幅估计较大。国家进行大规模粮食库存干预，始终存在信息不对称与委托代理关系带来的困难，多年来"转圈粮"违规操作几成行业潜规则，近年时有粮食部门腐败案件和意外火灾报道，使得库存规模和存粮品质信息的准确性引发质疑。不过基于相关历史经验，即便考虑统计误差及某些粮库账实不符的因素，我们也有理由相信实际库存仍会数倍于相关国际机构提出的安全标准。过量库存从经济效率看并不合意，不过对粮食安全提供了额外保障。

从食物消费看，粮食安全支持国民膳食结构与营养水平的历史性改善，"居民人均直接消费口粮减少，动物性食品、木本食物及蔬菜、瓜果等非粮食食物消费增加，食物更加多样，饮食更加健康"。[①] 2018 年我国油料、猪牛羊肉、水产品、牛奶人均占有量分别为 24.7 公斤、46.8 公斤、46.4 公斤和 22.1 公斤，分别是 1980 年的 3.17 倍、5.14 倍、9.47 倍和 17.58 倍。2018 年蔬菜和水果人均占有量分别为 505.1 公斤和 184.4 公斤，分别比 1996 年增长 104.2% 和 176.5%。数据显示，近年我国城乡居民膳食能量得到充足供给，蛋白质、脂肪、碳水化合物三大营养素供能充足，碳水化合物供能比下降，脂肪供能比上升，优质蛋白质摄入增加。

安全保障的由来

对有十几亿人口的转型大国而言，主要通过提升国内生产力实现

---

① 2019 年《中国的粮食安全》白皮书。

粮食安全目标，是成功推进经济持续增长与结构升级的前提条件之一。另一方面，实现粮食安全目标也离不开体制改革转轨与制度创新的支撑，离不开经济得到发展后对粮食及农业部门提供的现代要素投入与政策扶持。改革时代国内粮食生产能力跃迁加上进口粮源补充，推动供给持续增长，与增速低于预期的需求增长动态匹配，成功构建我国粮食安全的保障条件。有十几亿人口的古老大国得以摆脱历史上"饥荒之国"的宿命，实践经验之宝贵与历史意义之重大，无论如何估计也不过高，不过在发展经济学层面仍可被简约解读为一个合规律性的故事。

国内生产能力的趋势性提升可从几个方面理解。首先是市场化取向改革通过体制创新释放增长潜能的结果。建立以长久农户家庭承包制为核心的土地制度，构建适应农业经济规律和特点的农村微观组织架构，放开价格管制，鼓励要素流动，引入市场机制，通过改革释放被旧体制束缚的农业生产力，并为长期资源有效配置与活力激发提供体制保障。在现代市场经济环境下，我国农民勤劳努力与聪明善学的优良素质得到前所未有的发挥。他们对市场化体制激励与信号机制做出的响应，对市场条件、技术以及其他要素提供的机会做出的反应和创新，构成我国粮食和农业生产效率持续提升的微观基础。

其次是农业现代投入增长发挥不可或缺的作用。21世纪以来，我国农业各种现代投入成倍甚或数倍增长，支持了粮食和农业产能的提升。如我国农业复合肥料投入从2000年的918万吨增长到2018年的2 269万吨，农村用电量从2000年的2 421.3亿千瓦时增长到近年的9 000多亿千瓦时，农用地膜覆盖面积从2000年的1.59亿亩增长到2018年的2.66亿亩，农用机械总动力从2000年的5.26亿千瓦增长到近年的10多亿千瓦，农业研发投入从新世纪初年的10亿多元增长到2018年的110多亿元。水利与农田基本建设水平进一步加强和提高。全国农田有效灌溉面积从1978年的7.3亿亩增加到8.67亿亩。节水灌溉面积得到前所未有发展，2015年采用节水灌溉技术面积达到4.66亿亩，尤其是历史上没有的喷微灌高效节水技术面积也从无到有，达到1.35亿亩，目前估计已增加到2.5亿亩以上。

再次，农业产出结构变化也从供给角度对粮食安全保障条件构建产生积极作用。如水产品、水果、坚果等食物，其生产过程在耕地资源投入方面与谷物主粮不具有竞争性或竞争程度很低，这些食物生产规模的大幅增长扩大了我国食物总量供应能力并改进了食物产出结构，通过消费者自主选择对传统主粮形成直接或间接替代，对实现粮食安全目标提供支持。另外，我国政府一直高度重视粮食与农业生产，重视农村教育以开发培育农业劳动力资源，重视农业科技研发与普及，进入新世纪后降低直至取消农业税负，持续增加农业财政支出，这些重农惠农政策也对粮食供给与安全保障发挥了积极作用。

从需求侧看，在人口与收入增长的驱动下粮食消费需求持续增长，不过增长速度低于早先预期，有助于长期供求关系朝买方市场因素增加与保障粮食安全方向演变。如我国人口总量估计将见顶于14.5亿以下而不是早先预测的16亿，人口预期峰值回落对粮食需求增长产生抑制作用。又如，人口老龄化加剧超过预期，也会对粮食消费增长派生反向调节作用。加上蔬菜、水果、坚果、农产品等生产过程与粮食相对独立的食物的人均消费增长产生替代作用，目前粮食总体表观消费收入弹性在0.2上下的较低水平，意味着收入增长对粮食消费需求的拉动作用也比较有限。

问题与风险应对

一国粮食安全的基本含义，是要保证所有国民在任何时候能获得维持生存和健康所必需的足够粮食。本文强调粮食安全有保障，是指基于我国强大的粮食生产供给能力及其预期可持续增长，为满足上述需求及需要提供了可靠的现实保证。粮食安全有保障不等于说不存在矛盾和问题，不等于说可以盲目乐观、高枕无忧，而是始终需要动态管理与有效应对各类现实问题与潜在风险。

第一，应对短期性或周期性粮食市场供求与价格波动仍是棘手问题。开放型市场经济为解决粮食安全提供体制条件，同时也会面临各种原因导致的粮食市场与价格波动冲击。如果说2020年初的疫情防控紧张阶段个别地区囤积抢购食物导致市场波动，属于特殊紧急公共卫生事件形势下的罕见现象，与粮食供求周期演变联系的市场趋紧、粮价飙升，与粮价低迷、谷贱伤农交替继起的局面，则是改革时代屡见不鲜的现象。粮食市场和价格波动既与粮食生产调节具有滞后性等客观因素有关，也与一些政策干预与经济规律不一致客观产生逆向调节效果有关。从目前情况看，在早先多年政策调控积累超量粮食库存的背景下，近年国有部门通过大幅扩大购销差去库存，在粮食年供给量大体稳定的前提下非国有库存增长而粮价走低。2020年在疫情冲击与全新宏观政策环境下，部分品种粮价较快回升，受预期作用农户产生惜售囤积倾向，导致后续粮食市场走势存在较大不确定性。如何深化改革完善粮食价格与流通体制，在此基础上改进调控政策使之更加符合经济规律从而降低其放大的波动作用，仍是有待解决的挑战性任务。

第二，从内外资源利用关系看，需理性看待粮食贸易依存度问题。基于比较优势增加大豆等粮食进口，是开放环境下我国建构粮食安全保障体系的重要环节之一。我国大豆进口规模空前，不过基于开放型市场经济规律具有现实合理性，实际上对我国农业结构升级与膳食结构改善也发挥了积极支撑作用。近年中美经贸关系生变，2020年又遭遇全球疫情流行冲击，我国大豆进口并未遭遇外部针对性政策举措的阻挠，反倒成为我方反制美国贸易霸凌行为可选择利用的筹码之一，说明即便在比较特殊的环境下，我国大豆进口来源的非经济风险仍比较有限。不过也需看到，粮食大规模进口的潜在不确定因素不会消失，不能排除外部环境万一恶化到某个临界程度，粮食进口也可能面临扰动、受限甚至中断的风险，对此需理性分析与务实应对。面向未来我们仍应坚持扩大开放的国策，仍需基于国内市场需要继续进口必要数量的大豆和其他粮食，同时也需科学评估大规模进口的潜在风险，并对小概率极端情形下需采取的调整举措进行未雨绸缪。

第三，从巩固粮食生产能力要求看，需持续治理农业环境污染。我国国内粮食和食物生产趋势性增长对粮食安全提供保障可谓厥功至伟，然而也让社会付出了环境压力加大的代价，突出表现为水土流失、土地退化、荒漠化、水体和大气污染、农业化学污染和重金属污染、森林和草地生态功能退化等等。2010年《第一次全国污染源普查公报》显示，农业源污染物排放对中国水环境的影响较大；农业源污染物化学需氧量排放量为1 324.1万吨，占化学需氧量排放总量的43.7%；农业源总氮、总磷排放量分别为270.5万吨和28.5万吨，分别占排放总量的57.2%和67.4%。十八大以来，国家加大对农业以及其他来源的环境污染治理成效彰显，然而农业环境污染近年仍对全国"环境污染贡献率近半"，土壤污染与水体污染仍在较多区域显著存在，化肥农药利用率仍远远低于发达国家水平。治理农业污染仍需持续努力，久久为功。

第四，从广义食物安全角度看，需继续加强食品质量监管，提升动物疫病防控能力，节约粮食，杜绝浪费，重视膳食与营养结构不平衡的问题。2008年，三聚氰胺奶粉污染事件凸显食品质量安全的极端重要性。经多年强化治理，我国食品质量整体水平显著改善，然而食品安全形势仍不容乐观。如微生物污染、农兽药残留超标等问题仍然突出，地沟油加工成食用油的违法案件仍时有报道。2019年夏季以来，非洲猪瘟疫情的暴发与快速蔓延对我国生猪产业与猪肉市场造成重大冲击，对动物传染病危害及我国现行动物防疫体系的有效性给以严峻警示。即便粮食安全有保障，仍需弘扬节俭美德，杜绝餐饮浪费现象。另外，过量摄入盐与脂肪、纤维和矿物质摄入不足等会导致相关疾病，故还需重视膳食与营养结构不平衡的问题。

小结

第一，观察我国粮食产量、贸易、库存以及食物消费情况，即便对备受争议的粮食库存数据考虑给予较大误差置信区间，也只能得出我国基本粮食安全有比较可靠保障的判断。实际上，20世纪80—90年代我国食物消费就已在满足粮食基本生存需要的基础上初步形成安全缓冲层，进入新世纪，这个缓冲层呈现持续稳健加大态势。事实表明，我国不仅早已摆脱历史上"饥荒之国"的命运，粮食安全保障程度与改革初期比较也已得到实质性提升。

第二，当代粮食安全保障发生实质性改观的根本原因，在于市场化取向体制变迁加上农业科技与现代投入条件，推动粮食供给侧生产能力实现历史性跃迁。需求侧的原因则在于，主要受人口与收入驱动的粮食需求仍保持增长，然而其增速受多方面结构性因素制约，低于较早期估测水平。供求两侧的基本趋势及其背后的结构性变量的动态匹配，构建了我国粮食安全的保障条件。我国实现大国粮食安全的历史实践具有鲜明中国特色，不过在发展经济学层面仍呈现其合规律性的简单逻辑。

第三，要继续把侧重粮食稳定可靠供给的传统粮食安全目标放在优先位置，动态评估与应对粮食生产能力与贸易可持续性方面的风险，保持必要的忧患与危机意识。另外也需看到，粮食安全目标满足现实状态越在基本生存需要之上形成较大缓冲层，就越应对实现安全所耗费资源成本及效率目标给以重视。需总结历史经验，克服"半周期改革"困难，改革完善粮食流通体制和价格干预政策，提升保障粮食安全的整体效率水平。同时，要重视应对食品质量、动物防疫、餐饮浪费以及营养结构等新环境下的广义食物安全问题。

肉价飙升的经济学观察：问题出在供给侧

2019年8月30日，全国稳定生猪生产保障市场供应电视电话会议召开，中央分管农业领导在会上强调稳定恢复生猪生产以保障市场供应，贯彻落实8月21日国务院常务委员会有关政策方针。从2018年11月和12月两次全国非洲猪瘟防控会议，再到2019年5月中旬全国促进生猪生产保障市场供应电视电话会议，不到一年内，政府至少已召开四次有关生猪产业的全国工作会议。为什么高层如此频密地动态研判和部署一个农业部门的政策？

猪肉价格大幅飙升

2019年我国生猪供给和猪肉市场经历罕见波动，突出表现是猪肉市场价格大幅上涨。

中国畜牧业协会的22个省市市场数据显示，2019年8月下旬平均猪肉价格上涨到每公斤33元，超过2016年每公斤30元上下的历史峰值。与2019年初春节前后每公斤不到19元比较，过去半年多猪肉价格涨幅超过七成，8月下旬与去年同期相比涨幅达到53.3%。数据显示近期肉价曲线陡直攀升态势，除非发生超常有力的有效干预措施，猪肉价格上涨势头在之后一段时间内还会持续。

猪肉和其他肉类具有替代关系，猪肉价格飙升对其他肉类产品的替代效应，助推其他肉类价格不同程度上升。国家发改委价格监测中心的数据显示，2017年7月至2019年7月，我国鸡肉市场价格显著上升。业内人士认为，鸡肉上涨受到多方面原因影响，猪肉价格上涨是重要原因之一。

由于猪肉占我国居民肉类消费六成的特殊地位，猪肉价格飙升成为社会各界和媒体较多关注的话题，政府相应采取消费和市场干预政策。为对冲肉价上涨对百姓生活特别是低收入居民福利的不利影响，2019年4月起各省级行政区对受猪肉价格上涨影响的群众实施价格补贴联动机制，截至8月底总计已发放24多亿元。此外，截至9月初，少数地区启动属地猪肉市场干预措施，消费补贴、限购、限价等多年少见的政策重出江湖。

需求走势相对平稳

我国猪肉市场为何发生显著波动？什么原因导致肉价飙升甚至伴随政府出台补贴和限购限价措施？猪肉供求－价格互动关系演变具有明显周期性，然而近期肉价猛涨受特殊的结构性和非常规原因驱动，具有超出通常猪肉市场周期变动的特征属性。观察猪肉市场供求两端情况，需求走势相对平稳，市场异动应主要源自供给侧变化。

一般而言，在收入提高的特定阶段，猪肉消费会随着人均收入上升而增长，我国居民收入提升的同时，人口年龄构成、膳食结构和消费偏好也在持续变动，从不同角度抑制猪肉消费需求增长，共同导致需求变动。图5-1和图5-2数据显示，新世纪初我国人均猪肉消费有过显著波动，过去十来年人均猪肉消费统计值在21公斤上下小幅波动，2018年猪肉总消费量仅微幅增长0.4%。虽然消费需求的准确数据还有待深入研究，可以推测需求侧因素不应是猪肉市场近期异动的主要解释变量。

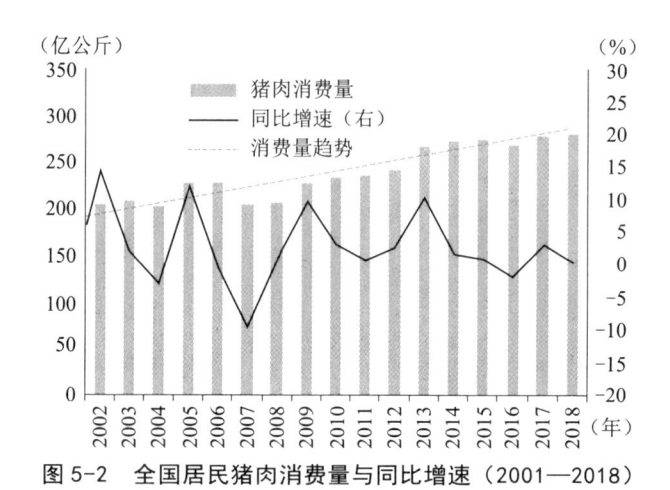

图 5-1　我国城市人均猪肉消费（2002—2018）

图 5-2　全国居民猪肉消费量与同比增速（2001—2018）

数据来源：人均消费来自历年《中国统计年鉴》，全国消费量数据根据人均量和人口数推算。

与需求变量走势相对平稳不同，生猪供给侧主要指标则发生系统性超常变动。我国猪肉进口占供给比例不到 5%，供给基本由国内产出决定。猪肉供给可由两组常识关系入手观察。一是给定出栏生猪平均体重。猪肉产出量由生猪存栏数和出栏率决定，因而生猪存栏数与出栏率类似于工业部门的现实产能和产能利用率指标，直接决定现实产出量。第二，给定能繁母猪每年平均繁育成活仔猪数（PSY）。生猪存栏数变动由能繁母猪存栏数与生猪出栏数相对关系决定，因而能繁母猪存量数类似于宏观经济分析场合的投资规模变量，制约着生猪产业未来产能变动方向和节奏。

生猪存栏数

生猪出栏率在长期内由于技术和管理进步及产业结构演变会逐步提高，然而短期内相对稳定，因而生猪存栏数成为制约特定时点正常情况下产量变动范围的基本变量。统计部门相关数据显示，过去十余年我国生猪存栏数在前五年大体稳定在 4.7 亿~4.8 亿头的规模，2014 年以后呈现显著下降态势，到 2018 年减少到 4.3 亿头，四年减少 5 000 万头，平均每年减少 1 250 万头。然而 2019 年生猪存量统计值降幅陡然加大，6 月底与上一年比较存栏数减少 8 000 万头，第二季度存栏同比降幅高达 15%。这个降幅远远超过新世纪初年曾经出现的 3.5% 左右的阶段性降幅峰值。

更令人担忧的是，根据政府农业部门公布的相关信息推测，目前我国生猪存栏数实际减少程度可能比上述数据显示的更为严重。鉴于相关统计数据不完善对 2007 年猪肉价格上涨及时预警的不利影响，2008 年农业部门开始独立实施全国范围的抽样调查，统计生猪存栏及其他农业生产指标。考虑后来农口调查生猪存栏数与统计部门数据出现显著不一致，为遵守官方统计公布规则，该部门仅定期公布生猪存栏增速等信息。给定早先两部门生猪存栏数据基本一致，业内分析人员通常依据农业部门同比增速时间系列数据推算生猪存栏量数据系列。图 5-3 显示，2013 年以前两部门生猪存栏数据基本一致，此后两组数据出现差离且差离幅度持续扩大。依据农业部门数据，2019 年 6 月底我国生猪存栏数仅有 2.39 亿头，比统计部门数据少三成多；截至第二季度末，前一年我国生猪存栏减少 8 314 万头，降幅为 25.8%。

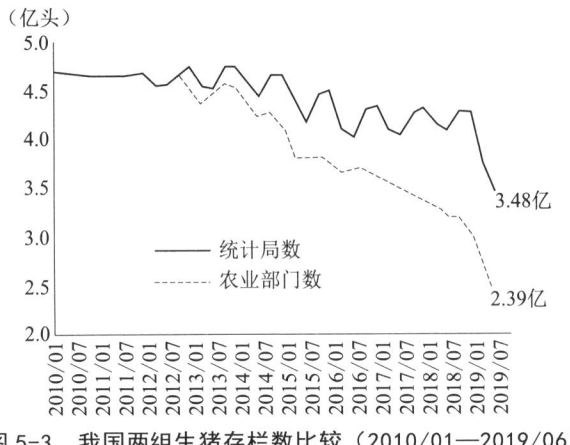

图 5-3 我国两组生猪存栏数比较（2010/01—2019/06）

由于数据的具体生成方式不同，上述两官方部门生猪存栏统计数据不具备完全可比性，评估两组数据相对准确性超出本文范围，一个折中的看法是存栏量实际收缩程度可能在两组数据之间：统计部门数据或许提供该指标减幅上限度量，可能存在低估偏差；农业部门数据可看作减幅下限，可能存在高估偏差。值得注意的是，新华社记者在题为《国务院常务会议提出五方面举措稳定生猪生产》的报道中写道，8 月 21 日国务院常务会议提出五方面举措稳定生猪生产时，提到农业农村部监测显示"今年 7 月，生猪存栏、能繁母猪存栏数量比去年同期下降 32.2%、31.9%"，显示目前决策层可能着重参考农业部门有关生猪存栏数的动态信息。

其他供给指标动态

如果说生猪存栏量是现实产能指标，那么能繁母猪则是生猪产业的再生产指标，与现期生猪出栏规模共同决定未来生猪存栏数量。图 5-4 数据显示能繁母猪存栏量也呈现罕见下跌走势，从 2018 年 7 月的 3 180 万头下降到 2 165 万头，一年降幅高达 31.9%，预示生猪业未来扩大产能将面临能繁母猪数量不足的制约。

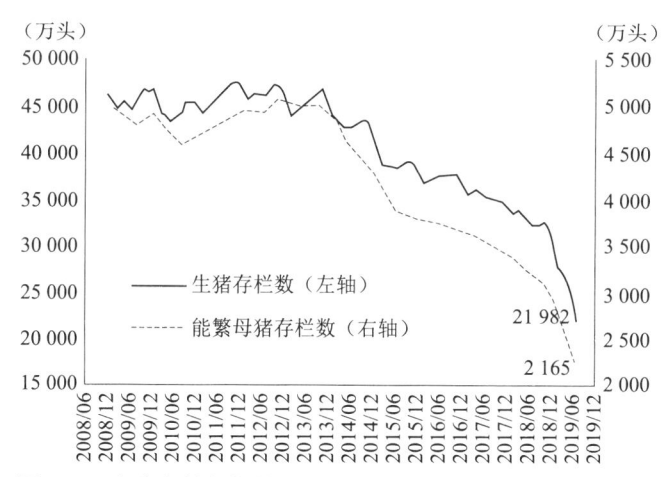

图 5-4　生猪存栏数与能繁母猪存栏数（2008/12—2019/07）
数据来源：中国政府网。

当然，分析能繁母猪目前存量规模与未来生猪存栏数关系，还要考虑 PSY 的因素。2014—2015 年我国能繁母猪 PSY 均值为 16~17 头，最大养殖企业如温氏、牧原、雏鹰农牧、新希望等 PSY 为 22~26 头，可见我国能繁母猪 PSY 具有相当大的增长潜力，意味着给定其他相关条件提供相同数量猪肉仅需较少能繁母猪存栏量。不过 PSY 属于长期变量，每年顶多能有几个百分点的增长，支持能繁母猪存栏量以大体接近的幅度减少。目前能繁母猪存栏量降幅为30%，显然不是PSY上升带来的积极变化。

给定出栏生猪平均体重，当期生猪出栏数直接决定当期猪肉产量。图5-5数据显示，2018年我国生猪出栏数为6.9亿头，2019年上半年下降6.2%，用这个增速折算全年出栏数会下降到6.5亿头。考虑到猪肉需求和供给弹性较低及近来猪肉需求变动较小，国内猪肉产出下降5%~6%，加上供给侧主要指标大幅变动引入市场主体预期变化，构成最近猪肉价格急剧飙升的主要解释变量。

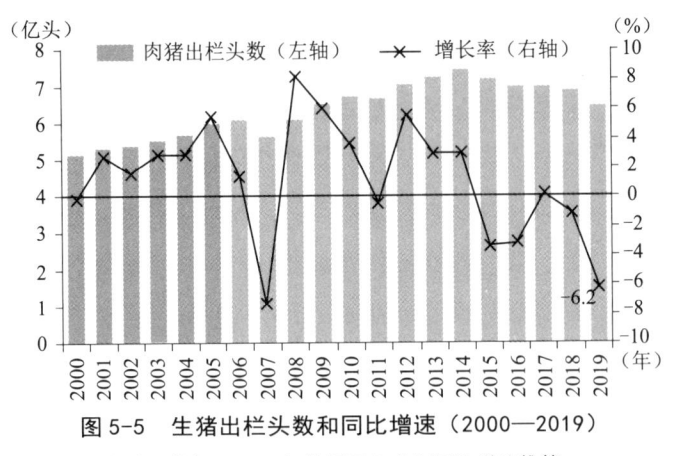

图5-5 生猪出栏头数和同比增速（2000—2019）

数据来源：统计局数据。2019年数据用上半年同比增速推算。

2019年生猪出栏数降幅远远小于存量减速幅度，前者大约仅相当于后者的1/5，在逻辑上提示生猪出栏率大比例上升，图5-6的数据证实了这一推论。数据显示，多年来我国生猪出栏率指标在波动中相对平稳上升，显示我国生猪生产由于技术进步、管理改进及规模化集约化推进带来效率提升效应。然而2019年该指标突然跳升到多年的趋势值以上，这个异常现象显然是在目前供求短缺压力加大的环境下，

生猪产出系统在市场机制和政策作用下发生的短期调整。

图 5-6　我国生猪出栏率变动（2009/12—2019/7）

对这个短期调整需从两方面理解。出栏率抬升增加了短期猪肉供给，否则猪肉市场价格上涨幅度会更高，这对缓解市场短缺压力产生了积极作用。另一方面，类似于其他经济部门以远高于100%的产能利用率紧张运行则难以持续，上述调整显示我国生猪生产系统超负荷运转和透支今后生产潜力，需要养猪场和养猪户快速大规模补栏以恢复弥补供求缺口，否则未来短中期供不应求和价格上涨压力可能进一步加剧。

几点观察结果

第一，近年特别是 2019 年前后生猪存栏数较大程度减少，显示我国生猪现实产能显著降低。第二，同期能繁母猪存栏数较大程度减少，显示生猪行业未来一段时期扩大产能受到显著制约。第三，生猪出栏率相对其较长趋势值短期跳升，显示当下猪肉产出处于显著透支现实产能的状态。这三方面相互联系的经验事实，可以为猪肉价格大幅飙升的市场表现提供解释，并且提示未来短中期价格上升可能进一步加剧或持续存在。

问题主要出在供给侧。本文开头提到政府在2019年5月中旬和8月底召开两次全国电视电话会议，聚焦"促进"和"稳定"生猪生产以保障市场供应，显然是对症下药的合理政策应对。两次会议主题针对生猪生产关键词，从"促进"悄然转变为"稳定"，一词之差则从细节上折射出高层对形势评估的动态务实调整。

"南猪北养"利弊探讨

前文观察近年猪肉行业基本数据，显示目前市场波动"问题出在供给侧"。那么，是什么因素使我国猪肉供给线发生异动？

基于经验观察和业内讨论，除了猪周期因素外，主要有两点特殊原因。一是前几年有关部门对生猪行业加大环保整治力度，推进"南猪北养"生猪区域布局调整，这些政策自身都有其合理性考量和必要性依据，然而政策执行中的局部偏颇在一定程度上影响到生猪产能阶段性下降。更重要的是非洲猪瘟疫情的冲击。2018年8月初辽宁报告首例非洲猪瘟疫情，不到一年内疫情较快扩散到全国31个省、市、自治区以及香港，使我国生猪产业遭遇罕见重创。

为系统理解目前猪肉市场波动的根源，我们先观察讨论"南猪北养"产生推进过程及其利弊得失。

环保风暴与"南猪北养"

我国经济增长伴随生态环境压力趋势性增加，推动环保监管政策优先度持续提升。生猪产业是我国居民肉食的最重要来源，然而随着产业发展，污染排放带来的环境压力也越来越突出。2007年底第一次全国污染源普查结果显示，畜禽养殖业COD（化学需氧量）、总氮、总磷排放量分别占全国总排放量的41.9%、21.7%、37.7%，占农业源排放量的96%、38%、65%，此后畜禽养殖污染物排放量占比仍在上升。生猪业污染排放在畜禽养殖业占突出地位，社会上加强环保监管的诉求随之增加。2013年3月，上海黄浦江松江段发生逾万头漂浮死猪事件，对本已蓄势待发的生猪行业环保风暴与区域分布干预政策出台产生助推作用。

2014年1月1日实施国务院《畜禽规模养殖污染防治条例》（以下简称《条例》），标志新环境下畜禽业特别是生猪产业环保风暴开始发力。2015年国家施行新《环保法》，推动生猪等畜禽养殖业进入环保监管增压期。2015年4月国务院印发《水污染的防治行动计划》（"水十条"），防治畜禽养殖污染成为推进农业农村污染防治的首要内容。2015年11月，有关部门出台《关于促进南方水网地区生猪养殖布局调整优化的指导意见》，对南方五个水网区130多个县提出调整生猪生产政策的要求。尤其是2016年4月发布的《全国生猪生产发展规划（2016—2020年）》（以下简称《规划》），系统提出了后来被业内称作"南猪北养"区域布局政策的基本方针。

2014—2018年生猪生产政策一直包含加强环保风暴和区域布局调整两方面的重点内容。进一步观察前两年政策重心较多指向加强排污监管的环保风暴，以《规划》发布为标志，"南猪北养"的重要性上升。"南猪北养"政策至少包含三点相互联系的内容。

一是对生猪生产进行全国性区域分类规划。2015年农业部《关于促进南方水网区生猪养殖布局调整优化的指导意见》就对南方水网区生猪养殖提出调整要求。2016年《规划》进一步把全国生猪发展划分为四类区域（见表5-1）。其中约束发展区包括京津沪和南方八省水网地区，未来养殖总量保持稳定。潜力增长区生猪生产"发展环境好，增长潜力大",产量"预计年均增长 1%~2%"。适度发展区受"生猪养殖基础薄弱,部分省区水资源短缺"的制约,重点在结构提升。重点发展区是猪肉供给的核心区域,预计在规划期年均产量增长 1% 左右。

表 5-1 全国生猪发展区域

约束发展区	北京、天津、上海、江苏、浙江、福建、安徽、江西、湖北、湖南、广东
适度发展区	山西、陕西、甘肃、新疆、西藏、青海、宁夏
潜力增长区	辽宁、吉林、黑龙江、内蒙古、云南、贵州
重点发展区	河北、山东、河南、重庆、广西、四川、海南

资料来源:《全国生猪生产发展规划(2016—2020 年)》,2016 年 4 月。

二是重点鼓励潜力增长区特别是东北四省区(含内蒙古)生猪产业发展。《规划》要求东北等潜力增长区年均产量增长 1~2 个百分点,五年规划期规划增长 5~10 个百分点。2017 年 8 月有关部门发布《关于加快东北粮食主产区现代畜牧业发展的指导意见》,进一步要求:到 2020 年,四省区实现肉类占全国总产量 15% 以上的目标;到 2025 年,东北畜牧业基本实现现代化,成为国家肉蛋奶供给保障基地。

三是各地尤其是位于南方和东部省区的"约束发展区"和"适度发展区"规定了禁养区限制生猪和其他畜禽养殖。2014 年《条例》提出,禁止在几类特别区域内建设畜禽养殖场和养殖小区。2015 年"水十条"要求"科学划定畜禽养殖禁养区,2017 年底前,依法关闭或搬迁禁养区内的畜禽养殖场(小区)和养殖专业户,京津冀、长三角、珠三角等区域提前一年完成"。

"南猪北养"的利与弊

首先应肯定有关政策本身具有经济合理性与客观必要性。就环保监管而言，随着收入水平提高，公众对环境质量改进的要求和潜在支付意愿相应提升。然而生猪产业发展成为农业部门最重要污染源之一，政府加强环保监管显然是必要的。就区域布局而言，东北等省区在生猪生产方面也确有某些地缘比较优势。例如生猪生产成本大半是饲料，饲料一半以上是玉米，东北作为玉米主产区具有区域优势。又如东北整体人口和经济活动密度较小，生态环境对生猪产业污染排放的承载消化能力较大。基于这些考量，有关部门协调鼓励生猪产业朝更好发挥区域比较优势方向布局也是可以理解的。

然而本身具有经济合理性的产业演变趋势，在转变为全国性大规模产业政策的过程中，仍会面临事前难以预料与事中不便掌控的困难和挑战。对此可就以下几点加以初步探讨。

第一，"南猪北养"重视东北区域优势确有依据，然而对东北大规模扩大生猪养殖的客观不利因素估计不足。如水资源问题。"每头猪的用水量在4~9吨"，年出栏50万~100万头生猪养殖耗水量相当于小城市人口生活用水量，东北一些地区水资源不足，制约生猪养殖发展。又如严寒的气候条件。生猪生长要求较高环境温度，即使是保温能力较好的育肥猪也需15℃以上的环境温度，在东北养猪，生产设施和设备必须达到较高保温要求，因而成本较高。另外，严寒区域近半年的冷冻期不利于粪便发酵利用，一年一熟作物耕作制也不利于粪肥还田自然消纳。再如其他地区也存在的养殖场招工困难问题，在东北地区更为明显。

第二，"南猪北养"的设计侧重考虑生猪养殖业生产环节的成本，而对生产布局转变带来的流通领域交易成本上升的影响考虑不够充分。与人口与经济活动空间分布相一致，我国猪肉消费大头在东部、南部和中原地区，区域生产布局改变意味着生猪生产与猪肉销售之间空间距离拉长，因而"南猪北养"意味着"北猪南运"的转运压力边际增加，并至少有两点成本含义。

一是跨区域转运意味着运输成本增加，一定程度抵消了"南猪北养"可能节省的生产成本利益。二是为满足居民普遍偏好食用新鲜猪肉的消费习惯，生猪屠宰能力需较多配置在区位接近最终消费市场的端点，因而"北猪南运"主要采取跨区域活猪转运方式。这个产业链配置方式的问题在于，万一发生猪瘟疫情，将对有效防控疫情跨区域传播扩散带来额外困难。这一点在2018年非洲猪瘟疫情暴发后现实凸显出来。

第三，相关经验数据提示，东北生猪生产环节的某些优势条件可能已在更早时期被市场自发套利活动发掘利用，产业规划制定实施滞后于东北和外地农户及养殖企业的市场行动，使得实现大幅度提升"北养"生猪产能目标面临特殊困难。

图5-7、图5-8显示了进入新世纪以来东北四省区肉类和猪肉产量及其占全国比例的变动情况，东北肉类和猪肉全国占比提升最快时期可能早已过去。例如四省区肉类全国占比在新世纪初年增长最快，从2001年的11.3%增长到2007年的13.8%，过去10余年大体平稳，近年峰值2016年的13.8%与2007年指标值持平，然而2017年之后反而明显回落。东北猪肉产量占全国比重从2001年的8.2%持续上升到

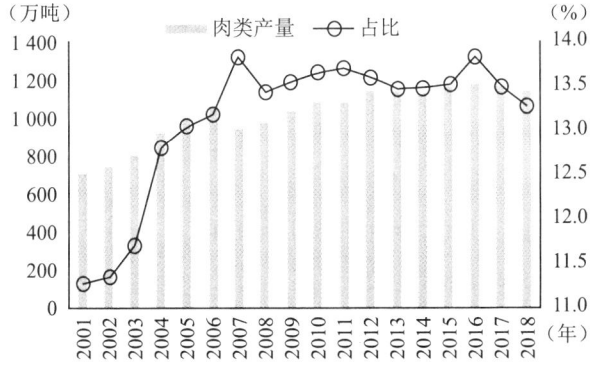

图5-7 东北四省区肉类产量及全国占比（2001—2018）

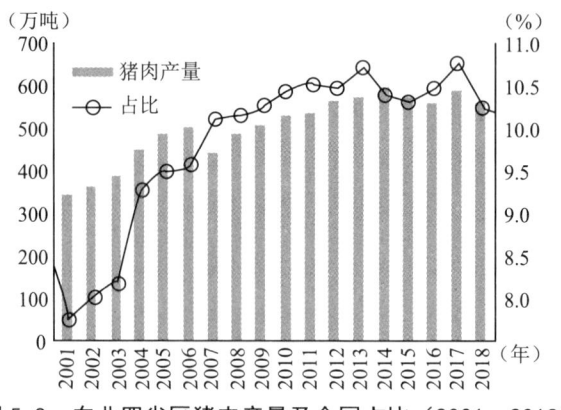

未来的增长
中国经济的前景与挑战

图 5-8　东北四省区猪肉产量及全国占比（2001—2018）

2013 年的 10.8%，然而 2014—2018 年在波动中有所回落，虽然 2017 年重返 10.8% 的峰值，2018 年又下降到 10.3%。

东北肉类和猪肉产量总体呈现上升趋势，然而也是在 21 世纪初年增长速度较高，近年增速趋缓甚至有所下降。如肉类产量从 2001 年的 715 万吨增长到 2006 年的 1 061 万吨，2007 年显著回落到 950 万吨后接续 10 年趋势性温和增长，达到 2016 年 1 181 万吨的历史峰值。然而该指标在 2017 和 2018 年连续两年下降，2018 年回落到 1 146 万吨。猪肉产量变动呈现类似轨迹：从 2001 年的 345 万吨增长到 2006 年的 507 万吨，2007 年大幅回落到 440 万吨后，再次经历多年趋势性增长，达到 2014 年 597 万吨的峰值。然而过去几年该指标在波动中明显下降，虽然 2017 年反弹到 590 万吨，仍略低于 2014 年，2018 年回落到 559 万吨。

第四，大规模实施产业政策的自我强化倾向，导致"禁养区"管制措施在局部地区用力过猛并带来不利影响。

早先国家有关法规对"禁养区"规定比较审慎严谨。如 2014 年《条例》规定"禁养区"对象是规模性"畜禽养殖场"及畜禽生产相对集中或相对封闭的"养殖小区"，另外对"禁养区"的空间范围也做了比较明确的规定。然而在禁养区管制政策实施过程中，出现局部地区禁养区范围划定过宽或过窄、执行力度过头与不足的情况。总体来看，禁养区的划定范围过宽和禁养措施过于激进成为局部地区政策走样的主要矛盾。有的地区出现"一禁了之，一拆了之"的简单化做法，或者推行"无畜禽区"和"一头不准养"的过激措施。例如沿海某城市边缘地区有一个年出栏量为4万多头的大型养猪场，实施环保标准较高成为全国标准化生猪养殖基地，然而也因为其所在行政区被规划为所属城市"后花园"而被强行关闭。

第五，政策实施面临"南猪"减少较快而"北养"扩能不给力的困境，伴随全国范围的生猪产能过量减少。

"南猪北养"的设计意图是要通过扩大"北养"来补充"南猪"调减，从而使全国生猪产能及供求关系保持动态平衡。然而高强度禁养区政策的推进使得"南猪"产能较快减少，扩大"北养"则包含猪场设计融资、获得建设用地、开工建设、能繁母猪生育、仔猪生长到肥猪出栏等诸多环节，从投资到形成猪肉供给能力的整个决策和操作链条较长，二者达成动态平衡面临困难。加上上述制约因素及2018年8月后非洲猪瘟疫情影响，近年"北养"扩大产能规模与节奏更不如人意，结果使全国生猪产能下降幅度过大。

可通过观察2014年到2018年7月非洲猪瘟疫情暴发前生猪存栏数据的变动对上述影响进行初步定量讨论。据统计局数据，2013年底生猪存栏量为4.74亿头，到2018年6月底下降到4.09亿头，减少了6 500万头，降幅为13.7%。据农业部门增速数据推算，同期生猪存栏量从4.51亿头下降到3.22亿头，减少1.29亿头，降幅为28.6%。上述数据变动部分受到2017年第二季度后市场低迷的猪周期因素影响，然而"南猪北养"导致的加减不匹配也明显产生影响。从1985年以来的数据看，上述减少幅度已相当于或超过1997年和2005—2006年两次较大历史降幅，某种程度上为后来较大市场波动埋下伏笔。

小结

以加强生猪行业污染治理的环保风暴为切入点，以推动"南猪北养"区域布局调整为重要内容，以南方生猪约束发展区实施"禁养区"管制与鼓励潜力增长区特别是东北四省区生猪养殖为政策抓手，2014—2018年前后我国生猪行业经历了一次具有罕见规模和力度的产业政策历练。在新环境下提升生猪产业环保监管水平和调整生猪养殖区域布局具有现实合理性与必要性，政策实施也取得了多方面的积极成效。然而大规模产业政策的干预设计实施也出现了一些始料未及的问题与机制性矛盾，在客观上对生猪产能和猪肉产量产生某种抑制作用。

非洲猪瘟的经济后果

在 2019 年 9 月 16 日国务院新闻办 8 月国民经济运行情况发布会上，统计局发言人公布 8 月全国 CPI 同比上涨 2.8%，环比上涨 0.7%；其中猪肉价格同比上涨 46.7%，涨幅比 7 月扩大 19.7 个百分点，影响全部 CPI 同比涨幅的 40%。针对这一形势，9 月 26 日国务院常务会议指出，要尊重规律，更加注重运用市场办法，遏制部分食品价格过快上涨，保证全年物价总水平处于合理区间。

数据显示 2014—2018 年中，中国生猪存栏累计量已过度下降，预示后续可能出现较大市场供求缺口。更具有挑战意义的是，2018 年 8 月初东北报告首个非洲猪瘟病例，此后疫情在全国范围快速传播，使中国生猪产能受到进一步重创，直接导致猪肉供求失衡与市场异动。本节考察非洲猪瘟疫情的传入与扩散情况，并着重讨论其经济影响。

非洲猪瘟的传入与扩散

非洲猪瘟是由非洲猪瘟病毒（ASFV）感染家猪和野猪引起的一种急性、烈性、高度接触性传染病，被世界动物卫生组织（也称"国际兽疫局",是 1924 年 1 月 25 日建立的一个国际组织）列为法定报告动物疫病,中国也将其列为重点防范的一类动物疫情。2018 年 8 月 1 日辽宁省沈阳市沈北新区养殖户张书森的生猪发生疑似非洲猪瘟疫情,他饲养的 383 只猪有 47 只发病死亡。基于国家外来动物疫病研究中心的病原学检测结果,8 月 3 日该养殖户疫情被确认为由非洲猪瘟病毒引发,成为中国确认的首例非洲猪瘟发病记录,标志着这个在某些国家已肆虐近百年的生猪杀手传入中国。

张书森事后对媒体介绍,"在我家猪得病之前,这道上扔得到处都是猪",村里已死了很多猪。张书森"于 7 月 5 日从（沈阳）浑南区高坎镇小仁境村王某家买入 45 头生猪。农业农村部专家组在王某养猪场的粪便样品中检出非洲猪瘟病毒核酸阳性。……王某 3 月 24 日从吉林市船营区大绥河镇单某处购进 100 头小猪,加上原有猪,当时总计存栏约 280 头。4 月份,猪群陆续出现发病死亡后,王某开始出售,除卖给张某 45 头外,其余均卖给经纪人"。可见首例报告疫情是否确为实际最早发生的非洲猪瘟仍有待探讨。

首例非洲猪瘟疫情报告后,疫情以超出预料的速度快速传播。图 5-9 整理的国内有关部门和世界动物卫生组织资料显示,从 2018 年 8 月初到 2019 年 8 月底一共发生了近 150 起非洲猪瘟疫情,31 个省、市、自治区都有疫情报告。报告疫情发生频率最高时段是 2018 年 9 月到年底约 4 个月,其间共报告疫情 90 起,占观察期报告疫情总数六成以上,该时段平均每月发生约 22.5 起。2019 年 1—8 月总共发生 57 起,平均每个月约 7.1 起,比此前 4 个月下降近七成。2019 年 8 月报告疫情 3 起,9 月 10 日报告宁夏有最新一起。从公布疫情数据看,2019 年入夏以来,中国非洲猪瘟疫情肆虐情况已经得到控制,总体形势趋于稳定。

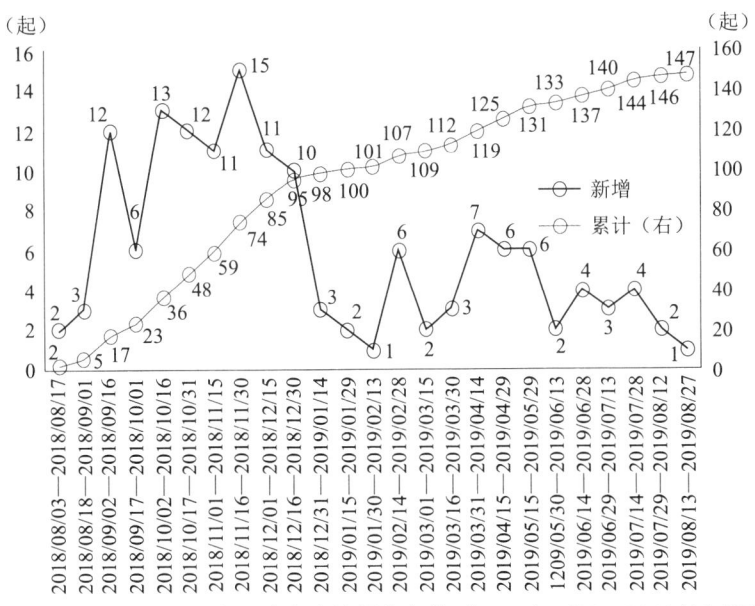

图 5-9　我国每半月非洲猪瘟疫情报告起数（2018/08/03—2019/08/27）

从报告疫情地区分布情况看，辽宁（17 起）是报告疫情数最多的省份。东北四省区其中三个省区位于报告数最多的前 10 个省级行政单位内，四省区一共报告 33 起，占全国总数的 22.4%，大幅超过猪肉产量大约占中国 10% 的比重，官方数据显示东北是非洲猪瘟疫情重灾区。此外，云南和贵州两省分别报告 10 起和 9 起，为观察期报告总数的第二、三名。另外频率较高的是湖南、湖北和四川等生猪存栏数较多的省份（见图 5-10）。

需要指出的是，报告疫情发生规模可能受到遗漏误差因素的影响。数据显示非洲猪瘟疫情病死及扑杀数与同期生猪存栏数变动存在较大差别，提示有关部门报告数或许有显著低估的情况。上述有关疫情演进过程和区域分布特点的概括，只有在官方数据的可能低估程度在时间过程和空间分布两方面保持相对稳定的前提下才能大体成立。

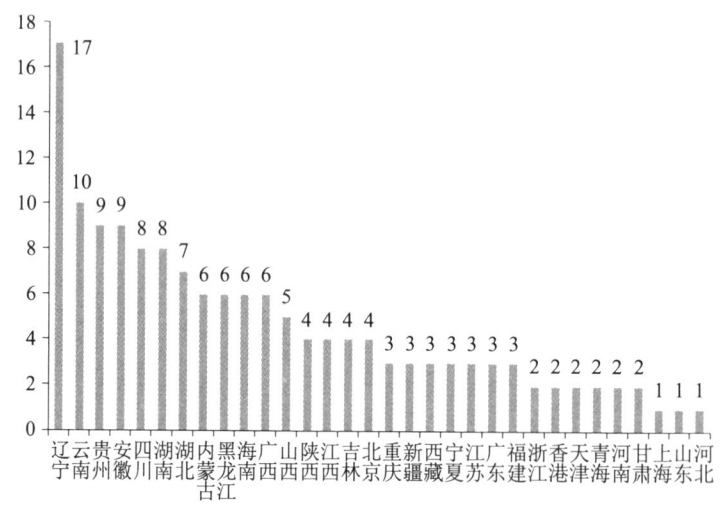

图 5-10　部分省级行政单位累计报告非洲猪瘟疫情数
（2018 年 8 月 3 日—2019 年 8 月 31 日）

多重经济后果

国外经验显示，非洲猪瘟疫情可能给一国生猪产业带来极为严重的打击。评估中国生猪业现实形势，有业内人士大声疾呼："我们的养猪业到了生死存亡的时候。""现在的最大公约数，就是不能让我们的养猪业毁掉。""生死存亡"的判断或许言过其实，然而系统观察疫情暴发以来一年多的情况，非洲猪瘟传播确已给中国生猪产业造成严重损害，对农业产出、农民收入甚至宏观经济运行也带来不同程度值得关注的影响。

第一，导致生猪存栏数大幅减少的直接影响。

据官方数据，截至 2019 年 8 月底，中国 31 个省市区共报告发生 147 起非洲猪瘟疫情，19 355 头生猪发病，13 385 头死亡，死亡和扑杀数量为 112.76 万头，然而实际损失可能更为严重。

图 5-11 为统计局和农业部门提供的生猪存栏数季度变动情况。从

2018年第三季度到2019年第二季度的一年间，统计局数据显示生猪存栏数从4.29亿头减少到3.48亿头，下降8 100万头，农业部门的数据从3.21亿头减少到2.39亿头，下降8 200万头。两组数据降幅分别为18.9%和25.5%。如果考察2018年第四季度到2019年第二季度9个月的情况，统计局数据显示生猪存栏数减少8 000万头，农业部门数据显示减少6 800万头，降幅分别为18.7%和22.1%。

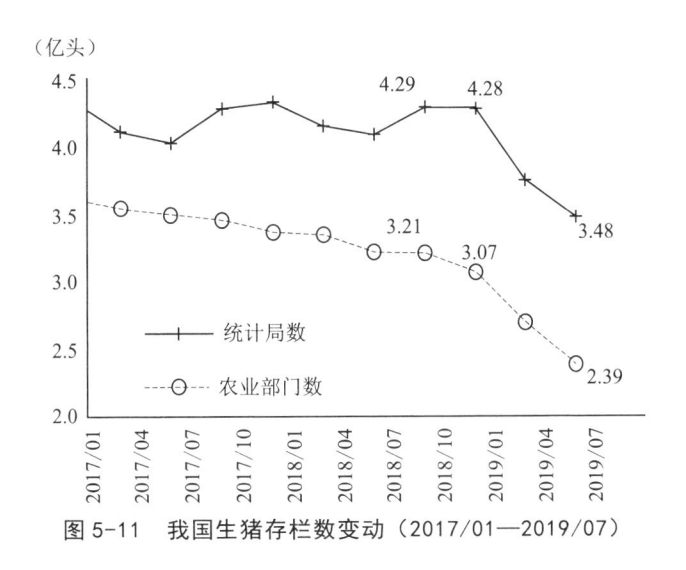

图5-11 我国生猪存栏数变动（2017/01—2019/07）

考虑2018年8月以后生猪市场周期波动以及此前产业政策干预因素的影响已经较大程度得到释放，上述观察期生猪存栏数进一步大幅下降应较大程度由非洲猪瘟疫情造成，包括生猪病死与养殖场（户）补栏意愿下降等原因，因而相应时期生猪存栏减少数据可为非洲猪瘟直接影响提供量化参考信息。辽宁首例非洲猪瘟发生于2018年8月初，用始于2018年第二季度的生猪存栏数观察可能高估非洲猪瘟疫情影响存栏数的程度，用第四季度数据衡量则可能低估非洲猪瘟的影响。

另外，上述季度数据截止期都是2019年6月底，没有考虑此后几个月生猪存栏进一步变动的情况。根据农业部门的抽样调查数据，2019年7月和8月中国生猪存栏数比上月分别下降9.4%和9.8%，跌幅创多年来的纪录。考虑6月生猪存栏数为23 883.5万头，推测7月减少约2 245万头，7月底生猪存栏数为21 637万头，8月减少2 121万头，8月底存栏数下降到不足两亿头的历史低位。

基于上述数据，目前有理由认为从2018年8月到2019年8月底，非洲猪瘟疫情可能直接和间接造成生猪存栏减少8 000万头，相当于生猪存栏总量的两成上下。从7—8月有关部门400个监测县提供的生猪存栏数持续大幅下降的最新信息看，上述损失估计数后续可能还需要上调。非洲猪瘟之所以导致这么大损失，显然与疫情传播很快有关。

第二，对农业产出和农民收入带来显著负面影响。

如果以每头生猪平均市场价值为1 000~1 500元计算，8 000万头生猪的市场价值为800亿~1 200亿元。考虑多方面相关因素，生猪存栏数带来的农业产出减少应该低于上述市场价值，目前粗略估计为500亿~1 000亿元。2018年中国大农业部门产出增加值为6.5万亿元，其中牧业产出增加值接近1.5万亿，非洲猪瘟导致生猪非正常减少的经济损失，大约相当于大农业部门增加值的0.77%~1.54%或牧业部门增加值的3.3%~6.6%。

动物传染病具有明显外部性，保障免疫安全状态则具有典型公共品供给属性，基于这一经济学特征并与国际比较经验相一致，中国《动物防疫法》及相关法规政策规定，疫情导致生猪病死的损失大部分以及活猪遭扑杀的全部经济损失，由不同层级财政补贴偿付，这构成了有效控制疫情扩散传播制度安排的重要环节。这也意味着，如相关规则得到较好执行，养殖企业和农户有可能很大程度上免于承担疫情带来的经济损失。

不过财政补贴计算和发放的前提条件之一，是政府相关部门确认生猪因疫情病死或被扑杀。然而上述数据分析显示，由于种种原因，官方确认的因疫情病死和扑杀生猪数量只占疫情直接和间接导致的生猪存栏下降规模很小的比例，因而上述经济损失实际上可能仍主要由养殖场和养殖户等微观主体承担，其中养殖场规模减小会对农民收入产生间接影响，养殖户损失则会直接拖累农民收入。

估计农民收入影响需要判断以农民家庭经营为主的养殖户目前占生猪生产主体的大致比例。过去10多年中国生猪生产结构快速变化，存栏几千头甚至过万头的大型养殖场占比快速提升，以农民家庭经营为主的500头以下较小规模养殖场（户）占比相应下降。不过由于养殖户的生猪出栏数占全国生猪出栏数的占比缺少权威数据，业内有的研究认为超过六成，有的认为只有三成多。2018年中国大农业收入估计为19 553亿元，牧业收入约为3 378亿元，假定上述生猪减少导致的经济损失农民养殖户需承担三分之一，则非洲猪瘟导致的经济损失约占农民来自大农业收入的0.76%~1.52%，以及牧业收入的4.4%~8.8%。

第三，生猪和猪肉价格异动及其消极影响。

一方面，疫情暴发后一段时期，许多省区生猪调运依据控制疫情需要暂时禁止，产销区之间生猪价差出现大幅上升和剧烈波动。图5-12报告的销区浙江与产区吉林生猪价差数据显示，该指标值通常在0和2元/公斤之间波动，然而2018年10月到2019年4月半年前后飙升到6~8元/公斤的罕见水平，价差达到平常时期高峰水平的3~4倍。

另一方面，猪肉价格整体大幅飙升并开始显现其宏观效应。非洲猪瘟疫情暴发后生猪存栏数进一步急剧下降，出栏肉猪供给显著减少导致猪肉市场供求失衡与猪肉价格大幅飙升。8月中国CPI同比上涨2.8%，其中猪肉价格同比上涨因素对CPI涨幅贡献近四成，畜禽肉贡献超过一半。虽然CPI涨幅仍在2019年初预定的3%左右调控目标范围内，然

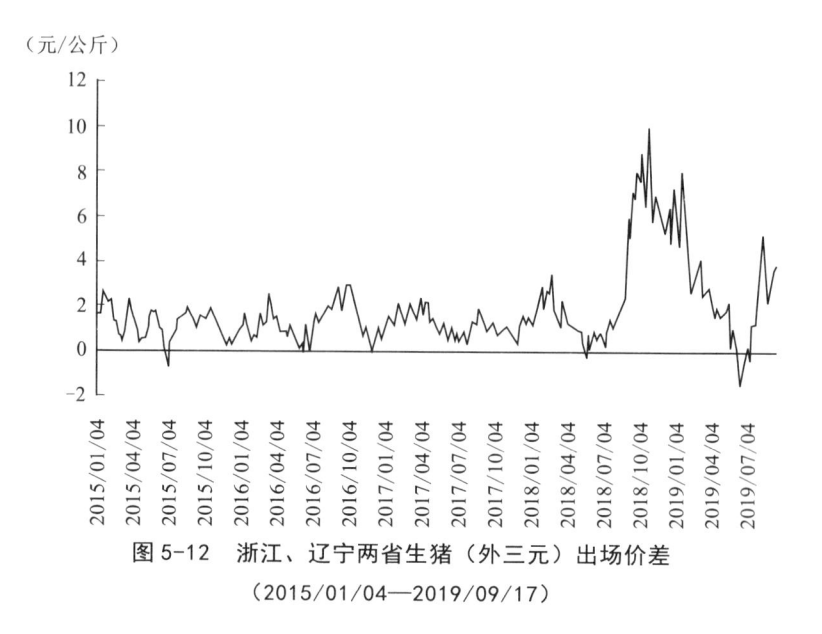

图 5-12　浙江、辽宁两省生猪（外三元）出场价差
（2015/01/04—2019/09/17）

而 CPI 从年初的 1.6% 左右上升到接近 3% 水平，难免会对货币政策运用形成某种掣肘，使央行在考虑加大逆周期调控政策时更为审慎。

第四，疫苗研发面临特殊困难对根治疫情和恢复产能的制约作用。

2006 年初夏发生猪蓝耳病疫情，有关机构从 2007 年初突击研发疫苗，3 个多月取得突破性进展，不久疫苗大规模上市，为有效控制治理疫情创造了有利条件。而业内专家认为，非洲猪瘟病毒在毒株结构和变异性方面的某些特点，使得有关疫苗研发面临特殊困难，导致非洲猪瘟出现近百年国际社会仍未能提供高效疫苗。中国有关机构正在全力以赴研发疫苗，然而科研过程有其自身规律，相关进展很难有可预计的时间表。

在非洲猪瘟疫情难以很快根治的背景下，控制疫情主要依靠养殖企业加强生物安全保障防范措施，恢复生猪产能和稳定猪肉生产；更需借助政策调整，并取决于微观主体对市场形势和政策信号的响应能力和状态。非洲猪瘟疫情发生以来，国家高层高度重视并多次发文和召开专题会议部署相关应对措施，尤其是2019年9月国务院办公厅发布《关于稳定生猪生产促进转型升级的意见》，在养殖用地、贷款融资、结构性补贴、规范禁养、产销衔接、疫情防控等方面系统推出了20余项新政策。多策并举、上下互动，相信中国最终能通过本轮"超级猪周期"的冲击考验。

钢铁业未来 10~20 年有望全面崛起[①]

近年我国经济进入周期与结构双重调整的关键阶段，具有较强顺周期特征的钢铁行业面临多重困境：国内需求增速回落加剧产能过剩压力；价格与利润大幅下降，显示经营环境恶化；负债率高企与少数企业违约破产；作为"两高一资"（高耗能、高污染的资源性行业）重头行业，持续面临绿色环保压力。

就外部而言，钢铁出口较快增长伴随贸易摩擦频次上升，钢铁产能过剩与经贸关系成为近年双边、多边国际对话场合的重要热点内容。一段时期以来，钢铁业似乎成为一个负面消息不断的"问题行业"。

然而转换视角观察当下形势，也折射出历史性机遇。中国钢铁业的发展是伴随世界新一轮钢铁产业重心转移进入决定性阶段的产物，是中国钢铁业从体量扩张转向全面崛起调整期的必经历练。观察世界钢铁产业重心转移的历史大势与根源，分析中国当代钢铁业成长轨迹及其经济逻辑，对于全面理解中国钢铁业目前的形势特征及演变前景具有借鉴意义。

---

① 本文 2016 年 10 月 19 日发表于中证网。

正值第三次全球钢铁产业大转移

钢铁产业是在 18—19 世纪英国工业革命推进过程中伴随需求增长与技术变革发展起来的。19 世纪初叶，钢铁产能主要集中在西欧和美国等少数国家，估计 1820 年全球钢铁产量在 100 万吨之数，其中主要是熟铁和生铁，近年全球钢铁产量为 16 亿吨上下，近两个世纪钢铁产量增长约 1 600 倍。具体来说，全球钢铁产量大约在 19 世纪 70—80 年代达到 1 000 万吨，20 世纪 20 年代后期（1927 年）超过 1 亿吨；二战时期高峰年份 1943 年全球产量为 1.63 亿吨，其时美国生产 8 000 多万吨，占据半壁江山；战后到 1968 年超过 5 亿吨，2004 年第一次超过 10 亿吨，截至目前，峰值是 2014 年的 16.7 亿吨。

近现代不同时期钢铁业的发展在主要钢铁国之间相对涨落，派生出世界钢铁产业重心转移的画面。大致而言，以 18 世纪后半期与 19 世纪前半期英国等西欧国家凭借工业革命的先发优势主导全球钢铁业为历史起点，过去一个多世纪世界钢铁产业的重心已经发生三次大转移。

美国南北战争结束后，经济起飞带动钢铁业崛起，19、20 世纪之交，美国钢铁生产量和消费量超过西欧诸国，导致世界钢铁产业重心的第一次转移并开创美国钢铁时代。那时美国钢铁产量超过 1 000 万吨，约为当时英国钢产量的两倍之多。1913 年一战前夕，美国钢铁产量达到 3 180 万吨，比同年英德法这欧洲三大列强总和的 3 010 万吨还多。1941—1951 年美国钢产量占全球比例均值为 52%，1945 年的峰值为 63.8%。

20 世纪 60—70 年代，日本、德国钢铁业追赶超越，苏联的扩张带动全球钢铁产业重心第二次转移。70 年代初，苏联成为世界最大钢铁生产国，然而在技术路线与工艺流程创新上乏善可陈。日本在成为第二大钢铁生产国的同时，推广氧气顶吹高炉与连铸技术，扩大优质铁矿石资源进口空间半径，新建一大批 4 000~5 000 立方米的大型和超大型高炉，凭借后发优势与技术引进创新，迅速成为钢铁技术工艺与经济效率方面的领先国家。

美国钢铁业于二战后虽独步全球，然而十余年后在日本、德国等国家的追赶下逐步丧失国际竞争力。到 20 世纪 70—80 年代，美国钢铁业的历史优势已成明日黄花，钢铁业成为需要频繁借助贸易保护维持局面的"问题行业"。

第三次转移是 21 世纪初年中国钢铁业的快速追赶与新一轮钢铁产业重心的转移。1996 年中国钢铁产量超过 1 亿吨，2004 年查处铁本事件时年产量达到 2 亿多吨，近年进一步增长到 8 亿吨，在相对体量上迈上"一览众山小"的巅峰。同时中国钢铁行业整体技术和效率水平得到实质性提升，目前国内钢铁行业的技术、工艺和环保水平已接近或达到国际先进水平，大中型企业产品的普遍水平已经达到国际中高端水平，钢铁产品配套能力、技术研发与人才水平大幅提高。

虽然我国钢铁业整体与发达国家比较仍有不小差距，亟待深化改革推进转型升级，然而从钢铁经济史角度看，中国钢铁业的追赶推动世界钢铁新一轮产业重心转移应是不争的事实。

世界范围内的钢铁产业重心转移，是特定时期全球钢铁产业格局因应新兴钢铁大国崛起发生实质性改变的结果。影响钢铁产业重心转移的因素是错综复杂的，不同时期大国经济追赶受各自经济、政治和社会环境因素制约具有特殊性，中国改革开放体制转型在很大程度上塑造了钢铁业的追赶崛起轨迹。就推动历次钢铁大国崛起与产业转移的共性因素而言，市场需求条件、技术创新与转移、大规模投资等三方面的规律性因素具有特殊重要意义。

大国崛起派生钢铁行业的巨大需求

后进大国经济起飞派生巨大的国内需求,是大国钢铁崛起与产业转移的最基本、最重要的解释变量。大国钢铁行业发展对整体经济起飞具有不可或缺的支持作用,因而经济与钢铁业发展具有相互促进的关系。

然而给定大国经济起飞发展背景下,没有什么因素比大规模需求对解释钢铁产业重心转移更为重要。需求决定规律在美国钢铁业崛起带动第一次钢铁产业重心转移,又在中国当代钢铁业发展导致目前新一轮钢铁产业重心转移中表现得最为突出。

美国19世纪后半期的经济发展与需求扩张对钢铁业崛起及世界第一次钢铁产业重心转移产生关键支持作用。美国南北战争前后,其人口与GDP总量已经超过早先的世界霸主英国,构成美国钢铁需求较快增长的宏观经济基础。美国凭借国土幅员广大的经济优势,其铁路建造里程在19世纪中叶已经远远超过英国。20世纪末,美国船运业也开始快速增长并于20世纪初年急起直追超过英国。美国大规模建造铁路对铁轨钢轨的需求增长,南北战争后美国工业化高速推进对钢铁金属原料需求增长,为美国崛起为钢铁大国提供了不可或缺的支持条件。

卡内基在自传中,通过国际比较提及需求高涨对美国钢铁崛起的重要意义,这位钢铁大王1868年与朋友在欧洲旅行后得到这样的印象:"只有跳出美国这个旋涡,才能对其旋转的速度有正确的估计。我觉得我们这样一个(钢铁)制造企业,发展得再快也很难跟上美国人需求增长的速度,然而在国外,好像没有什么发展进步的东西。如果我们排除有限的几个欧洲城市,这块大陆的一切都像是静止的;而与此同时,在美国,到处都呈现出这样一幅景象,就像书中描述的建筑巴别通天塔的景象:成千上万的人来回奔忙,一个比一个更有干劲,人人都全身心地投入这座通天塔的建造中"。①

卡内基对美国经济起飞时代国内需求蓬勃发展重要性的感悟和认知，在 100 多年后中国经济的高速成长中得到印证。虽然人们对中国快速追赶现象的评价毁誉参半，但没有疑问的是，工业化与城市化推进钢铁需求高速增长为中国 21 世纪初年钢铁业的扩张崛起提供了强大支撑。

与美国当年钢铁需求主要来自铁轨钢轨、船只建造、军火等机械设备等比较有限的领域不同，当代钢铁利用的广度和深度大幅拓展，钢铁需求覆盖工业制造品、房屋建造、基础设施建设等广泛部门与场合。

以工业制造品领域的电冰箱、洗衣机、电视机等家用电器为例，中国这些部门的增长从 20 世纪 90 年代开始发力，世纪之交上述三大家电产量超过 5 000 万台，21 世纪初大幅扩张，2015 年产量约 3 亿台。汽车是更重要的钢铁用户，汽车产量从 20 世纪 90 年代的 50 万辆增长到世纪之交的 200 万辆，后增长到 2015 年的 2 450 万辆。21 世纪最初十余年，中国汽车生产增量占全球增量七成以上，中国汽车产量占全球产量的比例从 5% 上升到 35.7%。近年我国汽车业每年耗用钢材 5 000 万~6 000 万吨。

城市化进程中房屋建筑规模扩大，是钢铁需求增长的又一重要来源。中国钢铁资源供需平衡表信息显示，房屋建筑用钢通常占到钢铁消费总量的一半上下。数据显示，1999—2014 年我国住宅年竣工量从 2.62 亿平方米增长到 8.09 亿平方米，15 年增长近 4 倍。同期中国城市建成区面积从 2.15 万平方公里增长到 4.98 万平方公里，扩容 1.32 倍。

大规模基础设施投资建设同样派生钢铁需求。例如中国高速铁路建设后来居上，近年高铁运营里程占全球一半以上，另外高铁在建里

---

① 安德鲁·卡内基《钢铁大王卡内基自传》，中国城市出版社，2008 年，第 85-86 页。

程与计划里程也远远超过其他高铁建造大国。中国地铁运营里程从2011年的2 100公里增长到2015年的3 000多公里,占全球运营里程的23%,比运营里程长度第二到第四名国家(美国、日本、德国)的总和还要长。

展望未来,我国钢铁需求增长进入饱和期或低速增长阶段,过去几十年需求多次翻倍增长的情形将不复存在。然而中国经济未来10~20年仍处于中高速增长阶段,城市化、工业化持续推进,如城市化推进包括地下管廊建设需要追加钢铁投入,汽车继续普及与铁路快速兴建派生钢铁需求,房屋建造增加采用钢结构比例仍有较大潜力。

另外,我国现阶段的比较优势结构,决定钢铁直接出口与钢铁作为原料制成品间接出口仍有显著增长空间。我国钢铁的直接和间接消费需求在未来较长时期可能仍将稳居全球首位,为钢铁业的崛起提供需求条件。

技术转移创新规律:墙里开花墙外香

特定阶段钢铁前沿主导国拥有较强研发能力,更可能在钢铁关键科技领域取得原创性重大突破;然而技术前沿国在经济发展阶段上往往处于工业化、城市化高潮已过的阶段,钢铁需求增长由强走弱,对其技术进步成果的普及和利用构成制约。另外,钢铁主导国在早先历史环境中选择特定技术路线,将其物化为既有规模庞大的固定资产并包含高昂沉没成本,也会制约其率先大范围普及利用新一代技术。

相反,经济后进国家在利用新技术方面历史包袱较少,如能在经济起飞阶段全面审视全球范围的技术存量积累,正确选择利用具有长期潜在优势的技术路线,就可能更好地利用发达国家发明提供的技术成果实现弯道追赶与崛起,表现为"墙里开花墙外香"的钢铁技术转移创新规律。

这个规律在美国钢铁业兴衰历程中展现得淋漓尽致。18 世纪后期与 19 世纪前期的工业革命阶段,英国铁路轨道所用的大批量金属材料主要是用效率低下的搅拌法(普德林法)制成的熟铁,采用成本高昂的坩埚法生产的少量优质钢材主要用于高端机械设备与仪器制造。19 世纪 60 年代前后,贝塞麦-托马斯转炉出现并逐步改进成熟,西门子-马丁平炉法也问世,推动近代钢铁以至冶金工业领域技术的革命性突破。然而,这时英国工业革命已初步完成,美国适逢南北战争后经济起飞,钢铁需求高涨,钢铁科技革命虽在西欧"开花",却在大西洋彼岸的美国结出更丰硕的果实。

与卡内基同时代的美国钢铁巨子,一开始就高度重视贝塞麦炼钢法"以钢代铁"的技术前景,第一时间在宾州建立采用新法炼钢的现代钢铁厂,通过普及新技术完成美国钢铁产量向千万吨规模的跃迁,1899 年美国钢产量第一次超过千万吨时贝塞麦钢占总产量的七成以上。为适应国内钢铁供应链发展的具体条件,美国于 19 世纪末开始快速普及平炉炼钢法以替代原先占据主导地位的贝塞麦炼钢法,20 世纪前半期平炉炼钢法的钢产量占美国钢产量的八九成。

当代氧气高炉等系列前沿技术的推广普及对日本钢铁业的崛起与美国钢铁业的相对衰落产生影响,再次彰显上述技术转移创新规律。比贝塞麦转炉法与平炉炼钢法更为优越的新一代炼钢技术是氧气转炉。第二次世界大战后,在顶吹氧气工艺取代托马斯或贝塞麦底吹工艺后,碱性氧气转炉工艺随即取代了托马斯和平炉炼钢工艺,风靡了整个钢铁行业。随着高纯度氧气制取技术的进步与成本的降低,采用氧气转炉可以大幅度提高炼钢效率并且改善钢材质量。

这项技术最早由奥地利工程师发明,美国钢铁工程师也参与研发使之成熟,然而美国由于传统平炉技术比较完善,并未大力推广氧气转炉技术，给战后日本企业家提供了机遇。日本较早大范围采用氧气转炉，同时利用战后海运成本降低的便利扩大优质铁矿石采购进口半径，并率先推广连铸新工艺，结果利用技术转移创新规律成功实现钢铁业的崛起，对世界钢铁产业第二次重心转移做出重要贡献。

由于历史原因，我国在计划经济体制时期，钢铁炼造以平炉技术为主导，采用炼钢与钢坯模铸分离的传统技术。改革开放时期，钢铁业把发挥传统模式潜力与借鉴日本成功经验实施技术路线转型创新结合起来，通过几十年努力成功再造钢铁生产技术体系与供应链，同样体现了上述技术创新转移规律的作用。

中国当代钢铁技术与工艺流程的供给侧变革包含几个重大关键环节。首先是以宝钢高成本、高规格系统引进日本钢铁设备与技术为切入点，开始对世界先进钢铁技术进行系统引进、消化与吸收。二是20世纪80年代末开始对钢铁行业的"六大共性技术"实施行业攻关，致力于对当代钢铁先进技术的集成式融会贯通理解与掌握。三是20世纪90年代以提高连铸比为抓手，实质性提升钢铁生产工艺与效率水平。四是通过钢铁企业空间布局调整，推动钢铁生产重心向沿海地区显著转移，更大程度利用国外性价比更佳的优质铁矿石资源。

中国钢铁业在对全球先进技术工艺进行消化吸收与集成创新方面已取得实质性进步，但是整体水平与日本、德国、韩国等先进钢铁国家比较仍有不小差距，下一步需在技术工艺、产品质量、环保标准、企业效益等方面进一步提升，通过更为能动的前沿创新实现大国钢铁全面崛起。

高速投资追赶规律

经济后进国家高速投资，是吸收利用新一代钢铁先进技术与提升行业人力资本素质的必要条件,是实现后进国钢铁与整体经济追赶的必经路径。评估现实生活中的投资,无疑需要重视体制扭曲影响、宏观稳定要求与投资效率标准,重视通过改革体制机制、调节宏观政策与鼓励企业在公平竞争环境中提质增效等途径以解决现实问题。然而世界钢铁发展史中的国际经验清晰显示,大规模投资是新兴钢铁大国后起直追的重要凭借。

高速投资支持追赶规律在美国钢铁业崛起过程中较早表现出来。卡内基的自传写道,贝塞麦平炉炼钢法的发明给钢铁制造业带来一场革命,原来的设备就显得过时而陈旧了。认识到这一点,他们花数百万美元新建、扩建厂房,添置新设备,继续增建高炉,并且不断改良技术。每新建一个高炉都会有很大程度的改进,直到他们认为已经达到了标准。高速投资助推美国钢铁企业先后较早大规模普及利用贝塞麦转炉与平炉新技术,支持美国在 19 世纪末率先成为年产量超过千万吨的钢铁大国,确立美国钢铁业在全球的主导地位。

高速投资对日本战后钢铁业崛起同样发挥关键作用。日本普及氧气转炉技术与推广连铸工艺都离不开大规模投资。"在 1969—1970 年这两年中,日本钢铁工业投资额比欧洲煤钢联营和英国的总和还要多 11%。"(肯尼斯·沃伦,《世界钢铁》第 86 页)20 世纪 70 年代,日本出现新建大型特大型高炉的浪潮。资料显示,20 世纪末世界范围内十余座 5 000 立方米的特大型高炉绝大部分是由日本钢铁企业在 70 年代建造或始建于 70 年代并在后来改建扩容而成。

中国经验同样显示投资支持追赶的规律作用。中国钢铁投资于 20 世纪最后 20 年在波动中显著增长,用 1990 年不变价衡量的投资额从改革初年不到 100 亿元上升到 1994 年的峰值 300 多亿元。进入 21 世纪后钢铁投资增长大幅提速,不变价投资额从 2000 年的 200 亿元上下增长到近年峰值近 2 000 亿元,增幅在 9 倍左右,直接支持了中国钢铁业的规模扩张与综合技术水平提升。

与日本20世纪70年代新建大高炉的历史现象相类似，20世纪90年代特别是21世纪初，我国钢铁行业兴建十几座4 000~5 000立方米的大型与特大型高炉，同样体现钢铁新兴大国高速投资追赶规律的作用。中国钢铁业的未来投资增速会显著回落，然而钢铁结构转型与技术水平进一步提升，仍需要钢铁投资保持相当规模和适当增速。

我国钢铁业投资增长，得益于我国制造业整体水平提升与吨钢产能建设投资成本的降低，以及国内单位钢铁产能建造成本与国外比较保持了相对优势。例如宝钢最初1期、2期投资300亿元，其中相当一部分是美国进口设备技术，设计产能为670万吨，吨产能投资约为4 800元。宝钢湛江首期投资500亿元，年产钢材938万吨，吨钢投资额约为5 330元。

30多年来，中国吨钢高品质产能名义价格投资额增长约11%，然而同期我国固定资产投资价格增长两倍多，可见过去30年用不变价衡量的吨钢产能实际投资成本下降了一大半。一些行业资料显示，20世纪90年代后期以来，我国吨钢产能投资比发达国家可比成本大约低一半，国内民营企业吨钢产能投资成本又大幅低于国有企业。

中国钢铁业未来10~20年有望全面崛起

观察三次钢铁大国兴起与世界钢铁产业重心转移大潮，中国钢铁业发展推动新一轮产业重心转移的深刻体制特点在于，经济制度与体制从封闭型计划经济向开放型市场经济转型的过程，为钢铁业可持续追赶与崛起提供根本动力。

中国改革开放体制转型，与上述需求、技术、投资等侧面发展演变交织渗透，形成制度变迁与经济崛起共生互动的历史进程。就钢铁业体制转型的狭义内容而言，市场化体制环境大体通过以下几个环节的改革形成。

一是价格体制改革。20世纪80年代实行钢铁价格双轨制，90年代全面放开价格，形成反映市场供求的价格信号形成机制。

二是国有企业改革。20世纪80年代分三个阶段推进国有企业承包制改革，培育国企市场经营能力和竞争意识。90年代建立国企现代企业治理结构，允许小型国企破产或被重组，进一步转变国有企业体制机制。

三是允许支持民营企业发展。20世纪80年代允许县乡钢铁企业发展。90年代放松准入管制，使民营钢企初步发展，新世纪初民企炼钢产量占到5%，炼铁和钢材产量占10%。民营钢企快速成长，2015年钢产量占全国一半以上，一批大中型民企因为技术和规模跻身中高端现代企业。

四是创建培育市场竞争机制，形成国企民企同台竞争、国企内部央企地企各显身手、民企内部规模不同企业同时发展的市场竞争环境与格局。

市场化改革与行业对外开放相互促进。我国钢铁业开放政策突出表现为借鉴国外当代钢铁业先进技术，果断转变历史沿袭的以平炉炼钢为主的技术路线，面向全球，引进最先进技术工艺，再造钢铁技术体系。无论是国家投资的宝钢大型钢铁项目，还是市场环境中快速成长的民营企业代表沙钢，发展过程中几次重大投资决策，都是在高度重视国外先进技术工艺，并与国外企业实施各种合作过程中实现的。主动积极引进吸收并消化创新国外先进技术，成为中国钢铁业参与并受益于当代全球化相对开放环境的重要内涵。通过调整钢铁生产布局，大规模利用国际市场高品位铁矿石资源，有限放开外国钢铁企业在中国钢铁领域的投资，也从不同侧面体现钢铁业改革与开放相结合的体制转型特征。

现代钢铁业总体属于技术成熟行业,仍需比较密集的劳动投入,建立与技术最优规模相适应的高效生产系统需巨额投资。我国现阶段经济特点在于,对成熟技术系统的掌握与集成创新能力较强,高储蓄率与设备制造优势相结合支持大规模投资,劳动力成本与发达国家相比仍有明显优势,因而钢铁业的供给侧特征与我国现实要素禀赋等发展阶段条件高度契合。我国钢铁需求在未来较长时期仍将居全球首位,为钢铁业崛起提供需求条件。

我国钢铁业过去几十年发展取得历史性成就,综合分析钢铁业的经济学特征与中国的现实经济条件,可推测我国钢铁业未来10~20年有望进一步提升,进入全面崛起的新阶段。

全球钢铁贸易再平衡与中国调整[①]

随着后危机时期全球经济进入深度调整期,发轫于21世纪初年的世界钢铁产业重心转移进入最为关键和敏感的阶段。中国作为最重要的钢铁新兴大国,近年国内钢铁业面临产能过剩与转型升级挑战,外部形势也出现出口增加、贸易摩擦与国际对话压力上升等一系列新变化。

近年中国钢铁业面临内忧外扰的形势,同时折射出当代全球钢铁产业转移背景下中国钢铁崛起的历史性机遇,是中国钢铁从规模扩张向全面提升转变的必经调整过程。中国需因势利导调整其钢铁外部政策,积极参与包括G20在内的不同层面的国际钢铁对话以协调钢铁大国之间的竞合关系,在钢铁出口上积极扩大增量与务实管理存量调整,更加重视通过推进"一带一路"建设与广大发展中国家合作以发掘扩大国际钢铁贸易潜力,助推当代世界钢铁产业重心转移在大体稳定开放的外部环境下比较平顺地进行。

---

① 本文的简写版2016年9月13日发表于搜狐网。

中国钢铁业外部形势新特征

近年中国钢铁业外部形势出现几方面的新变化特征。一是钢铁出口及其占全球比例较快增长。新世纪初年中国钢铁业生产率大幅提升，加上本币汇率由于可贸易部门生产率的追赶而被动态低估，钢铁市场化进口替代快速推进并伴随钢铁出口增长提速，钢铁出口量从 2002 年的 735 万吨增长到 2007 年的 7 307 万吨，钢铁净出口量从 2003 年的 -3 841 万吨增长到 2007 年的 5 488 万吨。美国金融危机后国际钢铁市场需求大幅降低，加上中国实施"一揽子"计划短期大幅拉高国内需求，中国钢铁出口增势暂时逆转，2009 年钢铁出口量与净出口量分别回落到 2 618 万吨与 284 万吨。近年随调整深化，中国钢铁出口再次提速，2014 年钢铁出口量与净出口量分别飙升到 9 993 万吨与 8 419 万吨，2015 年进一步上升到 1.196 亿吨和 1.057 亿吨，占世界出口总量比重从 2003 年的 2.6% 上升到 2014 年的 15.3%。

二是针对中国钢铁的贸易摩擦频次显著增加。20 世纪 90 年代以来，钢铁业一直是中国发生贸易摩擦的重要领域，近年钢铁贸易争端发生频次进一步上升。梳理 WTO 官方数据可见，中国钢铁贸易反倾销立案数在 2008—2015 年为年均 16.25 次，2015 年达到 24 次的峰值。钢铁贸易反倾销终裁数 2008—2015 年为年均 12.15 次，2013 年达到 20 次的峰值。2011—2015 年钢铁反倾销立案数占中国反倾销立案总数的 29.56%，同期终裁数占比为 29.26%，居中国遭遇反倾销调查行业首位。

三是钢铁产能过剩与经贸关系成为近年对外多边及中国与美欧等双边对话场合的重要热点内容。2014 年 7 月第六轮中美战略与经济对话重点提及钢铁产能过剩问题，2015 年底以来美欧等对中国钢铁产能过剩的关注度与施压度提升。例如，2015 年 11 月 5 日，美国钢铁协会、欧洲钢铁联盟等9家钢铁协会发表联合声明，以钢铁形势为题对中国于2016年12月按照《中国加入世贸组织议定书》应取得市场经济地位提出质疑。2016年4月OECD钢铁委员会召开由30多个国家贸易部门高级别官员参加的国际钢铁会议。2016年5月欧洲议会通过非法令性决议表示不承认中国市场经济地位，其中特别提到中国钢铁产能过剩问题。钢铁产能过剩成为上海G20贸易部长会议、成都G20财政部长和央行行长会议讨论内容，也成为G20杭州峰会议题之一。

全球钢铁贸易再平衡

如何看待中国钢铁外部形势的上述变化？从当代世界钢铁产业重心转移视角考察，可用"全球钢铁贸易再平衡"概念加以概括探讨。用钢铁贸易占产量的比重作为衡量世界钢铁贸易依存度的指标，"全球钢铁贸易再平衡"是指该指标将改变新世纪初年阶段性下行走势并向其更长期历史趋势值回升收敛的演变前景，这一趋势展开意味着全球钢铁生产与贸易格局的重新洗牌。

给定产出与消费总量及其增长轨迹，世界钢铁贸易依存度的高低主要由扩大贸易潜在收益和现实成本两方面的因素决定。各国钢铁业不同发展阶段的相对优势与竞争力差异，决定钢铁国际贸易能产生的潜在收益来源与大小；海洋货物运输技术进步决定的钢铁国际运输成本，全球范围的贸易体制政策自由化程度决定的制度交易成本，则构成对贸易扩张合理性边界的现实限制条件。历史时期贸易依存度的变动，可根据上述收益与成本变量的状态及其演变情况来理解。

钢铁国际贸易至少可以追溯到19世纪前期，当时英国凭借近代钢铁业的先行优势，向美国出口用熟铁制造的铁路轨道等制成品，代表早期钢铁出口的重要内容。随着美国钢铁业的崛起，20世纪上半期美国成为主要钢铁出口国并推动全球钢铁贸易发展。二战后大宗商品运输成本与国际贸易制度成本大幅降低，国际钢铁贸易获得前所未有的发展。受发展不平衡与产业转移规律支配，日本与德国钢铁效率水平逐步超越美国，1959 年美国钢铁工人大罢工成为钢铁进口较快增长的转折点。中国早先钢铁业发展滞后时期需大量进口钢材，钢铁进口随宏观经济周期波动从 1969 年的 168 万吨增长到 1978—1979 年的 830 万吨上下，80 年代初年再次飙升到接近 2 000 万吨，中国成为当时最大的钢铁进口国之一。在上述背景下，全球钢铁出口量从 1950 年的 2 050 万吨增长到 1985 年的 2.08 亿吨，出口占产量比重从 1950 年的约 10.7% 上升到 1984 年的 29%，提升超过 18 个百分点。

然而 20 世纪 80 年代后半期，该指标值主要由于两方面的原因出现短期回调。一方面是美国着手实施贸易保护主义政策，迫使日本等国自愿限制出口，降低美国钢铁进口。另一方面中国宏观经济经过 80 年代前期强劲扩张后开始进入紧缩调整期，钢铁进口量从 1985 年的 1 963 万吨下降到 1990 年的 368 万吨，由此导致 80 年代下半期全球钢铁出口占产量的比重下降约 5 个百分点。随着美国主导上述钢铁贸易保护措施实施告一段落，中国经济于 90 年代初进入新一轮宏观扩张周期，全球钢铁贸易依存度重回长期提升的历史轨迹，钢铁出口量从 1990 年的 1.96 亿吨增长到 2000 年的 3.39 亿吨，同期钢铁出口量占全球产量的比重从 25.4% 上升到 40% 的峰值。纵观二战后半个多世纪的长期图景，全球钢铁贸易依存度明显呈现强劲上升趋势。

21 世纪初，全球钢铁贸易依存度指标随着钢铁出口在波动中再次出现阶段性下降，从 2000 年 40% 的峰值下降到 2013 年不到 30% 的相对低位。上述阶段性变化主要由三方面非常态因素决定：一是美欧金融危机与主权债务危机等因素拖累经济增长，全球经济深度调整期钢铁出口降幅远超产量降幅。二是 21 世纪初中国钢铁产量与内需扩张幅度高于钢铁贸易增长幅度，拉低全球钢铁出口产量比例。三是美国金融危机后，中国与国际社会合作应对危机，"一揽子"计划客观推动钢铁产能进一步扩张。

21世纪初全球钢铁贸易依存度的变化，主要是长期趋势的偏离而非趋势本身的逆转。观察决定钢铁贸易依存度更长期的基本变量，中国钢铁崛起提示国际钢铁相对竞争力有望进一步扩大，深度调整期产能过剩倒逼产能产量增速回落甚或绝对下降，发达国家钢铁产量趋势性收缩与广大发展中国家增长重要性的提升催生钢铁贸易潜在需求。随着能源价格大幅走低，中国造船业发展效率提升带动全球造船订货价格下降，海运成本有望延续较低位和走低趋势，同样有利于全球钢铁贸易依存度的回升。较大不确定因素是在世界钢铁业进入深度调整期，少数国家的贸易保护主义政策冲动可能显著增加钢铁贸易制度成本。如果主要钢铁国能务实合作，维持大体开放的经贸环境，我们有理由推测，全球钢铁贸易依存度未来将延续其长期回升趋势。

实现再平衡的两种路径

长期历史趋势显示，全球钢铁贸易依存度的提升与再平衡具有客观规律性。假定未来全球经济维持温和复苏，世界钢铁总产量与总消费量大体维持近年约16亿吨的水平，出口产量比未来5~10年回升到21世纪初的历史峰值水平，则世界钢铁出口量未来5~10年有可能从目前的5亿吨左右上升到6.4亿吨左右，即出现1亿多吨出口增量。上述对钢铁产销量的设定应属于保守假设。推测出口量占比在未来5~10年回升，主要是考虑钢铁贸易依存度由钢铁生产成本的国际差异及运输与制度交易成本决定，21世纪初年曾经出现的峰值水平可作为假设性参照。

结合观察近年中国钢铁出口与全球贸易形势，全球钢铁贸易依存度提升将通过增量发掘创造与存量调整创造两种不同路径实现。所谓钢铁贸易增量创造，泛指各国经济增长推动钢铁贸易需求使其进出口市场"蛋糕"增大。在目前全球经济调整与钢铁需求相对低迷的阶段，钢铁贸易增量创造较大程度表现为中国与广大发展中国家合作发展并释放潜在钢材需求从而提升全球贸易依存度。例如中国近年与巴基斯坦共建"一带一路"，合作实施瓜达尔港等大型建设项目催生钢材贸易增加，显示通过增量创造推动国际钢贸增长具有相当潜力。

数据显示，中国对巴基斯坦钢材的出口数量从2011年的37万吨增长到2015年的256万吨，4年增长近6倍；同期对巴钢材出口量占中国钢材出口量的比例从0.76%上升到2.27%。尤其是"一带一路"倡议提出和实施后，中国对巴基斯坦钢材出口量从2013年的80万吨上升到2014年的156万吨与2015年的256万吨，2014年、2015年对巴钢材出口量分别增加95%和64%。近年中巴钢材贸易主要是"一带一路"合作项目的实施额外催生的增量，不会对第三国产生调整压力，反而可能通过项目的实施与巴基斯坦经济的现实和潜在增长，边际提升对第三国的商品劳务需求，因而具有共赢与多赢的经济属性。

钢铁贸易增量创造并非仅限于中巴双边关系，近年中国对"一带一路"国家及非洲钢铁出口量的增长，也相当程度体现增量创造的特点。数据显示，中国对"一带一路"国家钢铁出口金额，从2009年的约100亿美元增长到2015年的300多亿美元，占中国钢材出口金额比重从43%上升到50%。中国对非洲钢材出口虽体量较小，增速却较快。分析逻辑与经验事实都表明，中国具有活跃创造钢铁出口增量能力的特点，与中国在后危机时代外部经贸合作重点向广大发展中国家转移的大趋势具有一致性，对理解全球钢铁贸易再平衡具体实现机制具有启示意义。

钢铁国际贸易的存量调整创造，是指伴随全球钢铁产业的转移，早先钢铁生产消费国由于比较优势与相对竞争力的不利变化，部分企业受市场竞争规律作用退出，减少国内供给，在边际上释放出一定数量的钢铁需求，通过钢铁贸易满足。近年主要钢铁大国都出现少数企业破产倒闭或濒临破产的情况，有的发达国家由于钢铁业比较优势的动态变化可能发生钢铁存量调整，可能成为实现钢铁贸易再平衡的路径之一。不过从近期相关数据观察，这类存量调整创造贸易效应并不显著，原因之一可能是有些国家实行贸易保护措施，不利于合规律的调整进程展开。

钢铁存量调整本质上是全球化开放环境下比较优势规律作用的结果，有利于各国与全球经济长期增长。反之，如特定国家采用扭曲措施，人为阻碍调整，则会损害钢铁下游行业开放竞争力而得不偿失。当然也应看到，由于多方面因素的作用，这类存量调整通常会催生利益摩擦和矛盾。大型钢铁企业就业人数较多，企业退出对所在城市或社区就业冲击比较集中，钢铁业与军事工业的上下游联系增加其政治敏锐性，加上美国20世纪70年代以来对国内钢铁业较多实施贸易保护主义政策，这些综合原因决定钢铁存量调整必然会带来复杂的利益矛盾并对贸易政策带来压力与争端。

中国钢铁外部政策调整

中国作为最重要的钢铁新兴大国，具有较快提升钢铁生产效率与国际竞争力的潜在能力，钢铁出口增长有经济合理性。然而钢铁贸易再平衡发生在全球经济与钢铁市场低迷调整期，中国出口增长难免引发贸易摩擦压力，在某些国际对话场合出现对中国相关政策的质疑与抱怨。在新形势下，中国需反思并调整在钢铁进口增长、进口替代阶段形成的外部政策模式，把钢铁国内改革调整政策与更为积极进取的外部政策结合起来，更为主动地参与国际对话并完善规则，推动全球钢铁产能配置与贸易秩序朝更加市场化与开放的方向调整。

第一，需调整钢铁外部政策，积极参加与引导国际钢铁对话交流。在近年全球钢铁产能过剩加剧的背景下，国际钢铁对话趋于活跃，从一个角度折射出全球钢铁产业转移进入更具实质性与敏感性的阶段，由此派生的各类矛盾需通过国际对话加以调解。中国作为最重要的钢铁新兴大国，通过对话维护发展钢铁行业开放的外部环境，与中国利益具有一致性。G20杭州峰会首次在国际钢铁合作上达成共识具有积极意义，有关部门应在认识当今全球钢铁格局大重组规律的基础上，在参与国际钢铁对话上采取更加积极的立场，努力使其更好发挥稳定维护开放环境的潜在正能量。

第二，习近平多次指出国际合作应"聚同化异"。中国参与国际钢铁对话，要特别强调弘扬包括美欧在内的国际社会普遍肯定的，钢铁国际产能配置与贸易流向应由市场机制决定的基本共识方针，努力使这个见于美欧等八国钢铁联合声明、七国首脑峰会公告的"市场决定"原则坐实落地。中国应联合相关国家主动倡导设计全球范围的市场化，以应对过剩产能，落实扩大国际贸易的行动计划，通过集体行动有效推动在全球范围化解产能过剩的进程。中国应将其正在着力推进的国内钢铁市场改革调整措施与外部政策进行整合提升，在借助市场出清机制应对产能过剩问题上发挥引领作用。

第三，中国可利用国际对话平台持续介绍说明中国钢铁业发展的真实故事与经济逻辑，依据近现代世界钢铁新兴大国发展与钢铁产业转移多次再现的经验事实，阐发中国钢铁业成长的合规律性。要系统整理具体翔实的资料，介绍说明中国钢铁出口增长与贸易补贴政策无关的真实情况，介绍说明中国通过市场化改革推进去产能的努力与成效。同时也无须讳言由于历史原因，体制不完善因素仍会在个别场合发生扭曲作用，并说明中国钢铁通过结构性改革减少并消除扭曲的艰苦努力、具体成效与改善前景。借助国际对话平台，中国可以更有效地回应与澄清对中国钢铁行业的不公正责难，更有效批评与抵制少数国家实施钢铁保护主义政策倾向，推动国际经贸环境朝更加开放透明的方向发展。

第四，要以稳妥推进全球钢贸依存度回升趋势为着力点，对钢铁贸易增量创造与存量转移采取不同政策。要在总结"一带一路"倡议实施以来的经验基础上，更加重视把人民币国际化与扩大基础设施建设结合起来，进一步扩大中国与"一带一路"国家"五通"合作的广度与深度，通过兴建缓解发展中国家经济增长瓶颈环节的工程项目，带动钢铁贸易增长。同时结合实施发掘扩大中国国内钢铁需求政策，为提升全球钢铁需求回升与化解全球钢铁产能过剩做出较大贡献。对发达国家钢铁存量调整，应依据国际社会结构性改革共识鼓励其依据市场规则进行结构调整，批评抵制少数国家试图通过贸易保护政策向外转移调整压力的错误做法。同时依据 WTO 贸易救济规则及其精神，对特定时期钢铁出口可能出现的过快增长实施适度调节。

我国钢铁业的困境与结构性改革[①]

目前钢铁业的内外环境特点是中国钢铁业调整进而驱动世界新一轮钢铁产业重心转移的阶段性产物,这是中国钢铁业从体量扩张转向全面崛起的必经阶段。调整期的钢铁行业政策应以市场化结构性改革为引领,推进转型升级,政策内容应力求符合钢铁业经济特有属性与调整规律,有效化解早先积累的失衡因素并培育全面崛起力量。

近年来我国经济进入周期与结构双重调整的关键阶段,具有较强顺周期特征的钢铁行业面临困难形势。需求增长失速派生严重产能过剩,价格与利润大幅下降显示经营环境恶化,负债率高企与少数企业违约破产,大量"僵尸企业"在市场生死线边缘徘徊,钢铁作为"两高一资"行业持续面临绿色环保压力。就外部而言,我国钢铁出口较快增长面临贸易摩擦频次上升与在国际钢铁对话中被施压的局面。一段时期以来,钢铁业成为一个负面消息不断的"问题行业"。

---

① 本文 2016 年 9 月 20 日发表于央视网。

形势成因与调整逻辑

目前我国钢铁形势出现上述特点，既受到国民经济从早先景气扩张进入深度调整期的宏观环境变化的影响，也与钢铁行业成本结构与政策环境等方面的具体属性特征对产量与产能调节产生特殊制约作用有关，需要在透彻分析问题成因的基础上设计应对政策。

钢铁行业价格降幅更大这个基本事实，无法仅从外部环境变动上解释，而是与钢铁业技术工艺与成本结构特点导致在供求失衡环境下数量调节面临特殊困难有关。

现代钢铁生产技术特点使其具有较强规模效应，这意味着钢铁企业需耗费巨资购置设备，建立生产系统，由此导致固定资本摊销折旧在总费用中占比较高。在正常合意的市场环境下，这方面特点使得钢铁企业具有单位产出平均成本随产出规模扩大而降低的优势，有利于企业通过扩大规模提升竞争力，因而在市场需求较快增长的环境下，企业具有较强扩张冲动。然而，在需求逆向变化与产能过剩的条件下，通过销售产品补偿巨大分摊成本的客观需要，也会导致企业调减产量面临特殊困难，使得一个理性决策企业可能不得不接受远低于平均成本的价格，形成钢铁行业似乎更愿意降价竞争与不计亏损的市场表象。

除了巨大摊销成本的制约作用，钢铁厂的炼铁高炉如果焖炉停炉，需要额外支付巨大成本，进一步增加了钢铁企业调减产量的经济困难。除上述技术与成本因素外，政府保护措施从体制扭曲角度妨碍企业退出和调减数量。

不过，经济学常识告诉我们，价格具有供求调节功能，价格下降本身是对供大于求、产能过剩的现实调节手段。虽然价格下降对企业和行业都是一个痛苦过程，然而它提供了化解治理供求失衡的一剂苦药。一是调减钢铁企业当期投资，控制未来产能增量扩张；二是倒逼高杠杆与低效率企业退出，边际调减和整合产能存量；三是"奖对罚错"、优胜劣汰，激励企业在动态演化中学习改进以提升决策效率，从长期看，对过度投资形成一种自发而积极的平衡力量。由此可见，目前钢铁业面临的困难形势从失衡调整角度看具有合规律性，钢铁业政策应"找准病灶，对症下药"，围绕更好地发挥市场调整规律，设计选择具体内容。

钢铁业的结构性改革政策

基于对钢铁业的经济特征属性与中国现实经济条件的分析，可推测我国钢铁业的发展在未来 10~20 年有望进一步提升，进入全面崛起的新阶段，当下正处于从数量扩张主导全球转向全面提升崛起的过渡调整期。鉴于钢铁业的重要地位及其在调整期的典型表现，政府高度重视钢铁业的现实问题，近年来出台实施了一系列结构性改革与调整政策并初步取得积极成效，下一步应坚持改革调整的正确方向，围绕更好助推市场规律发挥作用的目标加以充实完善。

第一，目前钢铁业政策的主要任务是要打赢化解产能过剩的攻坚战。关键是要硬化预算约束与强化市场纪律，充分发挥市场竞争优胜劣汰机制的作用，消化相对过剩产能。行政干预数量调整是导致目前钢铁业困难形势的成因之一，为此政策着力点需集中于控制与减少对缺乏自生能力的企业提供各类保护补贴，进一步合理界定政府与市场作用的边界，以推进存量调整与去产能进程。政府对所谓"僵尸企业"要"挪开呼吸机，拔掉输血管"，为市场竞争规则决定企业去留创造政策空间，而不一定要由行政机构"手拿生死簿，文件定去留"，直接决定企业命运。

第二，鼓励基于市场竞争规则实施的企业兼并重组。兼并重组是具有竞争优势的企业扩大规模的重要途径之一，也是缺乏自生能力的企业退出与化解产能过剩的现实手段之一。兼并重组需坚持市场化导向与运作，充分发挥市场机制的决定作用，并充分尊重企业主体意愿，同时发挥产业政策引导作用。要允许鼓励钢铁企业跨所有制和跨地区兼并重组，允许优秀民企并购国企，更好发挥民企的体制优势与竞争活力。特定时期钢铁市场集中度应由市场机制与企业竞争决策内生决定，中国作为超大型钢铁生产和消费国，其钢铁行业集中度有其自身特点，常规行业集中度指标与其他国家存在不可比因素，因而政策目标不宜过于重视这类指标具体数值的高低。需总结早先兼并重组案例的成功经验与教训，避免通过行政之手"拉郎配"，导致过犹不及和事与愿违的结果。

第三，要高度重视钢铁企业就业集中与企业退出对特定地区劳动力市场可能产生的冲击，要求退出企业的清盘与资产处置优先偿付拖欠员工工资与法定社保缴费，努力将调整产能过剩对员工福利的影响控制到最低程度。同时，切实发挥财政和社会政策的"托底作用"，把中央财政 1 000 亿元专项奖补资金真正优先用于补贴退出企业安置员工应有工资社保待遇、转岗就业培训与基本生活保障上。

第四，要发挥国内市场规模优势，积极发掘拓展潜在国内需求。现阶段我国储蓄资金充足，国内外资本品与原材料价格也较低廉，中西部等经济相对后进地区应继续积极实施大规模基础设施建设，兼收推进城市化、短期稳增长与提振钢铁需求效果。我国房屋建筑采用钢结构的比例与发达国家存在较大差距，需适当提高房屋建筑用钢使用标准与逐步提升钢结构建筑比例。由于历史原因，我国城市地下排水系统设计标准普遍偏低，越来越不适应城市规模拓展与人员及经济活动密度增加的需要，近年来每逢雨季不少地方动辄出现"城区看海"和"路面抓鱼"之类的景观。需更加重视并加快改建扩建城市排水系统，同时大规模兴建城市现代地下管廊系统，在提升城市化质量的同时释放钢铁潜在需求。

第五，实现我国钢铁业全面提升崛起的最根本要求，是通过深化改革、鼓励创新，推动钢铁业供给侧转型升级。要深入推进市场化体制改革，为国企与民企提供平等竞争的体制与政策平台，释放改革红利与创造竞争繁荣。随着中国钢铁业整体从中高端向高端迈进，要鼓励各类企业大胆进行前沿创新，引领全球技术演变趋势和潮流。要采用更严格的环保标准，利用我国仍处在大规模投资发展阶段的有利条件，鼓励企业集成利用前沿环保技术，创造绿色生产环境。通过综合努力，实现供给侧转型升级，推动钢铁品质从中高端向高端水平转变，技术工艺能力从追赶创新向引领前沿转变，环保排放从跟踪国际标准向提升行业标准转变，企业经营效率从接近国际先进水平向赶超国际先进水平转变。

另外，中国作为最重要的钢铁新兴大国，需调整钢铁业外部政策，积极参与引导国际钢铁对话交流，认真分析当今全球钢铁格局大重组的规律与趋势，在参与国际钢铁对话上采取更加积极的立场，更好发挥稳定维护开放环境的潜在正能量。

第六章

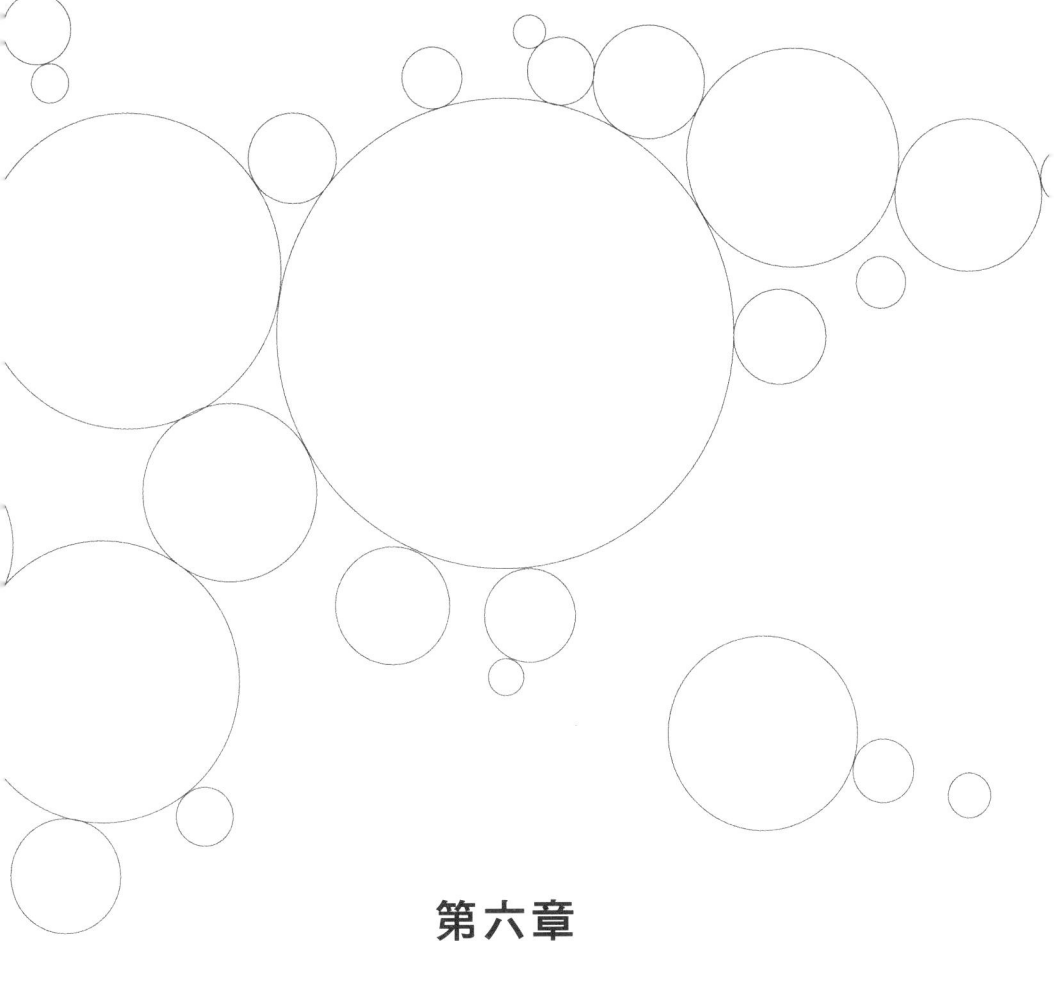

通货紧缩究竟离我们有多远

把"通缩"这个幽灵看个透

物价跟我们老百姓的生活关系密切，一般情况下公众更关注物价上涨。例如2010年年底时任总理温家宝与广播听众交流，有一个听众提到物价上涨问题，说为什么涨价涨得这么厉害，当时还出现了"豆你玩""蒜你狠""糖高宗"之类的流行语。温家宝总理中肯地回答说"你的一番话刺痛了我的心"，并明确指出中央有决心、有能力控制物价总水平上涨，接着介绍了当时控制通胀的具体政策。

举这个例子是想说明，通常情况下物价快速上涨关系民生，决策层会高度重视。然而现在与当年情况截然相反，目前我国面临物价下行压力，有关方面较多关注通货紧缩风险。

国际上在后危机时期实行各种宽松刺激货币政策成为主流，支持这类政策出台的诸多动机因素之一，就是防范或控制潜在或现实通缩风险。可见分析通缩无论是对理解发达国家宏观经济形势和政策，还是对理解我国当下宏观经济形势和政策来说，都是一个重要的研究课题。

对通缩无疑需要严肃认真对待，然而应力求在对通缩根源与影响进行比较客观分析的基础之上进行理解，避免出现当代西方主流通缩理论与政策实践暗含的"通缩恐惧论"偏颇。围绕"反思通缩恐惧"

主题，下面主要讨论几个层次的内容。首先简略梳理介绍西方通缩理论的缘起和发展，然后结合日本和美国的经济表现及政策实践，通过三个国际案例分析通缩恐惧论的局限性，最后回顾世纪之交中国应对通缩的立场和政策，分析近年调整期中国物价走低的根源。

从费雪到伯南克：西方通缩理论要旨

20世纪30年代的大萧条被称作西方宏观经济学的"圣杯"，当代西方主流通缩理论与针对大萧条的研究紧密联系在一起。表6-1数据显示，大萧条期间美国一般物价下跌25%~30%，货币存量收缩30%，GDP下降四成以上，成为现代西方经济史上影响最深重的一次经济大收缩。经济学家从不同方面研究大萧条，有一些重要的理论发现，其中包括通缩理论。有关通缩的理论文献汗牛充栋，我想介绍一头一尾两位有较大影响学者的观点，从而让大家对这套理论的基本思路和观点有点粗略了解。

表6-1 美国经济大萧条时期部分宏观经济指标变动情况

年份/年	PPI	CPI	货币存量/10亿美元	GDP/10亿美元
1928	18.6	20.8	46.42	98.16
1929	18.3	20.8	46.60	103.90
1930	16.6	20.2	45.73	91.10
1931	14.0	18.5	42.69	76.40
1932	12.5	16.6	36.05	58.50
1933	12.7	15.7	32.22	56.00
降幅	31.7%	24.5%	30.6%	42.9%

第一位是耶鲁大学经济学家欧文·费雪（Irving Fisher）教授，他

在 1933 年出版的《繁荣与萧条》一书中提出债务-通货紧缩理论。他认为，负债和通缩是解释商业周期包括大萧条最重要的两个变量。过度扩张和负债推动繁荣与资产泡沫，资产泡沫破灭后出现通货紧缩，而通货紧缩一出现，就会触发一个连锁链条作用，导致通货紧缩更加严重，从而使经济运行锁定在一个螺旋式困难加剧的萧条之中。

这套分析对我们今天看到的很多真实现象确实有借鉴价值，所以费雪成为通缩理论的奠基性人物。

后来有很多人研究这方面的问题。20 世纪八九十年代以后，在这一领域影响最大的经济学家应属大家比较熟悉的美联储前主席本·伯南克（Ben Bernanke）教授。

伯南克在 20 世纪 80 年代写博士论文时就研究大萧条，并重视费雪对大萧条提出的债务-通货紧缩理论，对当时以弗里德曼为代表的货币学派的解释提出质疑。八九十年代，伯南克跟他的合作者建构金融加速器模型，以债务-通货紧缩理论为基础，结合当代经济学的信息不对称、金融市场不完善等理论，发展出通货紧缩自我加强效应的分析框架。

这个理论首先假定企业除内部融资外还要外部融资，外部融资面临信息不对称带来交易成本等方面的困难。贷方有时候很难识别借方未来赢利能力以及企业资信情况，可能会用一个替代变量作为识别指标，这个替代指标可能是企业目前的盈利水平，以及企业资产负债表的净资产状态。企业收入和盈利水平较高，更容易从金融机构获得信贷；反之亦然。

依据这一分析框架，通货紧缩造成企业盈利水平下降和资产负债表恶化，金融机构会进一步收缩信贷，使企业正常贷款难以得到满足，从而给投资与经济增长带来额外困难，因而通缩自我强化效应会使经济落入萧条状态。反过来，经济繁荣时利润率较高，资产负债表情况改善，同时有利于外部融资并有助于推动经济增长。

金融加速器理论有重要的政策含义。负债－通货紧缩会内生一个螺旋式自我强化效应并导向萧条，因而应采取强势手段，通过货币与宏观政策制造通胀加以应对。另外，通过货币政策再通胀可能面临名义利率下降至零无法再降的"流动性陷阱"困境，这是当年凯恩斯强调的货币政策限制条件。如果面临流动性陷阱，利率这个基本价格型货币政策工具不再管用，则需要采取非价格手段。

后危机时代，发达国家频繁实施数量宽松政策，货币当局直接购买各类金融资产强行向经济体注入货币，而不仅是降低利率放松银根刺激经济，这类政策可由通缩分析逻辑导出。还有一点也重要，那就是鉴于通缩可能会带来灾难性后果，货币当局需要采取先发制人的策略，在没有出现通缩时就采取强势再通胀政策加以防范。

上述理论及其政策含义鲜明又尖锐，与美欧国家早先传统的财政金融保守主义理念大相径庭，然而由于当代经济环境的客观演变，加上通缩理论影响日隆推动思潮变化，后来比较顺利地变成现实政策的依据与内容，并产生我们随后将要分析的重大影响。在美国这个发达国家，学术理论、社会思潮、经济政策如何在特定时期快速嬗变，上述演变与其时代客观现实环境的变迁又存在怎样隐秘的互动关系，反思通缩恐惧论，可提供一个难得的案例。

现代经济学发展具有经世致用功能，通缩理论发展也要在政策应用中得到体现。当代通缩理论在发达国家的现实运用，世纪之交以来大致经历了三个演变阶段。

一是从通缩角度解释日本20世纪90年代以后面临的经济增速下降，但对美国而言尚属间接运用通缩理论解释政策方针。

二是21世纪初在美国直接运用这一理论决定货币政策。互联网泡沫破灭后美国经济衰退，在刺激政策助推下走出衰退后复苏不够强劲，并且一般物价维持较低增速。按照面临通缩风险应先发制人的政策方针，美联储在2002年与2003年实施超常激进货币政策，然而事与愿违，这对后来房地产泡沫和危机产生了助推作用。

三是后危机时期为短期刺激政策长期化提供理论依据。资产泡沫破灭后真的出现恶性通缩风险，后危机时期七年来美国一直维持零利率，并接二连三采取量化宽松政策刺激经济，防范通缩是重要逻辑依据。

下面我们分别考察上述三阶段的情况。

国际案例之一：质疑日本"失去N年"说

日本在20世纪90年代以后经济失速，到20世纪末美国一些主流经济学家如保罗·克鲁格曼（Paul R. Krugman）教授等评论日本经济表现，主要从流动性陷阱和通货紧缩导致经济萧条角度加以解释。

克鲁格曼在1998年发表的论文中，对日本应对通缩政策提出的建议别出心裁且语出惊人。他认为，面对通货紧缩和流动性陷阱时，传统认为不负责任的货币政策反而最负责任，因而货币当局应当"要可信地承诺不负责任"，鼓励日本政府不顾一切地放手采取超强刺激政策。伯南克教授1999年也发表长篇论文倡导类似观点。

日本20世纪90年代初经济减速，到20与21世纪之交低速运行已约有10年，被媒体评论为"失去的10年"。21世纪初年日本经济仍不见起色，又被称作"失去的20年"。随着时间的流逝，估计未来还会有日本经济"失去的N年"的新说法。这类流行表述有一个潜台词，就是认为日本没做好某些事情，在通缩理论信奉者看来特别是刺激经济力度不到位，所以令人遗憾地痛失长期更快增长的机会；换言之，如果做好了，似乎就又能回到当年的高增长状态。

我认为这个隐含假定有待质疑。日本20世纪90年代的经济表现与其高速追赶时期比较确有巨大反差，其80年代的宏观政策对90年代初经济波动产生直接影响，然而把一个大国经济几十年长期表现呈现的相对稳定特征，归结为主要由于没有实施更强刺激政策则过于牵强了。换一个角度看，日本过去几十年的宏观经济表现，是在人均收入相对最发达的美欧国家大体收敛后的一种低增长稳态与合规律现象。

我想用一些相关数据讨论上述观察理解。图6-1数据显示20世纪90年代后，日本经济无论是GDP增长率还是CPI的确都显著下降。90年代日本GDP年均增长率约为1.5%，CPI年均增速约为1.2%。1990年之后的20多年里，日本年均经济增长率为1.1%左右，年均CPI增速在0.4%上下。

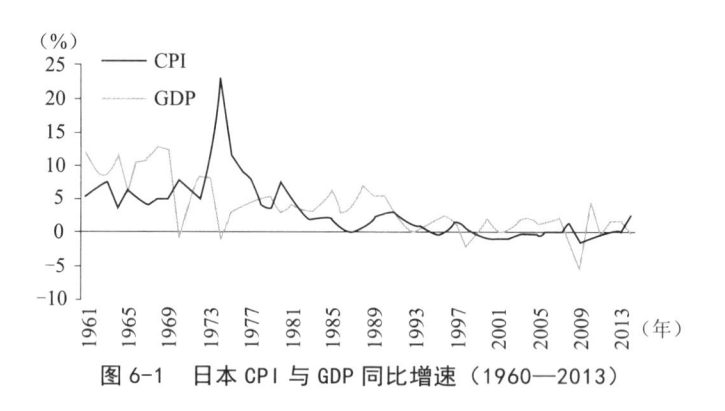

图6-1 日本CPI与GDP同比增速（1960—2013）

可见在所谓"失去的N年"期间，日本经济其实保持了经济和物价的正增长，经济增长率长期平均水平在1%~1.5%，也就是"1时代"。需要注意的是，过去十余年欧盟经济增速也进入"1时代"。在新兴经济体追赶的背景下，尽管美国采取超强刺激政策，进入新世纪后长期经济平均增速也只在2%上下，后危机时期多年在1%~2%。可见日本最近20多年的经济表现，是由于长期结构因素演变导致潜在增速下降的合规律现象，未必是"失去的N年"这种流行观点所假设的那样，是刺激政策力度不够的结果。

"失去的 N 年"论不够重视的一个重要切入点，是日本经济在 20 世纪 80 年代后期增速开始大幅减缓，日本人均收入用汇率折算成美元后也赶上甚至超过美国。当然这一观察结果涉及汇率变动因素，日本在快速追赶阶段对汇率升值比较抵触，后来汇率升值后很快超过了美国。（见图 6-2、图 6-3）

图 6-2　日本 GDP 增长率与人均 GDP（1960—2011）

图 6-3　日本人均 GDP 对美国追赶（1960—2011）

总之，日本的经济增速大幅回落，是在人均收入实现了对标杆国美国的追赶和收敛以后发生的。在人均收入收敛后，日本经济增速受到与追赶阶段完全不同的规律支配，这时简单用早先表现推断"失去"多少年，就可能发生常识性认知偏差。由于日本已实现向发达和富裕国家转型，因而增速较大幅回落并未特别影响其经济社会稳定与"日本式和谐"，我们也并未出现通缩理论所推断的经济萧条与社会动态。日本经验其实不是坐实了通缩恐惧论的正确，而是提示了其局限性。

日本经济增速放缓的长期结构原因是人口快速老龄化，更具有直接解释意义的变量则是日本在完成追赶后，资本形成增速大幅下降。图6-4、图6-5显示，20世纪90年代中期以来日本有近四成年份投资为负增长，并且1990—2000年投资增速下降幅度超过增长幅度，固定资本形式对总需求的贡献持续为负值。根据我们的粗略估算，日本资本总投资增量大概仅能满足其资本存量折旧，整个净资本存量可能接近零增长。投资乏力与资本存量难以显著增长，如果在产业技术前沿又难有突破，经济增长自然会非常缓慢。

由于内需增长很有限，日本的经济增长需要外需拉动，外需波动很容易影响到整个经济波动。日本高增长时期，私营企业部门在国外有大量直接投资，因而有较大规模境外资本存量，这个投资存量会不断给它带来资本收益，这个收益有助于日本低增长时期维持经济和社会稳定甚至大体和谐。

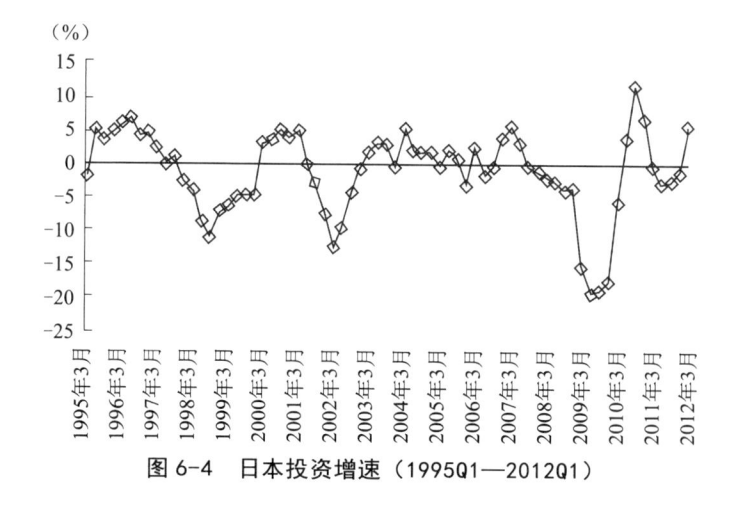

图6-4　日本投资增速（1995Q1—2012Q1）

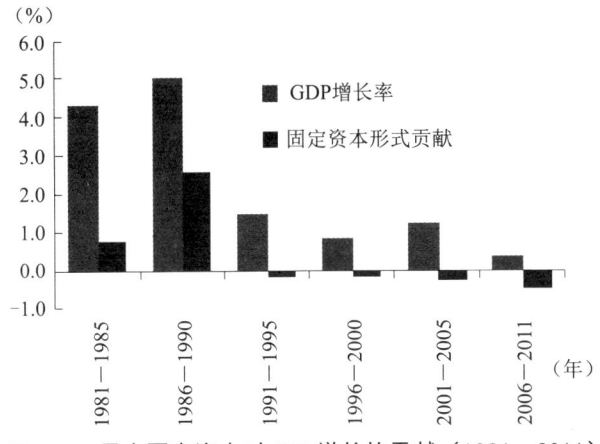

图 6-5　日本固定资本对 GDP 增长的贡献（1981—2011）

总体来讲，日本经济减速现象并非主要由政策原因所致。那么，日本经济在发展到前沿后，为什么不能像美国一样在 20 世纪 90 年代以 3% 甚至更高的速度增长？这个问题是有意义的。日本经济为什么在前沿创新方面动力不足需要专门研究，我想应该综合考虑日本文化、经济结构，包括制度各个方面的特点加以分析。

比如说要考虑企业制度的灵活性，劳动力市场的灵活性，资本市场的灵活性，以及日本社会较低开放度与理论思维局限性等方面的特点。例如日本社会的整体特点是内聚力较强而封闭性较高，文化特点是重团队轻个人，这些特点使它在模仿追赶方面拥有特殊优势，但在达到产业技术前沿后难有美国经济那样的表现。

分析日本经济跻身产业技术前沿后为什么表现不如美国，是一个可以专门分析和探讨的问题，但不是今天讨论的主题。我这里仅强调一个更为具体的看法，就是主要用通缩这个变量来解释日本经济增速缓慢，认为只要敢于大手放松货币就能让日本经济返老还童，这个流行观点是否正确有待质疑。我宁可把流行观点认为的"失去的 N 年"状态，看成是日本经济完成追赶达到产业技术前沿后的"低增长稳态"。

国际案例之二：21世纪初美联储弄巧成拙

美国的主流通缩理论就其直接政策实践含义而言，在20与21世纪之交主要表现为解读日本经济并为政策建议提供理论依据。然而随着经济形势的快速演变，通缩理论不久就开始对美国货币与宏观政策产生重要影响：新世纪初年先有高调预警美国经济面临通缩风险，随后美联储实施超常刺激政策试图先发制人防范通缩。

然而令人始料未及的是，一段时期的负利率刺激客观上成为房地产与次贷次债泡沫的宏观政策诱因，对通缩理论提供了一个具有颠覆性含义的政策实践案例：政策设计逻辑是通过超强刺激预防通缩，然而实践经验显示过度刺激也会导致资产泡沫，泡沫破灭后真会造成政策设计试图预防的恶性通缩，最终出现"恶性通缩预期自我实现"的悖论性现象。

21世纪初美国互联网泡沫破灭后，美联储进行10多次降息刺激经济走出衰退，然而经济复苏的两方面表现在美国决策层看来很不满意。一是经济增速没有很快地提升到早年的繁荣水平，二是一般物价没有像早年那样衰退期过去后较快回升从而承接下一个景气周期。就业形势也不好，评论人士提出"没有就业的复苏"的质疑。面对消费物价增速不高的形势，美国学界与决策层担忧经济运行落入通缩陷阱，最终决定加大货币刺激药方的剂量。

通货紧缩忧思兴起是21世纪初美国等国学界、媒体以至决策层宏观经济思维的一个潮流性变化。我和张杰平博士专门收集梳理了这方面的资料，有关细节情况耐人寻味。虽然当时美国消费物价指数仍处于2%上下的大体正常水平，然而美国、英国主流财经媒体在21世纪初先后发表重头文章，强调世界经济的最大风险已从早先的通胀转变为通缩，认为美国与欧盟的经济都面临现实通缩风险。

后来美国学界与美联储、IMF等权威机构跟进讨论通缩风险，很快形成与主流通缩理论逻辑一致的某种共识性观点，认为在物价增速显示通缩前景时就应采取预防通缩措施。这意味着货币政策思路与传统的泰勒规则分道扬镳，因为泰勒规则强调货币政策应紧盯并控制现实通胀。

克鲁格曼教授20世纪末针对日本经济衰退和东南亚金融危机出版了《萧条经济学的回顾》一书，并发表分析通货紧缩与流动性陷阱的长篇论文，是西方主流经济学家倡导通缩思潮的重要文献之一。不过后来就任美联储主席的伯南克教授对通缩思潮兴起，尤其是在把这一思潮转变为现实决策方面发挥了特殊作用。

伯南克教授2002年被任命为美联储理事，当年年底在美国全国经济学家俱乐部发表了一次重要讲演，题目是《确保不要让通缩悲剧重演》。演讲要旨是认为通缩几乎都是总需求萎缩带来的，通缩会通过自我强化效应导向经济大萧条灾难，因而决策层不应等到通缩变成现实后才实施刺激政策，而应先发制人实施超常刺激政策以避免通缩。

这次演讲明确告诉听众，即便在传统宏观经济学认为面临流动性陷阱，货币政策无效的场合，货币当局仍能采用全新政策工具如量化宽松政策来应对通缩。由于他引用了"用直升机撒钱一定能人为制造通胀"的名言，因而后来得到"本·直升机"的绰号。当然，伯南克所谓"撒钱"并非真的建议从飞机上撒钞票，而是说只要美联储愿意通过购买各类资产扩大其资产负债表，就能利用国家信誉向经济强行注入货币，并实现货币扩张的目标。

上面提到，作为当代金融加速器模型的主要提出者，伯南克教授在推动当代通缩思潮复活方面发挥了独特作用。他既是美联储理事，又是学界权威专家，因而他的演讲马上引发高度关注与显著反响，增强了对美联储将实施激进宽松货币政策的预期。他与克鲁格曼教授的观点相互援引支持，使得通缩分析范式成为货币和宏观政策取向的主流学理依据。2003年IMF发表两篇专题研究报告，基本上是呼应克鲁格曼和伯南克等人观点，甚至接受了新形势下"不负责任的货币政策就是最负责任的货币政策"这一尖锐表述。

当时美联储掌门人是格林斯潘。格林斯潘早年坚信货币学派的观点，甚至写过捍卫金本位的文章，他在经济哲学上本是比较保守的。然而当时他担任美联储主席已有10多年，面对变化的环境，其行事方针也逐步改变。当时社会舆论、学界权威、美联储同事以至IMF专家，大都认为货币政策应当更加激进宽松以求先发制人遏制通缩，格林斯潘虽然老道，最初对这些新颖观点或许也将信将疑，但最后也接受了通缩分析并决定采取行动。在他的主持下，美联储2002—2003年实施了两次异乎寻常的降息。

第一次是2002年底把1.75%的基准利率降到1.25%，下调了0.5个百分点。降息时美国CPI增速接近2%，高于降息前政策基准利率，美联储在实际负利率环境下进一步降低政策利率，与传统的泰勒规则的政策取向分道扬镳。但是担忧通缩的政策诉求仍在发力，2003年上半年，美联储货币政策例会持续评估是否需要进一步降息，最后依据美联储内部经济模型对通缩风险增加的模拟分析结果，于2003年6月在消费物价增速比政策利率高出近两个百分点的背景下第二次降息，把基准利率进一步降到1%这个20世纪60年代以后的历史低位。这个超低利率维持一年多，直到消费物价增速上升到3.27%时才回调到1.25%。然而超宽货币政策加上市场"金融创新"与缺乏监管，已经埋下房地产次贷泡沫的种子，美联储于2005—2006年多次提升利率，最终刺破泡沫并引爆危机。

回顾分析这段历史，美国官方观点认为美联储的货币政策与资产泡沫及后续危机无关。伯南克和格林斯潘后来在多个场合作证和演讲，都认为当时的激进宽松货币政策并没有错。不过也有不少美国学界和市场人士持有不同观点，认为当时的激进宽松货币政策对后来的资产泡沫与危机难辞其咎。

理性回顾这段历史，一个基本事实是美国发生了20世纪70年代以后最严重负利率，货币政策从泰勒规则等评价标准看显然过于宽松了。我与刘鎏2008年写过一篇题为《格林斯潘做错什么？》的研究论文，对美国长期房地产投资、房价、实际利率数据进行分析，发现美联储货币政策应与后来房地产泡沫存在显著关联。

房价跟房屋建造供给具有正向关系，即房价较高，房屋投资供给就会上升。房价跟实际利率有显著反向关系，即实际利率较低时房价较高。过度宽松的货币政策通过负利率刺激房价与房屋供给，为房地产泡沫的形成推波助澜。根据这些年国内局部地区房地产过度扩张的经验，不难理解上述机制关系。

负利率时代大家倾向于投资房地产套利并推动房价上涨，房价上涨刺激更多房地产投资与供给，这时直接针对房价的调控如扬汤止沸，难以根治房价过度上涨。由货币过度扩张与负利率激励下形成的投机性房屋需求不是长期可持续的真实需求，炒作资产游戏可以持续一段时期并使参与各方获得利益，然而最终会因为泡沫破裂戛然而止。

当然，美国次贷危机和金融危机为重大历史现象，一定有多方面复杂原因促成这一"完美风暴"的发生。美国金融过度"创新"与缺乏监管显然是关键原因，全球化新环境下储蓄激增对主要国际货币国带来压力也是可以分析的外部背景条件，过度宽松的货币政策诱致房地产和其他资产出现泡沫也应是必要条件之一。

从这个角度看，美国在21世纪初的货币政策实践其实对主流通缩理论提出了一个颠覆性的挑战案例。为什么这么说？因为本来是因为担心未来可能发生通缩导致萧条而采用超常刺激政策先发制人，然而刺激政策通过上述逻辑和现实链条助推形成资产泡沫,并在泡沫破灭后通过资产负债表危机真的导致恶性通缩的自我实现。这是一种预期自我实现:为防范特定状态采取的超常措施,反而助推试图想要规避的那种状态更可能出现。

国际案例之三:近年超常刺激收效不佳

到了第三个阶段即金融危机后,主要发达国家普遍实施零利率与量化宽松政策,如美联储实施了三次,其他发达国家也竞相实施,日本政府也显著改变早先在货币刺激方面相对克制的态度,步美国后尘,实施以加大货币刺激政策力度为重要内容的"安倍经济学"。于是我们看到在后危机时期,主要发达国家的货币政策出现"没有最宽松,只有更宽松"的竞相宽松奇观。

美欧日经济困境有某些共同属性,然而各自基本面与困境根源仍有实质性差别。例如欧盟经济问题与欧元体制内在局限有关,这使得欧盟困境具有鲜明特点,对此这里不展开讨论。美国或许了解超级宽松政策有副作用,但仍多年长期实施,其背后可能有多重考量。

第一,依据通缩恐惧论逻辑,仍然需要通过强行刺激避免通缩风险。第二,借助货币刺激提振资产价格,再通过财富效应支持经济复苏增长。第三,作为最大债务国的美国政府欠债种类多、盘子大,特别是外债总规模冠绝全球,放手刺激制造通胀有利于减轻债务负担。基于上述观察,固守超宽货币刺激方针可以说是美国的支配策略。

然而,美国能否通过超常刺激政策实现其政策设计?答案是收效不佳。2010年初我与陈建奇博士等人写了一篇分析美国经济形势与前景的研究论文,虽然当时美国经济复苏势头看起来挺强劲,我们基本认为美国经济在未来较长时期会面临"复苏不易、景气难再"的局面。

首先应肯定美国经济在发达经济体中基本面最好，同时应重视美国经济体制机制优势并有较强调整能力，然而在一批新兴经济体快速追赶的开放环境下，美国经济长期增长前景不容乐观。我们认为美国经济能维持复苏，然而复苏相对弱势，很难回到早先景气增长状态。那篇论文估计美国经济未来长期增速会降到2%~2.5%，从之后情况看，美国经济确实表现出趋势性疲软，经济增速低于我们当时估计的水平。

美国经济学界近年也不乏对美国经济长期走势比较看空的观点。2011年斯坦福大学霍尔教授与乔治·梅森大学的考恩教授分别发表《长期疲软》与《大停滞》的著述，从不同角度分析美国经济前景不容乐观。

2012年美国西北大学的戈登教授发表题为《增长是否终结？》论文，分析美国经济长期增长面临的深层限制。2014年底，哈佛大学前校长萨默斯教授发表论文，分析美国经济可能正面临所谓"长期停滞"的挑战。

不同于其他看空观点较多从长期经济增长因素变化入手分析，比如说从技术进步速度或人力资本提升能力降低等方面讨论美国经济前景不佳，萨默斯主要从开放宏观经济的分析视角，结合美国危机前后宏观经济运行特征表现分析得出结论，对美国经济困境分析有独到之处。

萨默斯的大概意思是说：危机前美国货币与宏观政策宽松到足以导致出现严重资产泡沫的地步，然而2002—2007年经济增长率其实只有2%多一点；危机后更是把货币刺激手段运用到可能催生金融风险的地步，然而过去几年经济增速仅勉强达到2%上下，可见问题很大。换言之，一位运动员服用好多兴奋剂才跑出不尽如人意的成绩，一旦停止用药回到正常状态会怎样呢？萨默斯担任过克林顿时期的财政部长和奥巴马时期的国家经济委员会主席等要职，在政学两界都很受尊敬，以他这样的身份高调提出"长期停滞"判断，尤其发人深省。

与今天通缩主题相联系的观察结果是，超常刺激措施实际上未能改变美国长期潜在增速趋势性下降的局面，可见试图通过超常货币刺激这类短期经济的政策手段，来解决一国经济深层结构或与发展阶段相联系的问题，不仅难以达到预期效果，而且可能带来显著副作用。利率参数长期扭曲如同一个人持续处于心律不正常的状态，会对经济系统运行带来难以预料的负面影响。

美国经济政策仍骑虎难下：终止零利率，让人担心经济增长进一步失速甚至再次陷入深度衰退；维持零利率可能进一步催生新一轮资产泡沫，并在未来泡沫破灭时再次面临经济危机。伯南克也讲过，他实施的超强刺激过去没人试过，有什么后果无法事先准确预知。

从质疑通缩恐惧论分析范式的视角观察，美国经济无论是在终止零利率后经济失速，还是继续维持超强刺激再次面临资产泡沫及潜在危机困扰，都是合乎逻辑的演变。当然，美国经济如能比较强劲地复苏，有利于中国经济在调整期实现稳增长目标。另外，美国经济也确实有比较优势与较好的调整能力，然而超常刺激政策并未有效解决美国经济的深层结构问题，美国经济目前实际处于骑虎难下与备感纠结的状态。

西方通缩恐惧论的认知偏颇

当代通缩理论与政策逻辑大体可以被简略概括成几句话：消费物价等一般物价下降意味着通货紧缩，通缩自我强化机制会自我导向恶性通缩与经济萧条，因而货币当局和宏观决策部门应不惜采用超常刺激手段来应对通缩，甚至需要先发制人实施超常措施防范通缩。

对这套理论做出重要贡献的学者都是西方经济学界权威人士，我个人完全肯定这方面学说对理解现代通缩机制和影响具有学术价值，同意一国经济在面临严重资产负债表危机冲击之际，可能有必要在短期内采用"通缩-刺激"药方推荐的某些急救方法。然而从学理逻辑和政策效果看，这套理论包含的通缩恐惧论倾向有待商榷。在考察上述三个当代国际案例的基础上，可以从以下几方面讨论为什么对通缩恐惧论不能照单全收。

首先通缩恐惧论是对大萧条的解释有局限性。通缩理论分析建立在分析20世纪30年代西方经济大萧条发生机制的基础上。理论分析重视历史案例和经验基础无疑是合理的，鉴于大萧条危害深重，经济学研究重视汲取其经验教训也是必要的。然而通缩自我强化学说能在多大程度上解释大萧条这个经济史上的特殊现象有待全面考察，如果认为仅凭通缩内生机制效果就足以导致大萧条，可能存在片面性。

至少还有几个特殊因素构成大萧条灾难的必要条件。一是美国等主要西方经济体货币与财政政策偏于紧缩。那时还没有凯恩斯理论与反周期调节政策框架，用严格预算约束与强化财经纪律的方式应对已经爆发的危机会产生常识性失误。好比说一个人生病发烧，不是先打抗生素再对症下药，而是要求患者跑步锻炼身体或冲冷水浴强身健体，结果会转化成肺炎甚至更严重的疾病。

二是主要西方国家搞贸易保护主义，这类以邻为壑的政策反而导致国际贸易普遍萎缩，陷入"合成推理谬误"与"囚犯困境"。

三是当时实行金本位货币制，本位货币在危机环境下自发收缩的倾向加剧经济紧缩和萧条。随着凯恩斯革命后现代宏观经济理论常识的普及，以及金本位制度退出历史舞台，上述加剧危机的关键变量都发生实质变化或不复存在，这时通缩自我强化效应是否足以导致大萧条显然有待商榷。

其次是通缩恐惧论对良性通缩重视不够。现代经济环境中，诸多部门的技术进步节奏加快催生物价下降趋势，经济全球化环境下，新兴经济体开放追赶与发达经济体外包重组产业提升效率也催生价格下降趋势，观察过去几十年全球经济演变图景，可见上述趋势正加速展开。

IT革命使得信息传递距离"消失"和通信成本逼近零值，运输技术进步使得航空、铁路、海运的单位重量距离运输实际价格大幅下降，新兴经济体加深融入全球化体系推动工业制成品价格长期显著下降。这类主要由生产率提升推动实现的物价下行现象显然具有积极意义，如果一定要从通缩角度讨论，则应归为良性通缩类型。

20、21世纪之交美国消费物价增速较低，除了IT泡沫破灭派生反向财富效应产生短期影响外，主要与大量劳务投入通过跨国服务外包，利用印度等国低廉劳动力显著降低成本有关，也与中国经济开放度扩大与生产率提升，因而有能力向美国在内的全球市场提供越来越多物美价廉的商品有关，这应该是当时美联储控制通胀容易到让格林斯潘"吃惊"地步的主要环境条件。

物价水平较低本身是经济全球化发展与新兴经济体效率提升派生的良性现象，给包括美国与全球消费者带来实惠，美国决策层本来应该利用这个时机实施中性货币政策并引导结构调整，在产业技术前沿锐意拓展，以保持美国经济的相对优势，并对全球经济可持续增长做出贡献。然而令人遗憾的是，美国决策层在一定程度上误读了物价比较平稳的真实含义，基于通缩恐惧立场实施超常刺激政策，并弄巧成拙。

再次是通缩恐惧论难以解释美英历史上曾经常态性出现的物价下降或通缩现象。多年前我和刘鎏研究过美英历史上的通胀通缩现象。表6-2整理了美国和英国在19世纪前后用消费物价涨落表示的通胀与通缩发生频率和涨缩程度。数据反映了几点标准性事实：

表 6-2 美国和英国近代历史时期消费物价涨落情况

	总年数	平均通胀率	通缩年数	持平年数	通胀年数	通缩年份物价下降幅度均值	通胀年份物价上涨幅度均值	通缩年份物价下降幅度累计	通胀年份物价上涨幅度累计
美国（1774—1929）	155	0.7%	68	20	67	-4.6%	6.3%	-312%	425%
英国（1781—1929）	148	0.6%	68	13	67	-5.1%	6.5%	-344%	433%

一是 19 世纪美英经济史上的通胀与通缩都是常见现象，二是通胀和通缩发生频率具有某种对称性，三是通缩时期年均物价下降程度相当大。例如美国在 1774—1929 年的 155 年间，通胀年份有 67 年，通胀时期年均物价上涨 6.3%；同期通缩年份为 68 年，其间年均物价下降 4.6%。英国在 1781—1929 年的 148 年间，通胀年份为 67 年，通胀时期年均物价上涨 6.5%，通缩年份共有 68 年，其间物价年均下降 5.1%。

一般物价属于顺周期变量，物价下降通常与经济不景气和衰退相联系，对经济高涨时期过度扩张失衡发挥调节作用。经济低迷和下行衰退无疑会伴随调整阵痛，然而由于没有 20 世纪 20 和 30 年代之交的特殊环境条件，并没有因为通缩自我强化效应频繁导致大萧条那样的经济全面崩盘状态。

这一方面说明物价下降或通缩并不一定总会导致经济大萧条，另一方面提示通缩的常态性发生客观上承担了某种宏观经济调整功能。当代通缩理论强调物价下降导致恶性通缩和大萧条，好像如果超常刺激政策稍慢出台就会出现不可收拾的局面，其实也不能很好解释上述经济史上的长期经济现象。

由此可见，当代西方通缩理论虽然体现了宏观经济学领域的重要学术进步，然而任何理论都有其内在局限，如果过于机械地把特定理论套用到经济现实中，作为过度货币政策刺激经济的学理依据，可能会步入认识和实践误区。对西方当代通缩理论及其政策实践包含的"谈缩色变"倾向，有必要加以反思与质疑。

直接观察不难看出 CPI、PPI 等一般物价指标都是顺周期经济变量，宏观经济周期涨落影响和决定一般物价走势，一般物价变动又会反过来影响宏观经济变量。周期下行阶段一般物价走低甚至出现负增长，虽然会给企业经营和经济增长带来挑战和阵痛，但也同时承载着化解上行周期过度扩张累积失衡因素的必要功能。

对于宏观经济周期下行阶段派生的一般物价回落或下降，如果非要说是通缩的话，我宁愿把它称作中性通缩。过度强调通缩恐惧，并试图用超强刺激政策应对中性通缩，会妨碍宏观周期规律发挥调节化解扩张期积累失衡因素的功能，对经济长期可持续增长带来不利影响。

把物价走低看作宏观经济下行调整的一个组成部分，宏观经济政策在实施较为宽松的稳定增长和控制风险措施的同时，又避免过于激进刺激的政策妨碍经济的必要调整，或许是分析和应对通缩的一个比较合理的思路。

应对通缩的中国功夫[1]

中国不同时代的通胀与通缩

我国计划经济时期商品服务价格由政府部门规定，供应和消费数量也由计划统一安排，即便常态性面临短缺，甚至个别时期曾发生严重饥荒，可观察的消费物价也不会持续飙升，更不会出现物价下降或通缩。然而随着市场化改革的推进，到 20 世纪末我国宏观经济领域第一次出现一般物价水平下降即通缩的全新现象。回顾总结当时我国应对通缩的经验教训，对认识西方通缩理论的偏颇之处以及应对目前通缩风险都有启示意义。

市场经济景气阶段过度扩张内生后续调整并伴随通缩压力这个宏观经济周期规律，在我国 20 世纪 90 年代初步建立市场经济体制后，通过世纪之交经济下行调整与物价走低第一次比较全面地表现出来。1998—2002 年我国一般物价在零值上下波动，通常被称作通货紧缩时期。

---

[1] 本文 2016 年 1 月 8 日发表于观察者网。

中国在 20 与 21 世纪之交的通缩与国外通缩比较，既有普遍性，也有特殊性。20 世纪 90 年代初，我国经济开放高增长取得重大成就，然而经济过热伴随 90 年代中期消费物价年增速超过 20% 的严重通胀。以时任副总理朱镕基 1993 年 7 月兼任中国人民银行行长为标志，政府推出严肃治理通胀措施并较快取得成效，1996 年 CPI 增速回落到一位数。然而此后经济增速继续下滑，通胀向通缩转化的调整规律在世纪之交表现出来。

然而世纪之交中国首次通缩有多方面特点。东南亚金融危机和美国互联网泡沫破灭后经济衰退，构成加剧当时通缩的特殊外部条件。当时推进国企转制对健全我国市场经济体制具有深远而积极的影响，然而也会对劳动市场的短期影响增加通缩困难。20 世纪 90 年代粮食保护价干预促成第三次粮食相对过剩，有关政策退出，伴随多年释放过量粮食库存，加剧通缩压力。

由于经验不足，国家"九五计划"规定五年计划期实施紧缩性财政与货币政策，政策调整滞后伴随一段时间真实利率过高，过多采用行政手段限制投资，对治理当时通货紧缩形势客观上也带来一些不利影响。

中国政府实施结构改革与宏观稳定的组合政策应对通缩。虽然面临总需求不足与通缩压力，决策层仍毅然推进国企等关键领域改革，实施新一轮入世开放战略。组建四大资产管理公司剥离银行坏账，修复银行资产负债表使其重新具备正常放贷能力，还顺势推进城镇住房体制市场化改革。不少重大改革政策都兼具健全市场经济体制与鼓励短期增长的长短期配合作用。

我国经济面临通缩与东南亚金融危机大体同时发生，中国政府决定人民币不贬值的同时，实施一系列扩大内需的举措，应对经济下行和通缩压力。

如积极货币政策包括1997年10月后五次降息，利用公开市场操作增加基础货币投放，1998年3月和1999年11月把法定存款准备金率从13%先后下调到8%和6%，并取消贷款额度管制等。积极财政政策突出表现为发行四次国债，其中1998年2 700亿元长期特别国债用于充实国有银行资本金，提升化解金融风险与扩大自主信贷的能力。其他国债融资进入当年财政支出，直接扩大内需。积极财政政策举措还包括增加转移支付与减少税费等内容。

治理通缩的中国功夫

中国治理通缩的实践总体取得成功并可提供有益经验。首先在政策方针上拒绝通缩恐惧论。朱镕基有一段评论鲜明表达这一点。

2002年初，这位言谈风格鲜明的中国领导人指出："你看我们这4年，物价一点儿也不涨，掉得也不是很多，在1%的上下浮动。恰到好处，足见中国的功夫是不错的。……我们国家能够实行积极的财政政策，不但克服了亚洲金融危机带给我们的影响，而且利用这个机遇空前地发展了中国的国民经济，我为此感到自豪。"

流行观点一般把CPI在1%上下波动看作通缩将至之兆，朱镕基称之为"恰到好处"，并且把维持低通胀称许为"功夫是不错的"，这从当代西方通缩恐惧论角度看可谓语出惊人。

考虑世纪之交中国宏观经济面临总需求短期疲软的困难，朱镕基这番话或许也有通过乐观评价形势提振信心的含义，然而确实清晰显示当时中国决策层对通缩的认知理念与西方主流理论立场之不同。上面我们讨论过，美国新世纪初CPI增速在2%上下，然而受通缩恐惧论思潮影响，实施过度宽松货币政策，结果助推资产泡沫化，吃了大亏。比较两国政策效果，可进一步看出通缩恐惧论的偏颇。

中国采用标本兼治的方法治理通缩，与简单大手放松货币刺激经济比较也有实质性区别。针对早先通胀与过度扩张的根源发力，把扩大内需的短期目标与长期体制转型要求结合起来，把应对经济低迷与通缩的短期困难转变为力推改革的契机。

从具体政策举措观察，当时的应对政策大体分两块。一是国企改革加上加入 WTO，从改革和开放两个方面系统突破，降低经济活动交易成本以提升潜在供给能力。这是中国过去几十年经济发展的最根本动力，是当代中国经济追赶的制胜法宝。现在流行"改革红利"的说法，不过要获取"红利"首先要支付"资本金"，这意味着要推进改革突破并准备承受体制转型的阵痛。

同时积极实施扩内需稳增长的组合政策以应对通缩形势，包括政府发债大举投资基础设施建设，在财政许可范围内对下岗与退休人员提供帮助支持消费等。很多改革政策具有稳增长效果，例如当时推出住房制度改革有利于房地产需求和投资增长。

另外，扩大内需重视基础设施投资，在助推当期总需求的同时提升了未来生产能力以支持可持续发展。例如大规模修建光纤、光缆等电信基础设施，为互联网新经济、新业态后续发展提供必要的硬件条件，如后来如 BAT（百度、阿里巴巴、腾讯）等大型互联网企业较快发展显然得益于此。这些做法与简单诉诸货币刺激也不相同。

我国世纪之交应对通缩的实践提示，应辩证看待通缩现象，既要重视通缩负面影响并加以调节，也要看到通缩并非全是坏事。我们看到，世纪之交的通缩"严冬"环境激励与倒逼企业苦练内功，一大批民营企业脱颖而出，一大批国企改善了内部治理，我国企业整体素质显著提升。

我 1995 年回国工作，记得世纪之交时与企业家交流，经常听到"过冬"和"苦熬"之类的流行词，感受到当时通缩调整的阵痛。然而后来观察研究企业案例，发现不少好的企业迈台阶、上档次也是在那个"过冬"时期。当然，不是所有企业都能挺过严峻的调整环境，这取决于企业家的能力、内部治理结构与战略定位的合理性等综合因素，也有很多素质欠缺的企业被调整环境淘汰。

上述现象不难理解。如果都像1992—1993年、2006—2007年或2010年前后那样，宏观环境以负利率和过多流动性为特征，经济过热，通货膨胀，相当程度上是卖方市场，企业生产很容易通过销售回款赚钱。在这类环境下，企业还有什么动力练内功，为什么还要向前看、往前冲？坐享其成就好了。特别是在资产泡沫化时期，一个规模不小的企业一年的利润抵不上炒作一栋楼盘的收益，企业家能顶住诱惑坚守本业就难能可贵，这时要大家普遍励精图治以提高竞争力可能是期望过高。反倒是在宏观景气度相对低迷的"冬季"，政策更多倾向于放松管制和鼓励民企，竞争图存压力倒逼更多企业努力提升内在素质。

观察企业生产率和回报率的数据可见，正是在世纪之交通缩困难时期，我国可贸易部门的生产率持续追赶，工业企业利润率探底后强劲回升，加上关键领域改革取得突破性进展，为新世纪初年开放宏观经济领域的"胡温景气"奠定了基础。

通缩压力来自哪里？

经过21世纪初的强劲景气增长和超预期追赶后，近年我国经济再次经历周期下行调整并伴随物价回落与通缩压力：CPI虽仍为正值，但回落到较低位水平，PPI在2013—2015年下降10%以上，同时企业利润下降和经营困难增加，宏观经济再次面临多年下行压力和通缩风险。

上述形势成因何在？应该如何应对？目前对这些问题存在较多意见分歧。

这里着重分析物价下降即通缩风险根源，然后讨论正反两方面的影响。就其根源而言，我较大程度把通缩看成宏观经济周期调整的产物。货币信贷管理政策立场朝中性略紧方向调整，标志着重要政策转变，然而除去 2013 年 6 月货币市场利率爆升的特殊情况，过去几年整体物价走低态势主要是周期调整的客观要求使然，政策方针变动也是对周期调整要求的务实回应。

对近年物价增速回落甚至某些物价指标下降走势，我想从宏观经济周期调整、工业价格周期调整、进口价格、资产价格、信用扩张、政治经济等周期调整角度观察讨论。

第一，首先看宏观经济周期调整。影响经济形势的决定因素大体可归结为三类：趋势性因素、周期性因素与随机性因素。周期形态与周期规律是理解特定时期宏观经济运行状态的关键变量与重要视角。

所谓宏观经济周期，是指一国总产出、总收入、一般物价、企业利润、政府税收、就业量、广义货币等宏观经济变量增速指标，一段时期围绕其趋势水平上下交替偏离与继起衔接所构成的呈现某种规律性的波动形态。完整宏观经济周期的时间长度并无绝对标准，通常在几年或十几年之间。虽然经济学界对宏观经济周期产生的原因有不同解说，宏观经济运行受某种周期形态影响支配则是广泛的国际经验事实。

改革开放后，我国经济持续高速增长也在周期波动中展开，大体已经历了四次下行调整与三次比较完整的宏观周期，现在大体处于第三个完整周期和第四个下行调整的最底部。（见图 6-6）

为什么这轮周期调整持续较长且特别复杂？可以从早先扩张时期的失衡特点及叠加发生的结构调整特点角度加以理解。第一，从周期和结构双重调整视角系统讨论目前宏观经济形势的成因，一般物价是顺周期变量，在宏观经济深度下行调整阶段，物价增速会随之回落甚至出现负增长，理解通缩压力首先应重视宏观经济周期调整的规律性。

图 6-6　我国 GDP 增速（1978—2014）

第二，工业品价格也显示近年通缩压力与调整上一轮景气扩张阶段的失衡因素有关。对过去十多年 40 多种 PPI 分项指数的分析发现，在 2003—2008 年与 2010 年前后这两个强劲扩张阶段，价格增长较快的 PPI 子部门和产品，在 2012 年以来的调整期价格下降幅度也较大。2012—2015 年的调整期价格下降与前面两个阶段的物价变动呈现显著负相关，说明近年 PPI 下降是对 2003—2007 年前后开放景气扩张、价格过快上涨以及 2009 年前后大规模刺激过度推高价格进行调整的产物。

可见所谓"PPI 通缩"提供了一种"宏观相对价格"变量，构成利用市场机制调节结构性产能过剩的重要手段，就此而言是调整早先过度扩张失衡的合规律现象。

第三，以初级产品为支配对象的进口价格变动也呈现周期调整特点，并且与我国经济周期调整存在密切联系。由于快速追赶阶段中国对大宗商品的需求在全球范围属于"超级增量大国"，中国经济在新世纪的超强扩张与后续回调对全球大宗商品供求关系变化产生举足轻重的作用，并以"出口转内销"方式反转影响我国进口价格。

我国十大类进口商品中，"矿物燃料"在 2004—2008 年涨幅最高，年均同比增速为 26.2%，然而到 2012—2014 年的调整期，同比增速断

崖式下降到 -3.2%，两阶段增速落差高达近 30 个百分点。其次是"动植物油脂"，前期增速为 16.9%，后期降幅为 -9.5%，增速落差为 25.4 个百分点。再次是"非食用原料"，前后期增速分别为 14.1% 和 -9.7%，落差为 23.8 个百分点。与初级商品比较，工业制品在中国经济 2004—2008 年的高速扩张期年均增速只有 2.2%，2012—2014 年的下行调整期年均增速为 -0.6%，两阶段价格回落幅度仅为 2.8 个百分点。

进口商品分类价格走势相对差异形态显示，在 21 世纪初国内经济扩张期涨幅越高的对象，近年调整期跌幅越大，客观上会加大近年国内整体物价下降和通缩压力，显示我国进口价格与宏观经济调整之间存在联系。

第四，化解资产泡沫化与高杠杆的周期调整对物价走势产生影响。高速经济增长，特别是实施大规模刺激计划，导致某些地区与行业杠杆率偏高与资产泡沫化出现甚至加剧。"化解以高杠杆和泡沫化为主要特征的各类风险"，伴随信用与流动性增速从偏快状态下降到比较常态的水平，对 CPI 和 GDP 平减指数造成下行压力。

房地产等大众投资品价格与收藏品等小众投资品价格下降调整，通过财富效应也对物价下行构成压力。如煤矿等资产价格在景气扩张时大幅飙升，内蒙古和山西在 21 世纪初价值 1 000 万元左右的煤矿到煤价高峰时上升到 10 亿多元，之后就面临剧烈下行调整。资产价格飙升伴随投机炒作，导致一些地区在资产泡沫化阶段出现"越有钱越缺钱"的现象。

监管部门对信贷进行数量控制，在利率不均衡的情况下，数量控制诱致各种影子银行业务"野蛮生长"，出现了一些行业与地方信用过度扩张与杠杆率过高的现象。随着调整期收紧对影子银行与常规信贷的管控，信用与流动性过度放松情况得到改善，也对资产及其相关商品价格产生下行压力。

第五，治理改善与社会进步因素也对近年物价下降产生影响。这方面变化在中国的特殊体制环境下包含政治经济学意义上的调整内涵。例如随着中央落实八项规定与推进反腐倡廉，严控以权谋私，一段时期内钱权交易、灰色与非法收入增长势头得到控制，与权力经济相联系的一些不合理高档消费得到遏制，在边际上也会对消费物价带来短期与局部下行压力。

例如53度飞天茅台酒在2011年前后曾飙升到每瓶2 000元的高价，之后价格下降一半左右。近年我国消费物价中"烟酒及用品类"是除"交通和通信类"外仅有的价格指数从2013年以来持续负增长的，这与此前不合理高端消费得到抑制应存在某种联系。（见图6-7）

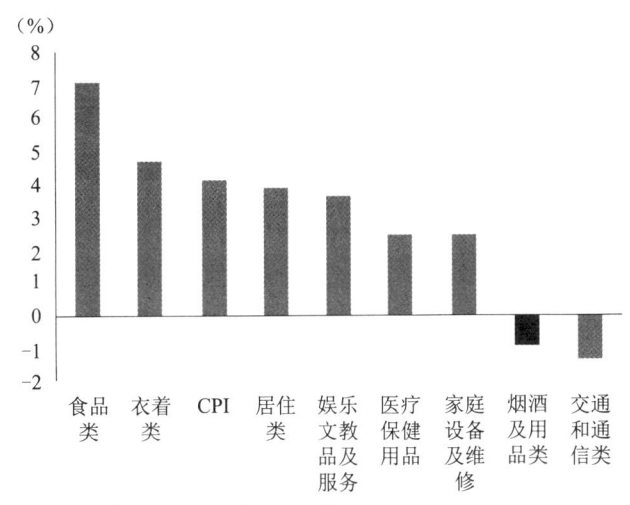

图 6-7　中国 CPI 分类累计上涨幅度（2013/01—2014/12）

耐人寻味的是，澳门博彩收入增速在经历了2010年的罕见飙升后，近年也随着内地政治经济学意义上的周期调整深化而大幅下跌。（见图6-8）

第六，技术进步对物价产生影响。进入新世纪后我国钢铁、汽车等工业部门的劳动生产率以年均两位数及以上的速度提升，电子和家电行业也都发生较快技术进步和生产率增长,从供给面给物价变动带来下行压力。

图 6-8 澳门博彩业月度毛收入同比增速(2006/01—2015/07)

例如在上述 CPI 八大类商品中,"交通和通信类"子项 2013—2014 年降幅最大,这一现象应与电子通信领域技术进步较快有关。不过需要指出,当代经济环境下技术进步影响持续存在,因而这一因素本身难以解释一般物价的周期变动形态。

真实关系可能是:在宏观景气扩张阶段,总需求大于总供给对一般物价的整体作用,显著超过特定部门技术进步对一般物价的局部抑制作用,因而一般物价整体仍呈现周期性上涨态势;随着宏观经济进入下行调整期,总需求走弱与技术进步对一般物价朝同一方向施加影响,整体价格呈下行走势。

通缩压力的双重影响

对通缩影响的认识也要坚持"两点论",既要重视一般物价增速从扩张期高位走低回落对企业经营与经济增长带来的困难与考验，也要看到物价走低会产生多方面积极作用，并采取适当应对政策，在着力稳增长的同时，积极推进必要调整。

通缩负面影响可以从微观和宏观两个层面观察。在微观层面主要表现为利润紧缩效应，并且利润紧缩行业与地区不平衡分布会派生特殊困难。在宏观层面主要表现为投资抑制效应，并由此对整体经济增长造成困难。

关于利润紧缩效应，从财务会计角度看，单位产出利润是销售单价减去单位成本之后的剩余，在所有成本不能同比例下降的条件下，企业产成品销售价格下降通常会挤压企业利润。近年我国实际情况也是如此，工业品价格持续下降伴随工业企业利润增速持续下降甚至出现负增长，资本回报率也持续下降。

例如，2014年规模以上工业企业的利润比2013年仅增长3.3%，增速回落8.9个百分点。2015年上半年利润总额同比负增长0.7%，比上一年同期增速回落12.1个百分点。2014年规模以上工业企业亏损企业数量达到42 970个，增长12.2%，占规模以上工业企业比重达11.9%，亏损总额为6 917.8亿元，增长22.5%。2015年上半年亏损企业数量达到62 084个，增长12.1%，占规模以上工业企业比重达16.8%，亏损总额为4 419.2亿元，同比增长15.8%。2014年规模以上工业企业总资产利润率为7.0%，净资产利润率为16.2%。2015年上半年规模以上工业企业总资产利润率分别下降到3.0%和7.0%，比上一年同期分别回落0.3个和0.9个百分点。利润增速下降与利润率收窄给企业经营带来严峻考验。

物价下降在宏观层面会抑制投资，从而拖累经济增长。首先是从利润资金来源角度抑制投资。企业投资资金来源中，来自利润的自有资金是重要组成部分，利润增速回落或绝对水平下降对投资产生直接不利影响。

其次是通过偏高真实利率抑制投资。在中国的经济转型背景下，名义政策利率调整相对呆滞，导致采用一般价格指数衡量的实际利率在扩张时期偏低并出现负利率，助推过度扩张，在下行调整期真实利率偏高抑制投资，加上调整期各类风险溢价上升，也会助推实际利率逆周期上升。由于在给定未来盈利预期前提下，投资是包括利率成本的函数，真实利率上升也会抑制企业投资意愿。

最后是通过信心渠道影响投资。价格下降容易在企业部门引发焦虑低落情绪，信心不足通过凯恩斯强调的"动物精神"状态变化制约投资。

人民银行通过全国银行家问卷调查提供了银行贷款总体需求指数，该指数从 2010 年第一季度的 85% 持续下降到 2015 年第一季度的 69%，2015 年第二季度进一步下降到 60.4%。分行业看，2015 年第二季度制造业贷款需求指数和非制造业贷款需求指数分别为 53.1% 和 56.3%，较上季度分别下降 6.1 个和 3.8 个百分点；按规模看，大、中、小微型企业贷款需求指数分别为 53%、55.7% 和 62.1%，较上季度分别下降 3.6 个、6.1 个和 7.6 个百分点。

上述指数设计和解释还存在有待探讨的问题，然而应在一定程度上，反映在调整环境下，价格下降可能使部分适应性预期导向企业判断未来时偏于悲观。

全面观察近年的经济形势，物价走低客观上也带来内外部多重积极效应。

一是物价走低及其结构特点，提供了化解早先过度扩张与产能过剩的"宏观相对价格"调节机制。进入新世纪后，我国宏观经济运行又经历一次大体完整周期，比较完备的各类价格与宏观经济变量时间序列数据显示，宏观物价指数变动差异构成的"宏观相对价格"，为应对化解市场经济环境下过度投资带来的过剩产能，提供了现实解决方案。不同于早先由政府部门以事先管制投资与事后强行消除方式应对产能过剩，宏观相对价格变动为产能过剩部门减少投资与去产能、去库存提供了市场激励与约束。

40余种工业品子行业价格变动结构特点显示，早先扩张期价格过快飙升与产能过剩比较严重的部门价格近年较大幅度回落，引导这些行业投资收缩以消化过剩产能。因而通缩导致投资下降现象的背后也以"良药苦口"的方式客观承担了一种市场化调节产能过剩的功能。

这里所谓的市场化调整产能过剩，主要是指这个机制不是由产业政策部门发起，而是由总量宏观政策状态引导，不是以准入和数量管制手段加以实施而是由市场竞争机制决定。认识这种"宏观相对价格"调节机制的形成与影响，对理解宏观经济周期运行规律或有重要意义。

二是经济下行调整期伴随贸易条件改善。除2009年经济发展放缓伴随贸易条件大幅改善外，2001—2010年间我国贸易条件持续下降，由此带来的福利损失占GDP比例为2010年的最高值2.2%，其次为2004年的1.6%。10年福利累计净损失占比为9.5%。贸易条件不利的变动大部分应与我国经济特定成长阶段的趋势性因素有关，然而贸易条件的短期变动也与我国宏观经济涨落相关联。

近年调整深化时期，贸易条件罕见出现多年改善，价格贸易条件指数从2011年初低谷的70上升到2015年4月的85。据匡算，2012—2014年由于贸易条件改善增加的国民收入占GDP比重分别为0.9%、0.24%和0.66%，调整后包含贸易条件带来国民收入变动的经济增速应分别达到8.6%、7.94%、8.06%。

三是为中西部次发达省区经济追赶提供了有利环境。从2010年底退出大规模刺激计划逐步进入调整期以来，我国经济增速从2011年9.5%下降到2012—2014年的7.7%、7.7%、7.4%及2015年上半年的7%。然而在全国经济减速背景下，中西部不少省区仍保持较快增长。

数据显示，在经济下行调整期，十几个中西部省区市的经济增速在全国分省中位数以上，大部分中西部地区在近年调整期持续保持较高增速，形成"弯道追赶"局面，有可能推动我国经济发展的新一轮经济地理革命，有助于实现"区域协调发展"的战略目标。

近年中西部多数省份"弯道追赶"从两方面得益于目前经济下行调整环境。第一，大宗商品与资本品价格低迷，降低了这些地区城市化与工业化所需投资的实际财务成本。前文讨论的中国整体外部贸易条件改善，就其国内区域分配构成特点而言，为投资增长较快的中西部地区带来较大利益。当然，初级产品进口价格大幅下跌也对北方一些资源密集的中西部省份如山西、内蒙古、黑龙江等带来特殊困难。

第二，提供了比较优容有利的宏观政策环境。从历史经验看，经济增速较高通常伴随通胀，这时宏观调控政策会向紧缩方向转变以抑制经济过热和通胀。近年大部分中西部地区经济增速较快，一些地区一直维持接近和超过两位数的增长率，然而由于整体宏观经济面临下行压力，中央宏观调控政策一直高度重视稳增长目标，为较高增长地区提供有利政策环境。

四是有利于维护我国作为最大外部债权国的合理权益。一般而言，通货膨胀对债务国有利而对债权国不利，因而给定其他条件的外部债务国乐见通胀减轻其债务负担而获益。从这个角度看，像美国这样债务负担较重特别是外债较多的国家，即便量化宽松超常刺激举措难以达到其政策声明的预期效果，就其作为主要债务国希望"涨掉债务"的目标而言，也是一个次优选择。

反之，债权国更有理由实施"负责任的宏观政策"，抵制过度货币刺激与通货膨胀。我国顺应宏观周期调整规律要求，直面短期经济下行与物价走低现实，实施保持定力与积极调整政策，客观上有助于平衡发达国家人为推高全球通胀的冲动。这不仅符合我国作为主要净债权国的利益，也有利于全球经济长期可持续发展。

几点启示

第一，通缩可分为不同类型，如良性通缩、恶性通缩和中性通缩。良性通缩主要由技术进步派生而来，具有结构性和趋势性。中性通缩主要指调节早先过度扩张带来的产能过剩与通货膨胀过程中出现的一般物价下降现象，具有某种周期性特点。恶性通缩指 20 世纪 30 年代大萧条类型的通缩，特征是大范围资产泡沫破灭导致全面资产负债表危机和经济崩盘，政策失误导致特别严重的通缩。恶性通缩与恶性通胀一样极为罕见。

中性与恶性通缩或许存在一点交集，然而二者具有本质差异。中性通缩的概念并不否认物价下降会带来困难，而是提示对繁荣时期过度扩张与通胀失衡而言，通缩是不可缺少的调节手段。中性通缩一方面强调通缩调整的现实必要性与合规律性，也提示用过度刺激措施人为阻碍调整，可能导致资产泡沫危机并内生出恶性通缩。

第二，需反思西方通缩理论得失。当代西方通缩理论分析通缩通过自我强化作用链条和机制导致萧条，倡导采用先发制人和超常货币刺激手段应对通缩，对理解现代通缩影响的最坏方面具有价值，推荐的政策建议在一国经济面临严重资产负债表危机时也有现实借鉴意义。在这一理论指导下，美联储在 21 世纪初年和后危机时期的超常货币政策实践，拓宽了当代中央银行学的理论视野并丰富了央行干预市场的政策工具。

不过这套理论也有明显局限：仅仅从总需求萎缩角度解释当代一般物价下降存在片面性，对大萧条成因以及日本经济减速的解释都有偏颇。尤其是美国在 21 世纪初的宽松货币刺激政策的实践效果提示，受通缩恐惧论影响，过度诉诸货币刺激手段，有可能通过恶性通缩自我实现机制弄巧成拙。西方通缩理论是双刃剑，对这套理论及其政策含义不宜照单全收。

第三，应重视资产泡沫货币背景。当代西方通缩理论暗含一个前提，就是货币过度扩张仅仅表现为消费物价等增加值流量物价过快上涨。在这一假定前提下，主要经济体的中央银行似乎已能轻松控制通胀，因而现实宏观经济运行的主要风险对象被归结为通缩而不是通胀。这一流行理解的不足之处在于，没有考虑货币过度扩张也可能刺激资产泡沫的产生。

从货币学派理论发展的历史看，从费雪思想到剑桥学派再到弗里德曼货币学派理论，都认为货币扩张即通胀不仅会表现为增加值流量对象价格上升，也可能表现为存量资产——包括房地产、股票、债券等资产的价格上升。这一理解与国别宏观经济史的大量现象具有一致性，也在当代发达国家及中国新时期宏观经济现实中得到体现。

因而应当从流量产出物价与存量资产价格变动两个方面观察评估货币过度扩张即通胀的现实表现，把特定条件下货币扩张更多表现为消费物价上涨抑或资产价格泡沫归结为有待具体研究的经验问题。

第四，应警惕美国新资产泡沫的潜在风险。美国在后危机时代实施多轮货币数量宽松与持续零利率政策，虽然通过提振资产价格对经济弱势复苏发挥支撑作用，然而也在其经济体内部积累了新的资产泡沫因素与金融脆弱性。对当代通缩恐惧论的系统反思，提示应关注美国超常刺激政策这类短期干预措施长期化在客观上诱发培育资产泡沫的新风险。

美国无论是继续维持零利率进一步积累风险，还是较快终止零利率释放风险，都意味着美国以及全球经济面临的不确定性增加。美国多年的超宽货币政策诱发的各类风险堰塞湖万一再次决口，将推动当代全球经济格局调整演变进入全新阶段。

第五，应重视总结中国应对通缩经验。作为一个新兴转型大国，中国在世纪之交应对通缩的实践，为应对宏观经济领域的通缩压力提供了重要经验。中国政府实施结构性改革与宏观稳定的组合政策应对通缩，不仅实施一系列扩大内需举措应对经济下行压力，而且着力推进国企改革、入世开放等一系列结构性改革举措，在化解周期失衡矛盾的同时成功提升经济潜在供给增长率，为新世纪初年开放经济强劲增长奠定了基础。

2002年朱镕基对中国世纪之交1%上下消费物价增速"恰当好处"的论断，体现了中国与当代西方通缩恐惧论在本质上不同的认知立场与政策方法，探讨理解"朱镕基论断"背后的经济学逻辑，有助于在通缩问题上正本清源，回归常识。

第六，全面评估我国调整期经济形势。既要看到物价走低对企业经营和经济增长带来的困难与挑战，并积极充实稳增长措施加以应对，也要看到物价下行走势派生的"宏观相对价格"变动对产能过剩提供的市场化调节机制。既要看到资源密集省份面临特殊困难，也要看到中西部省区经济较快增长的"弯道追赶"新亮点。既要重视GDP增速回落派生严峻困难，也要看到大国贸易条件改善带来较高GNI（国民总收入）增速，以及宏观经济比例关系的合意变化。既要看到传统部门特别是上游工业部门调减产能过剩催生的阵痛，也要看到新行业、新产品、新业态的活跃生长。既要重视通缩负面影响并加以调节，也要看到通缩承载必要调节功能并非全是坏事，避免通缩恐惧与谈缩色变。全面认识调整期经济形势是正确应对的前提。

第七，坚定保持定力，积极调整信心。近年我国经济运行的下行态势与困难，是新一轮经济周期与结构性调整叠加作用的产物，是由我国经济追赶阶段性成功派生而来，挑战严峻却具有合规律性。

目前经济运行处于调整隧道的最深部位,政策应对"等不得又急不得"。需继续保持定力,积极调整,在丰富充实稳增长政策的同时,着力加快推进针对潜在供给能力的关键领域改革突破,尽快完成双重调整并为新一轮景气成长创造必要条件。

第七章

拨开潜在增速的迷雾

宏观调控谋稳定，改革突破上台阶

改革开放之后我国经济取得举世瞩目的成就，然而过往 40 年接近两位数的年均增速并非以线性平稳方式获得，而是通过景气繁荣与减速衰退的周期涨落实现。按照某种周期划分方法，40 年来我国宏观经济运行经历四次下行调整与三次景气扩张，大体构成三个半完整周期。目前经济运行保持稳中有进态势，然而从大的周期转换背景看，处于最近一轮较长下行调整期的底部。

回顾 40 年发展历程，两方面相互配合的力量和机制，对中国经济成长奇迹的实现，发挥了基本的保障和促成作用。

一是"宏观调控谋稳定"。决策层因应特定时点和短期阶段的经济形势特点相机抉择进行调控：在宏观经济出现过热通胀时紧缩调控，在经济面临疲软衰退压力时实施提振扩大需求措施。伴随相关实践深化和经验积累，决策层提出宏观调控理论性命题，并逐步建构和加强宏观调控政策架构。从过去几十年转型期的具体情况看，这种逆周期宏观政策增长针对过热通胀治理调控内容尤其突出。

例如改革开放后国民经济出现快速增长形势，然而政策扩张过度导致国民经济面临被称作"洋跃进"的宏观失衡问题。1979 年决策层转而接受国民经济"调整、改革、巩固、提高"方针，实施明显带有宏观紧缩含义的调控政策。随着八字方针的实施，1981年经济增速下滑到 5.2%，以此为代价，宏观失衡因素得到阶段性化解。

到 20 世纪 80 年代中期，决策层和学界有关宏观经济与政策取向的意见出现分歧。当时有关货币、金融、宏观数据统计和分析的手段还处于初步发展阶段，人们对如何看待转型期通胀经验不足，导致特定阶段治理通胀政策的力度和果断性不够，甚至一度出现治理通胀政策在某种程度上的犹豫和反复。1988 年夏秋季抢购挤兑风潮爆发提示危机风险，决策层不得不采用代价更大的强势措施控制局面。

在总结 80 年代实践经验教训的基础上，90 年代决策层和学界的宏观调控自觉性显著提升。针对 90 年代初宏观经济再次增长过热，消费物价指数涨幅一度上冲到超过 20% 的严重通胀形势，决策层果断实施组合紧缩政策，同时在调控方式上注意避免"一刀切"，结果取得宏观经济阶段性"软着陆"成果。新世纪初年开放经济扩张再次引入通胀压力，2007 年下半年和 2010 年底再次实施紧缩宏观调控。

逆周期宏观调控自然也包含在经济不景气时实施积极扩张政策。不过由于种种原因，我国改革开放时代比较自觉和成系统地实施扩张性宏观调控政策延后到 20 世纪 90 年代末才开始。2008 年底推出的"一揽子"刺激措施，是迄今为止最大力度的扩张宏观调控政策。近年的稳增长取向政策也具有积极宏观调控的含义。

总体来看，虽然中国特色宽泛化宏观调控在如何与市场规则更好兼容方面仍存在需反思改进的问题，但改革时期宏观调控政策的提出和推进构成经济体制转型的重要内容，对确保在经济起飞阶段把宏观经济波动限制在可控有序范围发挥了不可或缺的积极作用。

二是"改革突破上台阶"。就是坚持问题导向，根据哪儿短缺改哪儿、哪儿扭曲改哪儿的务实方针，在经济下行调整阶段，针对特定时期束缚经济增长的体制障碍实施市场化取向改革，或者为更充分发挥上一轮景气扩张阶段引入的重大改革政策持续发力创造现实条件，通过改革创新阶段性提升供给侧潜在增长能力，推动宏观经济运行进入新一轮内生较快增长的景气扩张阶段。如果说宏观调控的主要贡献是保持宏观经济稳定，市场化取向改革创新则为经济成长迈上新台阶提供动力。

这个规律性现象在改革初期就以始料未及的方式凸显出来。按照1980年底决策层的计划安排，本来国民经济调整从1981年开始还要持续实施三年，因而高层把1981年工业增速目标下调到3%，"六五"（1981—1985）期间年均增速目标被压到"保四争五"的较低水平。不过实际形势发展与预期反差较大：随着"洋跃进"宏观失衡因素基本化解，当时大力推进的解放思想、包产到户、特区探索、个体经济等改革开放系统破冰举措组合发力，潜在增长率爆发性提升，伴随1982年后展开势不可挡的景气高增长，计划经济时代难以解决的国民贫困和吃饱饭问题很快有了现实解决途径。

20世纪90年代前中期，第二次思想解放和确立市场经济体制的系统改革突破，加上80年代后期改革开放重大举措的效果进一步释放，成功推动企业制度和市场体制建设取得实质性进展。新一轮大规模城市化浪潮推进产业与技术结构提升，伴随宏观经济出现1991—1995年新一轮内生景气增长，使得10亿多国民低水平温饱问题得以普遍解决，沿海发达地区和大中城市居民生活开始快速奔小康。

世纪之交决策层以"三个代表"理论突破作为意识形态支持，在宏观经济第一次面临通货紧缩的不景气时期，以极大勇气力推国企、金融、住房等关键领域的改革突破，并通过设计与实施入世战略实现对外开放新突破。"三突破"体制创新为新一轮宏观景气的到来奠定基础，新世纪头十年开放型经济内生高增长，伴随人民币汇率实际升值趋势的展开和全球竞争力的大幅提升，推动中国快速迈上"中等偏上收入"国家新台阶。

新世纪初年经济高速扩张也积累了宏观失衡因素，2010年底退出大规模刺激后，宏观周期调整规律再次发挥作用，此后经济经历较长调整期。以过往40年作为时间观察窗口，本轮调整期"宏观调控谋稳定"举措成效比较彰显，"改革突破上台阶"效应仍有待充分释放。

就"宏观调控谋稳定"而言，十八大以后提出"三期叠加"和"新常态"的形势判断，大力实施供给侧结构性改革政策。适应潜在经济增速回落形势，适度调低增长预期，通过去产能、去库存、去杠杆等措施主动对经济失衡因素进行调整，同时实施积极财政和投资政策把经济运行稳定在中高速水平。在潜在增速回落、结构深度转变、化解刺激失衡等多重因素叠加的复杂形势下，通过实施适当宏观调控政策保证调整期经济大体平稳，显示出宏观调控能力的提升。

在"改革突破上台阶"方面，决策层一直明确坚持改革开放方针，新世纪初年尤其在建立社保体制和完善民生体制改革方面取得重大进展，在金融等领域市场化改革方面也取得重要进展。十八大后高层更加重视推进改革，十八届三中、四中全会描绘的经济体制与法治改革蓝图，产生振奋人心的效果。2013年12月中央深改组成立，到2017年10月召开38次会议，审议200多个相关文件，破解了经济、社会、国防诸多领域的改革难题。然而由于一段时期深化改革面多，阻力较大，欠账较多，关键领域改革仍有待进一步突破。

围绕贯彻落实十八届三中全会改革决定，结合我国体制转型和经济发展现实，近年学界对新时期必要改革议题提出大量讨论意见和建议。例如改革行政垄断供地体制，降低地价房价，有序释放相关领域增长潜力；调整税制，降低企业税负和宏观税负，以拓宽民间经济发展空间；加快改革户口管制和城市规划体制，以促进城市集聚效应，更好推动经济增长；深化改革，赋予民企体制性平等地位，更充分激发经济活力；进一步解放思想，改进完善意识形态与改革开放实践个别不相适应的因素；等等。这些都可能对经济长期发展产生显著积极影响。

2018年最引人注目的改革议题，可能是如何进一步赋予民营企业体制性平等地位的问题。改革前民营经济近于零，目前在国民经济中占据"五六七八九"地位，40年发展经验显示：稳定靠国企，增量主要靠民企；托底靠国企，创新主要靠民企。实事求是、解放思想，冲破一大二公、姓资姓社等传统意识形态束缚，给民营企业挣得合法空间，是实现改革开放时代经济发展奇迹的重要驱动和保障力量。目前对民企在法律、体制、政策上仍有系统性区别待遇，有必要继续坚持"三个有利于"标准，进一步解放思想，深化改革，赋予民营企业体制性平等地位。

首先，要加快落实民企的市场准入平等地位。这是讲了很多年的问题，近年也出台了不少改进政策，然而现实情况与实现市场准入平等仍有较大差距。例如观察近年国企与民企利润来源的行业部门分布，可见一个耐人寻味的现象，就是国企利润贡献最大的前六个部门（2015年提供国企整体85%以上利润）与民企创造利润最大的前六大部门（利润贡献率为43%）之间没有交集。这从一个侧面显示现实经济生活中民企仍面临相当程度的市场准入壁垒，同时也提示新时期国企经营状况好转虽得益于国企改革成功及治理结构改进，但相当程度上仍依赖于垄断和半垄断体制与政策保护作用。

其次，要在法治基础上提升保护民营经济产权的有效性。有恒产者有恒心，无恒产者无恒心。完善产权保护对矫正并稳定社会预期以及激发增长活力具有重要作用。改革开放阶段性成功的重要原因之一，是协同推进产权制度改革和市场化改革。然而一段时期内，民营经济发展环境出现某些不利变化，一些地方民企面临选择性执法、乱摊派和强要捐赠、翻几十年前历史旧账等多方面的风险，少数地方甚至出现公权力剥夺民营企业财产案例。产权保护不完善影响长期预期，我国民间投资增速从 2011 年的 34% 降到 2016 年低谷的 3.2%。针对这一形势，中央 2016 年出台了《关于完善产权保护制度依法保护产权的意见》，从十个方面提出具体改革措施，随后最高法也颁布相关法律实施意见，这些举措具有重要积极意义。然而我国转型期尊重保护产权是一项长期而艰巨的任务，让中央完善保护民营经济产权方针政策真正落地仍需持久努力。

再次，需探讨如何通过特定程序赋予民营经济平等法律地位。我国民营经济从早年被看作"阶级异己力量"，到改革初期被接受为社会主义经济的"必要补充"，后来进一步被肯定为"重要组成部分"，其体制地位发生巨大变化，推动了改革开放时代经济社会的发展。然而依据我国目前的法律框架，民营经济与国有经济比较仍有明显不同待遇：国有经济是国民经济主导力量，国家"巩固和发展"国有经济；民营经济受到"鼓励、支持和引导"，同时接受"监督和管理"。应肯定现行民企和民营经济地位的法律表述代表了历史进步，然而从完善现代市场经济体系和现代治理体系的需要看，依据企业所有制类型决定政策方针取向是否适当，还需反思改进。笔者个人认为，需进一步超越企业所有制属于制度本质的认识，依据所有制中性立场赋予民营经济平等法律地位，最终把两个"毫不动摇"调整提升为一个"毫不动摇"：毫不动摇地保护中国企业产权，支持中国企业创新发展。

最后，需进一步解放思想，改进完善现行意识形态中个别与改革开放实践要求不相适应的因素。意识形态是制度性交易成本的重要内容，邓小平中国特色社会主义理论的创建发展的重要贡献之一是一次又一次解放思想，突破传统意识形态的某些重要命题，否则在以"阶级斗争""无产阶级专政"为核心的革命意识形态束缚下，不可能有

40 年的经济探索与社会发展成就。然而与时俱进地继续完善意识形态仍具有重要现实意义。例如曾经某篇主张消灭私有制的学者文章，甚或一篇提出民营经济应退场的网络短文，就能在社会上引发议论和轩然大波，影响之大甚至需要最高层亲自澄清以正视听。出现这个看似奇怪的现象，不是因为这些引发争议的文字本身有什么高明之处，而是我们在转型期的意识形态仍有个别不适应改革开放实践深入推进的内容，这些因素通过意识形态特有的"场域"效应影响社会心理，导致个别舆情甚至一点网络噪声也能产生极其放大的怪异效果。这从反面显示，进一步改进完善主流意识形态中个别不适应改革开放实践的因素，是推进我国改革创新和走向现代化面临的亟待回应的挑战性任务之一。

我想讲的基本意思是，对我国改革开放时代经济奇迹般成长，或许可以从"宏观调控谋稳定""改革突破上台阶"两个视角加以探讨认识。目前我国宏观经济处在改革时代第四轮下行调整期的低谷，也处在新中国历史上最长下行调整期的低谷。从"改革突破上台阶"规律看，目前短期经济困难形势客观上蕴含重要现实发展机遇。我们如能在减税降负、农地流转、户口管制、城市化规划、民企待遇等问题上果断推进改革，并与扩大开放政策组合发力，定能推动中国经济迎来新景气和迈上新台阶。这无疑将有利于实现中共十九大提出的现代化目标，也将为我国应对外部环境变化赢得更多主动权与更大胜算。

十九大后中国经济的前景与挑战

中共十九大提出的中国特色社会主义新时代命题对中国经济发展前景将产生怎样的影响？我们从四个方面来探讨这个问题。第一，十九大新判断新在哪里？第二，从改革开放推动经济超预期发展角度，分析十九大的新认识、新思想、新命题的实践源泉和客观条件；第三，对现代化前景进行展望；最后，探讨实现现代化目标面临的困难挑战及需要实施的一些改革措施。

十九大的"新"

十九大提出的新命题、新判断特别突出表现在三个方面。一是历史方位新时代。1987年中共十三大确立我国处于社会主义初级阶段的基本命题，此后被中共历届党代会坚持和重申。十九大指出，我国处于社会主义初级阶段这个基本历史定位没有变，但是经济社会发展进入了中国特色社会主义新时代。

二是主要矛盾新转变。社会主要矛盾从早先"人民日益增长的物质文化需要同落后的社会生产之间的矛盾"，转变为"人民日益增长的美好生活需要和不平衡不充分的发展之间的矛盾"。这意味着人民"不仅对物质文化生活提出了更高要求，而且在民主、法治、公平、正义、安全、环境等方面的要求日益增长"。满足人民需要的制约条件，也由早先发展水平很低，转变为发展的不平衡和不充分。

三是发展步骤新安排。把 2020 年全面建成小康社会后 30 年分为两个阶段：2035 年基本实现社会主义现代化，2050 年建成社会主义现代化强国。与十三大提出的"三步走"设想，到"下个世纪中叶基本实现现代化"比较，十九大新安排意味着决策层将致力于提前实现现代化目标。

历史方位判断、主要矛盾概括、发展步骤安排，都属于中共十四大全面阐述的中国特色社会主义理论体系的重要内容。十九大有关新表述及其背后的研究支持工作，在中国特色社会主义理论的语境中，显然具有重大理论创新含义。

超预期发展的实践源泉

为什么要有这样的新命题、新判断和新安排？中国特色社会主义初级阶段命题的提出有其特定客观历史依据，主要是考虑我国经济社会发展严重落后的国情特征。一是人口多底子薄，人均 GDP 居于世界后列；二是 8 亿人口在农村，基本用手工工具搞饭吃；三是工业、区域、教育科技等方面发展不平衡。另外，在生产关系方面，社会主义经济制度还不成熟，在上层建筑方面，建设高度社会主义民主政治所必需的一系列经济文化条件还很不充分。过去几十年改革开放体制转型，推动取得经济发展超预期成就，同时也带来早先难以预料的问题，为十九大认识提升创新提供客观动力和条件。另外，考虑到 2020 年有望实现全面建成小康社会的目标，根据社会长期发展战略规划"远粗近细"的原则，十九大也要对现实国情提出新分析、新判断，对未来发展做出新安排、新规划。

与20世纪80年代比较，我国人均收入处于世界后列的状态发生较大程度的实质性改观，已经成长为中高收入国家，但是发展不平衡、不稳定、不可持续因素仍然突出。工业整体较为落后的面貌也发生较大程度的实质性改观，东部地区已经基本完成工业化，全国整体已处于工业化后期阶段，很多重要工业品产量和出口都已名列前茅，但是工业发展也面临污染严重与结构提升的压力。"8亿（人口）在农村，基本上还是用手工工具搞饭吃"格局发生较大程度的实质性改观，农业劳动力比例从改革开放之初的70%下降到2016年的28%，在大规模城市化过程中成功解决了传统粮食供应紧张问题，居民膳食结构得到前所未有的改善，但是也面临食品安全、农业污染、户口和土地制度改革滞后等方面的困难。

中国经济超预期发展成为进入21世纪后推动全球经济格局快速转变的最重要单个因素。过去十余年，中国在推动全球经济增长方面超过美国成为最大增量贡献国，较大程度由于中国的作用，G7国家与金砖国家、发达国家与新兴及发展中国家对全球经济增长贡献作用发生某种程度上的地位置换。经济基本面条件转变推动二战后形成的由美欧等西方发达国家主导的全球治理架构，通过存量和增量双重改革调整方式发生历史性演变，"一带一路"、亚投行、G20杭州峰会、人民币加入SDR等标志性事件显示，中国在国际经贸领域已从早先系统接收国际规则，转变为参与国际治理架构改革创新并发挥积极作用。

现代化前景展望

十九大规划了我国现代化冲刺的发展远景。从经济角度，我们也可以对现代化前景给出一些粗略的展望和预测。一是人均收入追赶。目前按汇率衡量，中国的人均 GDP 是美国的 15% 左右，到 2035 年，能达到美国的 35% 左右，2050 年达到 50% 左右。用购买力平价衡量人均 GDP，2035 年中国会达到美国的 50% 左右，2050 年达到 65% 左右。

二是科技与产业创新发展。过去 20 年中国 R&D（研发）总量及其占 GDP 比例持续快速提升，2016 年达到 2.12%，接近世界平均水平。估计到 2035 年基本实现现代化时将达到近 3%，接近美、德、日等主要发达国家目前的水平。依据官方制造业长期发展规划，2025 年中国制造业有望进入世界第二方阵迈入制造强国行列，2035 年中国制造业将位居第二方阵前列，2050 年前后中国将成为具有全球影响力的制造强国。

三是城市化推进。城市化推进包含了常住人口城市化率提升和户籍人口城市化率趋同两重含义。预计我国的常住人口城市化率到 2035 年将达到 65%~70%，超过世界中高收入国家城市化率，届时大城市尤其是特大城市能否基本放开户籍管制仍有不确定性。2050 年常住人口城市化率达到 75%~80%，接近高收入国家城市化率平均水平，户籍制度有望彻底退出历史舞台。

四是民生改善。随着经济发展和生活水平的提高，我国城乡居民恩格尔系数从改革初的 0.6~0.7 高位下降到 2019 年的 0.28 左右。到 2035 年估计会达到与日韩大体接近水平（0.13~0.14），到 2050 年下降到 0.07 左右，与英美水平接近。

迈向现代化的若干改革议程

如领导人所言，不是敲锣打鼓就能迎来现代化。提前实现现代化目标，必然面临艰巨的困难和挑战，需要多方面努力。坚持全面深化改革并在关键领域取得预期突破，完成健全和完善开放型市场经济体制任务，仍是实现整体发展目标的"关键一招"。

迎来宏观新周期需要实施结构性改革

图 7-1 显示，改革开放以来我国经济经历了三次比较完整的周期与四次下行调整阶段，目前大体处于最近一轮下行调整的探底阶段并酝酿回升。2016 年以来经济运行表现显示企稳回升动向，然而系统观察可见经济增长仍难以很快走出下行调整进入景气阶段。这一轮经济下行调整时间特别长，背后有两方面原因。

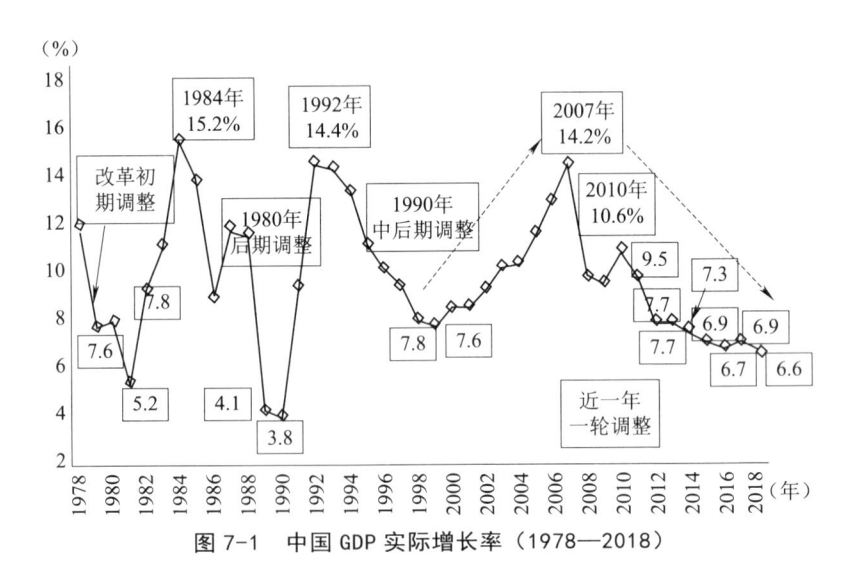

图 7-1 中国 GDP 实际增长率（1978—2018）

一方面中国经济正在经历深刻的结构调整，创新型企业和新业态在生机勃勃地成长，然而其相对体量仍难以推动 80 万亿元的巨型规模经济进入宏观周期运行新阶段，新旧动能转换是一个较长的演化过程。另一方面的原因更值得关注：由于一些领域的体制局限和机制扭曲，本来有可能释放的增长潜力受到抑制。宏观经济进入景气成长新阶段，固然需要适当的短期宏观经济政策支撑，同时也要通过深化改革解决关键领域的体制机制问题。

观察近年我国宏观经济运行表现，以下几方面现实矛盾制约着增长潜力的有序释放。一是海量储蓄与资本形成能力不足的矛盾。我国国情目前的阶段性特点是拥有大量储蓄。从经济发展规律看，一国特定时期经济产出在满足当期消费后产生的国民储蓄可用来投资，如果投资合理并形成高效资本和产能，未来国民收入和消费水平也能相应提升，成为经济长期增长的宏观机制之一。近年我国居民消费保持较快增长，同时仍拥有大量国民储蓄，本质上是有利于经济短期增长和长期追赶的积极条件。然而由于近年我国投资特别是民间投资相对乏力，海量储蓄与投资相对疲软成为制约经济增长的基本宏观矛盾之一。

二是住房需求回升跟供给之间的矛盾。房地产投资是吸纳国民储蓄的最重要经济部门之一，它的增长波动对于宏观经济具有特殊意义。在宏观经济下行调整压力较大的情况下，房地产的需求增速总体仍能保持在较高水平。然而在行政垄断供地体制下，城市政府倾向于减少土地供应，抬高地价，增加财政收入。市场住房需求增长与垄断供地减少的结构性矛盾拉动房价过度飙升，倒逼政府实施前所未有的严厉调控措施。体制扭曲导致的行业发展失序给经济增长带来不利影响。

三是工业需求回升与供给弹性下降之间的矛盾。最近经济运行有一个异常表现，部分上游工业部门在需求回升背景下供给响应能力显著弱化，价格飙升与产出增长疲弱并存，形成市场讨论的所谓"类滞胀"现象。其背后有多重成因：行政去产能限制供给反应，面对生态红线不得不实施最严格环保监管，对潜在需求与有效产能的估计有所偏差，限制或禁止行业产能投资，等等。

四是体制扭曲诱发金融风险。多年楼市、股市、地方平台融资现象显示，由于体制关系尚未理顺，必要融资往往采取歪曲方式实现，并集聚放大风险，倒逼监管部门整肃。调控虽然有短期效果，然而在体制扭曲的环境下，增长需要容易再次诱致金融无序扩张，形成金融"套利-风险-整肃"的轮回循环。

深化改革促进有效投资释放增长潜力，短期内成为推动宏观经济走出下行调整周期的关键路径，长期则有助于实现十九大提出的现代化目标。因而要深化城市建设用地行政垄断体制改革，增加土地供给灵活性和价格弹性，根治房地产泡沫的同时更好地满足住房需求并释放增长潜力。要放松对制造和服务业的投资管制，扩大制造业和服务业对外开放，释放非国有部门投资潜能。对钢铁等行业加强排放监管是必要的，不过在投资准入上也需考虑放松管制，利用新投资提升环保水平，让市场决定合理产能与供给增加量。

国企改革的必要性

我们从资本回报率比较的角度，看一下深化国有企业改革的必要性。近年我国工业资本投资回报率显著高于日本，和美国不差上下。但是观察其内部结构，2016年民营企业资本回报率差不多是国有企业的三倍。对比国有企业和民营企业创造利润最高的六个部门，国企方面都属于基本行政垄断或垄断程度较高的行业，并且与民营企业利润贡献最大的六个部门之间没有一点交集。由此可见，几十年的国企改革虽取得很大成效，但从不同市场主体竞争能力和利润创造能力方面看，国企整体仍没解决靠资源行政垄断、靠准入管制吃饭的体制性局限。从这个角度看，国有企业改革任重道远。国有企业拥有大量资源，国企提高利润率与资源利用有效性，不仅直接影响未来经济成长与追赶速度，也会影响未来社会保障等基本民生问题的有效解决。

非经济领域的改革议程

中国加速现代化不仅面临经济领域改革创新任务，某种意义上在政治领域、国际观和价值观改革完善方面的任务更重，挑战更大。

十八大以来，我国从严治党、惩治腐败、确立新领导核心等方面都取得实质性进展，然而改革完善政治体制也更趋重要与紧迫。如何在坚持党的领导前提下，把依法治国、依宪治国落到实处，在制度上保证人民当家作主和权力的有效监督，使中国特色权力交接在制度上更加完善，都是我国未来政治体制改革将面临的复杂议程和艰巨挑战。在国际关系方面，从早先接受规则到参与治理再到合作创新规则，中国在管理和引领外部环境演变上面临多方面新挑战，包括管理"大发展、大变革、大调整"外部环境的困难，管理中美大国关系的困难，以及管理周边邻国关系的困难。现代社会观念趋于多元，如何坚持解放思想、实事求是方针，站在时代高度回应有关经济、政治、历史、国际的诸多问题的互联网争议并凝聚新共识，使社会主义核心价值观真正落到实处，是建设现代化社会的又一挑战。

几十年的改革开放体制转型释放增长活力，推动国情条件发生超出预期的转变，中共十九大因势利导提出"新时代"新命题与现代化新目标。社会主要矛盾的变化意味着未来发展问题的界面与内涵更趋多样与丰富，然而观察现实形势，至少在基本实现现代化目标之前，坚持全面深化改革仍将是推进"新时代"发展的最具有挑战性的任务。以健全完善开放型市场经济体制为基本目标的经济体制改革，与政治体制改革、国际观与价值观提升完善相互推动，是我国实现现代化目标的必经路径。这个历史进程不仅关乎十几亿中国人的利益，也关系到全人类的福祉，并将给市场提供前所未有的商业与投资机遇。

如何理解本轮中国经济下行调整？

本轮经济减速期特别长

中国经济增速从 2007 年 GDP 增长率达到 14.2% 的新世纪峰值一路下降，经 2010 年的刺激反弹与 2017 年的小幅回升，于 2019 年降至 6.1%，说明经济运行并未摆脱减速下行压力。从中国宏观经济周期波动角度看，近年经济减速不仅是改革开放时代最长的下行调整，也是新中国成立以来最长的下行调整。

从较长时间窗口观察，改革开放 40 余年经济增长大体经历了三起四落三个半周期。其中第一次下行调整时期最短，从 1978 年到 1981 约为 3 年；第二次下行调整大体从 1984 年延续到 1990 年前后约 6 年；第三次从 1992—1993 年到 1999—2000 年前后约为 7 年。本轮调整从 2011 年算起，到 2020 年底前后有 10 年；如果把 2007—2008 年看作本轮调整的起始年份，则调整期更长。

如果把观察时间拉得更长，以新中国成立以来的宏观经济周期演变作为参照对象，本轮调整期也是持续时间最长的一次。虽然经济周期阶段或有不同划分，不同调整期形成机制存在差异，不应简单类比，但经济下行调整持续期较长应是客观事实。

当然需看到，经济波动或面临下行调整是合规律现象。我国经济增速在调整期保持了中高速增长，2011—2018年期间GDP年均增量规模约为0.9万亿美元，接近2018年荷兰经济规模；2011和2018年GDP增量达到1.5万亿美元，相当于澳大利亚2018年的规模，即便在调整期仍对全球经济保持了接近三成左右的增量贡献率。过去十来年，中国经济占全球比重、以美元衡量中国人均GDP占美国比例都保持了追赶态势，不过随着国内增速回落和汇率走势变动，上述追赶指标的增长近年也显著放缓。

启动本轮经济减速的初始动因应该比较清楚。新世纪初年中国经济见证了一轮强劲的开放景气增长，2003—2007年五年间平均增速超过11%，2007年经济增速更是高达14.2%，CPI上升伴随资产价格飙升，经济出现明显过热和通胀形势。政府从2007年下半年开始实施紧缩性宏观调控政策，到2008年上半年宏观经济开始明显降温。

美国金融危机和"一揽子"计划暂时中断了上述紧缩调整过程。然而2009—2010年经济呈V形回升的同时，早先开放宏观经济失衡因素进一步发展，倒逼提前退出刺激政策并使宏观经济重回调整轨道。十八大以后高层提出"三期叠加""新常态""供给侧结构性改革"概念，实施主动调整与稳增长组合政策，伴随经济进一步减速调整。可见，本轮经济减速发生逻辑清晰可见，与宏观经济扩张—失衡—调整的一般规律和经验是一致的。

为什么本轮调整持续时间特别长？我在2015年探讨过这个问题（参见2016年出版的《宏观调控的逻辑——从十年宏观调控史读懂中国经济》的第四部分"新常态和非常态"三个章节的讨论）。现在更需关注的是，2016年以来某些经济指标强劲反弹与整体宏观经济企稳回升，为什么仍难以推动经济走出下行调整阶段，并开始新一轮内生景气增长?

从总需求构成角度分析

从总需求构成角度分析,投资增速降幅较大是经济下行压力产生的主要原因;调整期消费增长较为稳健,对整体经济增长相对贡献率较快上升;净出口对经济增长贡献年度波动较大。

我国实际投资增速自 2010—2011 年为 20% 左右之后,曾经一度成为负值,2020 年之前,也仅回升至 5% 上下的历史相对低位。其中,民间投资增速降幅更大。2010—2011 年,民间投资实际增速在 25% 上下,比总体固定投资增速分别高出约 7 个百分点和 10 个百分点;近年,民间投资实际增速大幅回落到接近零值或约 5% 的低位,与整体固定资产投资增速大体相当。基础设施投资在 2012—2017 年间持续发力,对支撑经济整体保持中高速增长发挥了显著作用;2017 年后宏观调控政策侧重金融去杠杆和消除地方隐性债务,基建投资增速大幅下降;随着近来宏观调控稳增长政策力度提升,投资增速最近开始回升。受民间投资信心和预期下降的影响,以民间投资为主的制造业投资增速降幅更大,经历 2018 年短暂回升后 2019 年又一度显著回落。房地产投资从 2010 年接近 40% 的超高增速趋势下调到 2015 年下半年接近零值,2016 年以来投资开始复苏,然而受各种因素拖累,潜能难以充分释放。

消费在本轮经济调整中表现比较稳健,对整体经济稳增长发挥了较好的支撑作用,然而其增速近来也明显放缓。2012—2017 年间,我国总消费年均实际增速近 8%,显著高出同期 GDP 年均增速,消费对 GDP 增长的贡献较大幅度上升。消费表现较好的原因之一,是同期财政社保等相关支出大幅增长,占 GDP 比例从 2011 年 3.8% 上升到

2018 年 7.2%，对居民收入增长产生明显助推作用。然而在经济运行较长处于下行调整的环境下，居民收入和消费增长也难以长期独善其身。近来消费增速逐步下滑，不仅反映在有关宏观数据层面，也表现在一些消费热点部门和时点增速变化上，例如我国年度电影票房以及春节、国庆消费近期出现了不同程度增速下降。未来消费走势及其能否持续对经济中高速增长提供比较稳定的支撑有待观察检验。

新世纪初年开放景气增长时期，我国可贸易部门生产率快速追赶，在汇率相对稳定的政策环境下出现出口 10 来年超高速增长，货物贸易顺差 GDP 占比飙升到接近两位数的高位。过去 10 多年外部不平衡调整的大背景，决定了外需条件变化难免对经济增长产生制约作用。从调整期的具体情况看，出口增速在 2010—2016 年大幅下降，同时进口增速降幅更大。贸易大尺度顺差失衡在 2008—2011 年得到急剧调整，2011 年顺差占 GDP 的比重为 2.4%，2015 年上升到 3.2%，之后三年持续下降，到 2018 年降为 0.8%。贸易顺差 GDP 占比的变动，部分受到进出口价格等贸易条件变化的影响，未必成比例转换为经济增长的实际影响，然而外需因素对经济下行压力的作用仍不可忽视。随着中美贸易摩擦的持续与外部环境变化，外需不利影响有可能进一步加大。

从经济根源探讨

对上述现象，可从"三期叠加"、宏观调控政策、改革滞后等不同视角分析探讨。

2013 年决策层提出"三期叠加"，从不同角度概括了大规模刺激后我国经济面临下行调整形势的阶段性特点，决策层据此制定稳增长、调结构、慎用刺激、供给侧结构性改革等政策，为我国经济增长从高速向中高速阶段过渡提供了合理有利的政策环境。到 2016—2017 年，由于经济下行调整与市场自发调节作用,"三期叠加"所强调的潜在增速下降、前期刺激消化及相关结构矛盾压力得到不同程度的释放。如经济增速已回落到7%以下,比世纪初年景气增长期平均增速下降近4成,比2007年的峰值降一半以上。产能过剩一度比较严重的部分行业如煤炭、钢铁、水泥的价格和利润较大幅回升,工业部门整体利润显著改善,楼市也明显复苏回暖。对下行调整延续最新动向,仍可从"三期叠加"角度讨论,然而分析逻辑需有所调试已保持其现实解释力。

在本轮经济下行调整阶段,货币政策在变动中较多具有"稳健略偏中性"的特点,产业主管部门投资政策在调整期间多年力度较大,财政赤字率等指标显示近年积极财政政策力度达到历史少见水平,总体而言,宏观调控政策逆周期调节取向比较明显,对缓冲下行压力发挥了逆周期调节作用。不过某些时点的特定政策也可能产生始料未及的影响,如2013年的"钱荒"和2015年的"股灾"等。新近经济下行压力与某些政策的关系也可探讨。有关部门大约从2017年开始加大对资管、同业等第二代影子银行业务的监管力度,资管规模在2017年初达峰值后掉头向下两年内收缩10万多亿元,同业存单增量也显著下降。金融去杠杆政策是必要的,然而力度偏大与市场流动性偏紧,伴随民企债券利差及债券违约数快速飙升,客观上也会给经济增长带来压力。

某些方面体制和政策扭曲及相关改革滞后,不利于经济增长潜力的充分释放,需更多关注与重视。例如房地产投资是满足城市化背景下国民住房消费需求较快增长的现实途径。在城市化快速推进阶段,房地产业合理可持续发展本来应是有利于我国经济增长的优势领域,然而在现行行政垄断供地体制制约下,房地产投资潜能难以充分发挥。观察2016年开始的新一轮房价飙升原因可见,进入新世纪以来多轮呈现的"供地体制—垄断供地—逆向调节—房价波动—楼市调控"的内生循环再次发生作用。面对新一轮房价飙升并伴随投机性炒作与违规融资，政府为管控风险不得不实施力度更大的需求管制措施，供地体制机制局限及行业内在失序不利于投资与经济增长潜力的释放。

又如严控大城市政策取向也不利于释放投资潜力。进入新世纪后，中国城市化发展的大城市集聚效应更为彰显，与某些城市化政策与规划方针存在矛盾。观察历史时期十几个目前的特大超大城市先后制订的几十个规划样本，其中对期末人口规模低估的样本占八成多，平均低估偏差高达330多万人，可见大城市人口规划持续较大幅度低估人口集聚规律的作用。对规划人口的低估导致大城市基础设施和社会服务投资相对不足，加剧公共设施和服务供不应求的矛盾和"大城市病"，有时又进一步促使某些城市当局出台各类管制措施。大城市人口流动强势管制政策，虽然在个别场合和某些时点对现实矛盾有某种舒缓作用，然而客观上不利于充分发挥大城市集聚效应所需要的合理投资。

再如针对不同类型企业的体制政策待遇区别也不利于投资潜力充分发挥。以工业部门为例，2016年民营企业资本回报率是国有企业的两倍多。然而对比国有企业和民营企业创造利润最高的部门，2015年国企方面包括电力热力、汽车、烟草、石油天然气、酒精、汽车等六个部门创造了八成以上的利润，都属于行政垄断或垄断程度较高的部门行业，并且与民营企业利润贡献最大的六个部门（如化学、农副食品、通用设备等）之间没有交集。

由此可见，虽然我国在鼓励市场竞争改革方面取得了长足进步，但现实生活中总体投资效率较高的民营企业在投资准入方面仍面临较多行政管制，如不能深化改革破除某些方面仍显著存在的不同类别企业之间的体制性差别待遇，显然不利于有序释放合理投资潜力。另外，对民企的产权保护仍有待加强，近年报道的少数地方不时发生的行政权力损害侵犯民营企业合法产权的案例，对市场主体的未来预期和信心及自主投资，无疑也会产生不利影响。

上述不同角度的原因探讨具有互补性和交叉性。例如，对中国这样的转型经济体而言，对长期潜在增速不宜简单采用标准教科书假定体制给定的定义方式，或需引入在市场体制转型领域因应客观要求不断改革突破内涵，因而"三期叠加"与体制分析具有某些兼容一致内容。从我国改革开放时代"宏观调控保稳定，改革上台阶"经济成长机制和经验看，舍弃针对体制短板不断改革的必要条件，事后看几十年近10%的年均潜在经济增速便无从谈起。

另外，从改革视角分析，目前的情况与降低宏观杠杆率等政策目标也存在联系：针对现实体制机制约束，通过改革突破释放潜在增长潜力，并由此提升与中性宏观调控政策相一致的内生经济增速，有助于通过增加分母项以降低宏观杠杆率。

"新稳态"解释观点探讨

对以上问题的解读自然存在分歧，目前中国经济仍处于下行调整周期阶段这个前提性判断就存在争议。目前比较流行的分析思路或许可概括为"新稳态"观点，大体认为由于潜在经济增速下降，中国经济总需求与潜在供给基本适应，因而具有可持续性甚至合意性。虽然还没看到对这种观点的深入系统阐述，不过近来经济形势讨论中经常出现的一些表述，如中国经济会较长时期处于"L形"底边，甚至认为这道横线延伸得越长越好等，与"新稳态"解读具有不同程度的交集。

应当肯定"稳态论"认识的合理性。潜在增速下降的判断是正确的，在学界具有广泛共识，一定程度上解释了近年宏观经济发展减缓现象。在政策含义上，这类观点提示避免实施过于激进的短期刺激手段，也具有积极意义。然而全面观察客观形势，稳态论在概括目前中国宏观经济所处周期阶段是否准确还存在可探讨之处。

一是如何解释非中性宏观经济政策。判断某个经济体特定宏观周期阶段特点，包含对宏观政策取向与状态的评估考量。近年经济下行调整期增速回落比较平稳与出现企稳表现，一定程度上得益于逆周期宏观政策的作用。近年调整期预算内财政赤字规模与赤字率屡创新高，考虑预算外政府债务增加情况，财政政策扩张的实际程度更大，凸显近年中国宏观政策逆周期干预的取向与态势。货币政策虽以稳健作为方针表述，然而观察实施情况也体现温和宽松取向，2017年高层强调要恪守稳健中性政策立场，从一个角度体现这一点。宏观经济大体均衡或呈现稳态，在逻辑上需独立于逆周期宏观扩张政策，这一点与近期经济形势明显不同。换言之，在宏观政策退出明显扩张取向之前，经济运行仍处于寻找新均衡态而不是已达新稳态的阶段。

二是如何理解经济周期规律展开形态。通常情况下，宏观周期规律意味着经济增长经历持续较大幅度走低调整后，会出现经济触底回升并进入新的周期阶段，稳态论中新旧周期平稳衔接的理解，暗示经济周期规律形态由此中断。经济学界对经济周期规律的表现，从技术、政策、投资等不同角度提出解释观点，虽然没有达成共识，然而普遍认为经济周期及其阶段转换客观存在。进入新世纪后，美欧针对一段时期表现提出的周期消失和大调和观点，最后被事实证明并不正确。改革时期，中国宏观经济多次经历下行走势，都是在必要的体制政策改革与周期调节机制作用下发生的，与后续较快内生增长衔接形成周期转换过程。

三是如何看待近年经济运行的异常表现。2015—2016年经济企稳回升呈现一个重要特点，就是某些具有宏观影响的部门，在市场需求和宏观环境悄然演变的新环境下，由于体制政策不完善出现供给反应不足和价格飙升的异常表现。这类被市场分析人士称作"类滞胀"的现象，折射出中国经济某些重要领域的潜在增长能力未能得到有序释放。如能聚焦并切实解决相关领域的体制机制矛盾，中国经济内生增长动力应能显著提升，经济运行则有望较快走出下行调整阶段，否则经济增长形态难以持续。

如何看待外部因素影响？

即便接受本轮经济下行调整超长现象作为特征性事实，对其产生根源的具体分析仍存在差异。问题之一是如何看待外部环境变化的影响。中国经济下行调整与全球调整同步进行，金融危机后不同国家经济走势呈现分化状态，然而总体上都有所下降。例如全球经济增速从2007年的5.6%和2010年的5.4%下降到2016年的3.2%，美国、欧盟2006—2007年平均增速在2.3%和3.4%上下，2010年分别为2.5%和2.1%，到2016年分别下降到1.49%和1.98%，主要新兴经济体同期经济增速也不同程度下降。这些对中国经济都会产生影响，然而把外部环境看成中国经济减速的主要根源的观点能否成立，则需要探讨。

第一，金融危机冲击下中国实施"一揽子"刺激政策拉动经济率先反弹，成为全球主要经济体中较早再现经济过热和资产泡沫压力的大国，随后通过实施"中国式退出"紧缩政策，整体上近年宏观经济走势具有自我解释的内在逻辑与经验依据。

第二，中国过去十余年总体而言对全球经济增量贡献最大，目前仍是国民储蓄率最高和潜在投资能力最强的经济体。中国经济既然是全球经济增长最重要的引擎，中国是最具有能动性和主动性的崛起大国，对本国经济减速理应主要从国内因素方面分析原因。

第三，从中国宏观经济波动的历史角度观察，历次经济周期演变主要受到国内经济政治力量的作用，外部环境变化仅具有相对次要的解释作用。无论是改革初期主动实施八字调整方针，还是20世纪80年代末遏制国内恶性通胀苗头实施严厉紧缩调整政策，抑或90年代后期治理通胀和实施结构性改革伴随经济下行调整，都可以主要从国内经济政治变量互动方面加以解释。

第四，这几年经济出现复苏动向，出口回升的同时进口增长更快，真实原因更可能是中国内需回升在先，外需影响在后，中国经济增长的能动性可能比我们认识到的更大。比较2010年和2016年支出法GDP增长构成数据，净出口贡献从-1.3%回升到-0.4%，可见2016年外需对短期经济增长贡献显著好于2010年。

总体来看，中国开放型经济面临内外互动环境，分析宏观经济适当重视外部因素无疑是正确的。然而中国是全球经济主要增长引擎，不同于高度开放的小型经济体，也不同于大宗商品出口占比很高的资源出口国，因而对中国宏观经济阶段性走势特点，应主要从国内环境和条件变动方面寻求解释，遵循外因是变化条件、内因是变化根据的基本认识原则。

消费与投资的相对重要性

就内需而言，如何看待消费对近年经济减速的影响是重要问题。分析消费对经济减速的影响，需要区分消费率水平量与消费增长变化量的不同作用。在经济发展特定阶段，中国消费率较低与储蓄率较高，是宏观经济研究长期关注的议题。然而就我们讨论的问题而言，影响近年经济减速需重点关注的变量显然是消费变化量及其增速变化。

2012—2016年间中国总消费和居民消费实际增速分别约为8.0%和7.8%，比同期GDP实际年均增速大约高出0.5和0.7个百分点。同期零售实际增速约为 10%，比 GDP 实际平均增速高出近 3 个百分点。可见虽然消费实际增速回落对整体经济减速产生一定作用，然而宏观数据显示总体消费增速仍保持比较稳健与强劲的态势。

对一些重要商品和劳务消费观察也得到类似判断。例如，2012—2016 年间中国汽车销售年均增速为 8.6%，航空旅客周转量年均增速为 13.1%，高铁旅客周转量年均增速更是高达 34.4%。同期国内旅游人次和支出金额的年均增速分别为 11.7% 和 15.1%，2014—2016 年出境旅游人次和支出金额的年均增速分别为 16.8% 和 17.5%。2012—2017 年国庆和春节假期消费年均增速保持在 13.1% 和 14.6%，同期电影票房收入年均增速高达 40% 上下。笔者近年到一些地方，包括经济增长较为困难的北方省份考察，普通城市实际消费情形与上述数据提示的判断大体一致。

与消费比较，投资的下降幅度与相对重要性更大。数据显示，中国固定资产投资实际增速，从 2011—2012 年的 20% 以上回落到 2015—2016 年的 15% 上下，2017 年上半年进一步跌落到 5% 以下。就投资增速指标而言，近年再现与世纪之交经济低迷时期类似的情况。虽然固定资产投资数据准确性存在一些问题，然而近年投资减速幅度较大应是客观事实。

从不同部门固定资产投资增速比较观察，中国制造业投资通常占总投资的三成上下，基础设施和房地产各自占比接近四分之一，三者总体占比超过四分之三。过去几年总需求维持一定增速，关键原因在于与宏观逆周期调节紧密相关的基础设施投资仍能较快增长。基础设施投资从 2012 年初很低的水平提速使该年全年增速达到 13.7%，此后 2013—2016 年保持在 15.7%~21.3% 的高水平。基础设施投资得到财政支持，一定程度上具有政策工具属性，比较而言主要受市场驱动的民间投资增速乏力问题更为明显。

比较 2010 和 2016 年支出法 GDP 增长构成数据，消费增长贡献从 4.8% 下降到 4.3%，对短期经济增速影响为 -0.5%。但是投资贡献从 7.1% 下降到 2.8%，投资对经济减速影响是消费影响的 5.5 倍。综上所述，从需求角度观察，导致中国近年经济增速回落的主要原因是内需而不是外需，内需走弱的主要矛盾是投资而不是消费。

投资疲弱的体制根源

近年中国总储蓄率有所回落，然而仍在 45% 上下的高位。主要通过市场机制作用形成的较高储蓄率，对于一国经济的成长与追赶是必要而有利的条件。这时如果投资疲弱，难以通过市场内生力量把海量储蓄有序转换成高效资本以提升未来社会生产力，无论从长期经济发展还是短期经济增长角度看，都是宏观经济层面的关键问题。中国仍处于城市化快速推进阶段，为什么出现市场投资多年相对疲弱的局面呢？

近年市场投资减速有多方面原因，某些部门产能过剩调整的周期性因素显然具有解释作用，随着人口增长达到拐点与发展阶段变化，合理投资增速也会逐步回落，然而这些不足以对近年的投资不振现象提供合理解释，尤其不能解释 2016 年以来一些经济部门在价格快速回升背景下产出与投资未能灵活反应的客观事实。观察现实形势，市场投资不振的根源不完全在需求方面，而是与一些体制政策不完善制约投资增长有关。

一是行政垄断供地体制不利于房地产投资。房地产投资是满足城市化背景下国民住房消费需求较快增长的现实途径，也是吸纳国民储蓄的最重要管道之一，其增长波动对于宏观经济具有较大影响。近年在宏观经济下行调整压力较大的形势下，房地产市场需求虽发生较大波动，年均增速仍保持在两位数以上的水平。问题在于相关体制扭曲导致市场需求潜力难以有序释放。在行政垄断供地体制下，城市政府倾向于减少土地供应打高地价增加财政收入，加上对房地产频繁实施逆周期产业政策干预，导致在市场需求增长与垄断供地减少的双向作用下，2016年初一线城市房价率先飙升，并继而向其他大城市蔓延。新一轮房价大幅飙升，伴随投机性炒作与违规融资，政府为管控风险不得不实施力度空前的需求管制措施，体制扭曲与行业失序遏制了投资与经济增长潜力。

二是严格控制大城市政策取向客观上抑制投资。进入新世纪后，中国的城市化发展呈现大城市集聚效应更为彰显的特点。第五、第六次人口普查的数据显示，16个特大超大城市（第六次人口普查时城市人口达500万以上）在2000—2010年间城区人口增长幅度约为60%，远远超过同期全国城区人口总数36%的增速。中国城市化政策长期秉持严控大城市方针，城市发展规划一般会低估未来人口增长规模，导致大城市基础设施和社会服务投资总体相对不足，加剧公共设施和服务供不应求的矛盾和"大城市病"，进一步促使城市当局的各类管制冲动，客观上不利于充分发挥大城市集聚效应所需要的合理投资。

三是某些部门准入和投资管制政策抑制投资。过去几年宏观经济运行的另一个突出表现是，早先面临产能过剩压力的部分上游工业部门如钢铁、煤炭等，在需求显著较快回升的同时产出供给反应能力显著弱化，市场价格快速飙升与产出增长疲弱同时发生，形成所谓"类滞胀"现象。上述现象背后有多重成因：去产能政策限制产出反应，面对生态红线需要实施最严格环保监管，对潜在需求与有效产能的估计判断出现偏差，限制或禁止行业产能投资，等等。应当肯定这些部门的供求关系转变显示去产能政策取得阶段性成效，价格回升对相关部门企业的利润增长和舒缓下行调整压力具有积极意义，然而供求失衡矛盾不能较快通过市场机制得到化解调节，折射出相关管制政策对投资的不利影响。

四是国有企业与民营企业行业壁垒的存在，不利于释放有效投资潜力。近年中国工业资本投资回报率与美国不相上下。观察其内部结构，2016年民营企业资本回报率是国有企业的2.4倍，但效率较高的民营企业在投资准入方面仍面临较多行政管制，不利于有序释放合理投资潜力。另外，对民企的产权保护仍然有待加强。

迎接新周期，改革是关键

过去几年来经济增速企稳与后续走势仍面临不确定的形势特点，与其将其看作中国宏观经济进入"新稳态"的证据，还不如视之为中国经济在走出历史上最长减速调整期时面临的特殊困难。事实表明中国经济具有很强的韧性，然而宏观逆周期扩张政策延续过久，难以持续。中国经济仍面临内生增长动力不足的深层压力，如何借助市场力量走出下行调整期是现实挑战。

与20、21世纪之交的经济深度下行调整比较，近年的调整呈现一个突出特点，就是得益于劳动市场和就业形势的大体稳定，居民收入和消费保持相对稳定增长，市场驱动的民间投资乏力更能解释经济下行压力和走出调整阶段的困难。中国经济减速调整与外部经济环境变化存在互动关系，然而解释中国这样超大体量经济体的阶段性走势特点，本国经济的内在矛盾运动特征显然是主要原因。

近年市场投资不振受到多种条件的影响，需特别关注多方面体制机制的不完善制约有效投资潜力的充分释放。要改革行政土地供应垄断体制，通过合理投资满足经济中高速成长阶段国民住房需求增长。要在总结历史经验与直面现实矛盾的基础上，反思改进严控大城市发展的政策方针，有序释放大国城市化有序推进释放的投资潜力。要在加强污染和环保监管的前提下，放松政府有关部门对各个领域的准入和投资管制，大力破除基于所有制歧视的投资隐形壁垒，激活非国有企业中蕴含的市场投资潜力。

迎接新周期，改革是关键。推动国民经济在高质量、高效益前提下迎来新的内生景气成长，关键是要在相关领域深化改革，突破体制机制瓶颈的制约。

我国经济的潜在增速之谜

潜在增速之谜现象

给定我国经济增速多年持续下行走势,潜在经济增速这个宏观经济分析中具有基准意义的概念在现实经济与政策分析方面得到前所未有的重视。然而不同方法对我国潜在增速的具体研究估测结果出现较大分歧,可能导致对潜在和现实经济增速的分析形成方向相反的结论,从而使总需求和供给侧政策干预取向、总需求管理力度、经济增速调控目标等一系列问题,得到显著不同甚至方向相反的解决方法。学界有关研究呈现的矛盾困惑,如2019年底的"保6"之争,为聚焦议题,可称为"潜在增速之谜"现象。

潜在经济增速是指充分利用技术、劳动力、资本等要素增长和配置潜力所能够实现的经济增速,或是在满足充分就业又不引发通货膨胀等宏观可持续条件下的可能或合意增速。潜在增速是潜在产出在特定时间过程中的变化率,因而两个概念存在密切联系甚至具有一定程度的定义性重叠。然而二者的区别在于,定义给定时点的潜在产出通常要求对技术和制度等因素给定不变假设,而定义中长期潜在增速则允许技术和制度发生必要变化；这些长期变量的变化状态决定长期潜在增速水平，其动态演变所面临的现实制约构成潜在增速赋值差异的结构性根源。明晰潜在产出与潜在增速之间的联系和区别，有助于从潜在增速角度更有针对性地分析现实经济问题。

潜在产出及其变动是宏观经济供给侧的内容，在学理上提供对主要由总需求因素制约的现实短期增长率与宏观平衡状态的评价基准。我国经济学界从20世纪90年代也开始结合我国经济现实展开相关专题研究。随着新世纪第二个十年以来经济增速回落走势逐步展开，2013年决策层提出"三期叠加"肯定经济形势特点之一是"经济增长换挡期"，潜在增速成为分析现实经济形势的重要分析概念和范式，表现为以相关概念作为主题的发表论文大量增加，现实经济形势和政策讨论中相关概念的出现频率快速上升。

然而对我国潜在经济增速的具体估计结果，或者囿于方法性质在客观评估现实方面存在某些困难，或者估计结果对某些关键参数处理不同意见分歧较大并难以收敛。采用各种技术和模型估计结果难以摆脱对已有经济数据的依赖，随着现实经济增速回落，越是晚近发表的文献对潜在增速的估计结果也越低。如2012年某研究估测2016—2020年潜在增速为7.8%；2016年某研究模型分析认为2016—2020年潜在增速接近7%，2020年为6.59%；2018某项研究结果认为2019—2024年为5.5%，2025—2029年为4.6%。这些研究都有学术价值，然而利用其前瞻性讨论潜在增速面临局限。

近年研究潜在增速的另一种方法，是借鉴东亚经济体（日本、韩国、中国台湾地区）高速增长期及后来向中速增长阶段转变的历史表现，间接推测我国潜在经济增速。与直接模型估计比较，东亚经验比较方法在技术上比较简单，然而借鉴早先较快发展的经济体相应阶段经济增速演变的额外信息，对各种直接估计方法依赖现实经济走势影响具有某种补充意义。不过这类研究也存在分析结论差异较大，甚至由此对某些相关问题形成相反结论的情况。

例如林毅夫教授 2011 年提出，2008 年中国大陆人均 GDP 相当于美国的 21%，这个发展阶段相当于日本 1951 年、韩国 1977 年和我国台湾地区的 1975 年。考虑上述三个经济体在各自对标年份随后 20 年分别实现了 9.2%、7.6% 和 8.3% 的年均经济增速，推测中国大陆 2008 年之后 20 年也有达到 8% 年均增速的潜力。考虑在上述 20 年比较期结束时，三个经济体人均 GDP 分别达到美国的 65.5%、50.2% 和 54.2%，中国大陆 2028 年用 PPP 衡量人均收入有望达到美国的一半。林毅夫教授指出上述 8% 是潜在增速的可能性估计，需要各方面条件的配合才能变成现实增速。

国务院发展研究中心原副主任刘世锦带领的研究团队对这个问题进行了深入研究。2011 年该团队认为："中国经济潜在增长率有很大可能性在 2015 年前后下一个台阶，时间窗口的分布是 2013—2017 年。增速大约下降 30%，如由 10% 降低到 7% 左右。"采用三种测算方法预测我国 2011—2015 年 GDP 年均增速为 9.1%，2016—2020 年 GDP 年均增速为 7.1%。2013 年该团队预测我国经济增速一两年后探底进入"中高速稳定增长期"，"五年或者更长时间"维持"比如说 7% 左右"。2015 年刘世锦先生预测我国 2015—2024 年 GDP 年均增速为 6.2%，2019 年提出我国 2020—2025 年潜在增长率预测值下调到 5%~6%。

安信证券首席经济学家高善文博士在 2019 年底的一次演讲中报告了用类似分析方法对我国未来 10 年经济潜在增速进行预测的结果。具体以购买力平价衡量的人均 GDP，以第二产业相对第三产业的比例作为比较对象，认为中国大陆 2010 年接近日本 1968 年、韩国 1991 年、中国台湾地区 1987 年的水平。高善文博士在表达上引入一个创新方法，就是把上述年份与中国大陆的 2010 年对标，将经济增速 5 年均值与三个经济体的同一指标及其简单均值在图形中进行比较，一目了然地显示"近年增速下降在东亚背景下是正常情况。2020—2030年增速不会超过5%，更要担心能否保住4%"。高博士"保四争五"的预测观点以新颖方式呈现，引发各方较多关注。

我和刘鎏对此再研究。采用人均收入、人均收入占美国比例、城市化程度、第一产业劳动力占比等更全面反映后发优势及与发展阶段性相关的指标，结合中国大陆与日韩及中国台湾地区有关数据重新选择对标年份，发现2010年中国大陆这四个指标与三个经济体相应指标最为接近的年份分别是日本1953年、韩国1978年、中国台湾地区1980年。借鉴高博士的表达方式，图7-2左图显示三个经济体各自对标年份在与中国大陆2010年重叠的基础上，此前20年与此后30年各自经济的5年平均增速，右图把三个经济体经济增速通过简单均值表达为一个数据系列。结果显示，在东亚经济比较视角下，对标年份之后中国大陆的经济增速不应直接收敛到如比较对象的经济增速那样一口气向中等收入下降的阶段，而是在此之前应有一个像样的宏观景气周期。

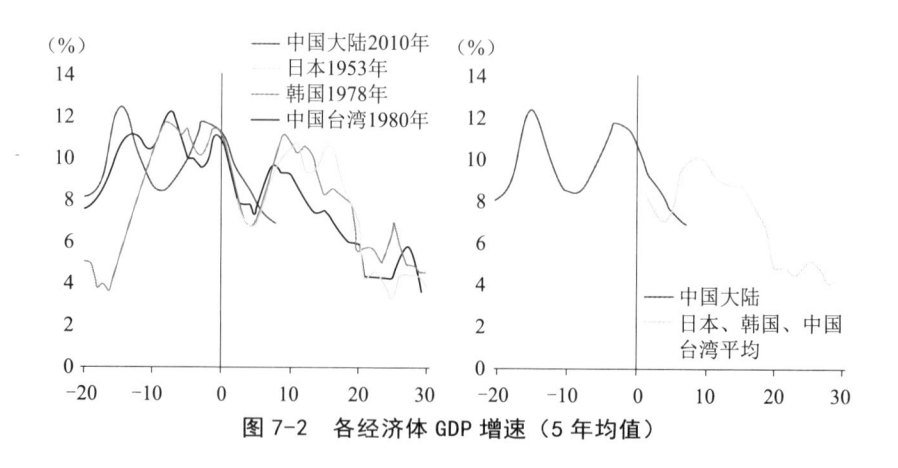

图7-2 各经济体GDP增速（5年均值）

对我们的新观察结果，可有强弱两种解读。强结论提示如能创造适当发展环境，我国经济长期增速收敛到中速增长期之前，应有可能经历一个 10 多年的内生景气扩张和回落过程。弱解读则是对现有各种近年经济下行走势具有新稳态观点的解释，或对我国目前经济增速下行走势直达中速增长具有合理性的看法提出一点存疑证据。或者换个说法，上述"新稳态"或"合理性"预测观点，需建立在对未来我国体制转型某种状态的隐含假设基础上。下面尝试结合我国当代体制转型和经济发展经验对潜在增速的概念进行适当改进，以求理解调和上述有关潜在增速估计结果的较大差异。

改革状态相关的潜在增速

求解"潜在增速之谜"有待更细致的经验研究，然而也需结合我国经济发展历史和现实经验，对潜在增速概念本身进行理论思考。经济学现有文献对潜在增速的定义，假定存在与增长潜在有效发挥大体兼容的体制条件，这个暗含假定在研究我国当代经济增长时能否成立还有待反思商榷。我们知道，中国当代经济的高速增长和相对追赶，本质上是体制与发展两重转型内容的互动过程，满足经济增长所需要的体制制度条件，是通过中国特色的渐进式改革推动体制转型逐步创造形成的。考虑是否存在改革进展突破满足体制转型条件对释放增长潜能的关键影响，有必要将与增长机制密切相关的体制改革状态纳入潜在增速的定义体系，提出"改革状态相关的潜在增速"概念。

我国当代经济发展的经验事例显示，体制转型状态对潜在增速有重要影响。改革开放时期，多次发生五年计划和长期规划对潜在增速的事前估计与后来实际增速出现很大偏差的情况，其重要原因之一是潜在增速目标的研究和计划者难以事先预知后续重大改革突破，对已推出的改革举措也难以准确评估其复杂影响和效果。这类实践经验说明，有必要依据是否包含改革突破释放增长潜能效果，对潜在增速进行概念上的适当区分。

最早的一次偏差是改革开放初期的年计划增长目标与实际增速有反差。20世纪80年代初国家制定了1981—1985年国民经济和社会发展的"六五"计划，其中要求国民经济在80年代前半期年均递增4%，在执行中争取达到5%。然而我们知道改革开放初期经济增速获得超高速增长，实际情况是1981—1985年间经济增速最低为5.1%，最高为15.2%，五年经济增速简单均值约为10.7%，比计划潜在经济增速高出一倍多。

二者差别为什么这么大？计划经济时期我国经济年均增速约为6%，但是伴随宏观经济的巨大波动，可见其潜在增速应该显著低于6%。1979年中央针对"洋跃进"导致宏观不平衡问题，决定执行三年期经济调整方针，接受较低经济增速。针对调整方针执行中面临的问题，1980年底中央有关负责人建议对基建投资"一毛不拔"（极而言之），表达继续坚定执行调整方针的决心。

根据给定计划时期长期增速经验，结合当时经济调整的现实要求，再考虑中长期计划需要留有余地，决策层把"六五"计划时期的经济增速定为"保4争5"是审慎和适当的，因而是可以理解的。当然，限于当时的经济学研究情况，考虑我国官方文件表达的方式特点，不会采用潜在增速的概念；然而就其制定原理和基本内涵而言，可以把计划增速看作反映当时学界和决策层对经济潜在增速的推测判断。

1981年经济增速确实回落到5.2%的低位，接近"六五"计划增长目标对潜在增速的预判。然而可能所有人都始料未及的是，改革开放初年我国体制变迁的一系列破冰举措，开始深流无声地重构新时代经济发展基本面与结构条件，并很快在宏观经济增长绩效层面表现出与早先历史阶段具有实质差异的新特点，第一次呈现改革突破释放增长活力，从而大幅提升潜在经济增速的规律作用。

粗略回顾当时大幅推高经济潜在增速的体制转型破冰举措，主要有以下几点。

一是家庭联产承包责任制改革大幅度提升农业潜在产出。依据林毅夫教授较早有关计量研究的成果，该时期我国农业总增长中，家庭联产承包责任制所做贡献约为46.9%，远远高于农产品收购价格的提高、农业生产要素价格降低等其他因素所做的贡献。

二是20世纪80年代初农业改革取得阶段性成功，推动乡镇企业开始"异军突起"，加上外出农民工大潮开始初步发力，快速扩大了非农就业机会。另外，知青回城倒逼劳动力市场改革，对个体经济松绑的改革政策推动"个体户"如雨后春笋般增长。几方面的改革突破在劳动力市场带来突出成效，初步匡算，由此额外创造的城乡非农就业岗位总数可能在2000万之数。

三是开始实施对外开放战略积极吸引外资，外商直接投资与国内劳动力和其他不可贸易要素结合，几乎是凭空在局部发生立竿见影的增长效果，如同我访谈东莞虎门最早一家与香港企业合作加工贸易制作手袋案例显示的那样。"六五"时期我国引进FDI（国际直接投资）约50亿美元，考虑当时引入的主要是劳动密集型项目，投资就业弹性较高，估计能额外创造几百万主要面向国际市场的非农就业岗位。上述改革开放带来的非农就业岗位估计数量，约占同期二、三产业新增5150万就业量的一半左右。

四是贸易体制和汇率改革推进，我国出口额1985年增长到273.5亿美元，约为1978年99.6亿美元的2.75倍。国有企业改革开始探索，经营活力边际提升也具有激活增长效果。由此可见，把现实达到的潜在增速与计划潜在增速的差别主要归结为改革开放的体制转型举措推动的结果，既有学理依据，也可在经验数据层面得到支持。

中国体制转型是包含经济、社会、政治和思想理论的系统改革创新。以思想理论和意识形态而言，改革破冰时期解放思想和理论创新发挥了关键作用，否则家庭联产承包责任制改革和引进外资特区开放是难以想象的。当时的思想理论创新是全方位的，既包括通过在广泛争论中确立实事求是和解放思想的方针路线，执政党通过重大历史问题决议，为改革开放体制转型提供理论和历史观支持，也包括对外积极主动调整与美国等主要西方发达国家的关系，直至用"和平与发展"取代"战争与革命"，在国际观和时代命题方面支持改革开放。

这个事例提供了一次难得的经济史意义上的大规模思想试验情景，清晰显示，没有改革突破假设条件下对中长期潜在增速的预测和计划，与实际发生改革的转折性、系统性突破条件下的潜在增速，必然存在很大区别。两类增速的比较及其体制含义给人们上了生动的一课，为后续改革共识的形成奠定了重要的经验基础。把这个经验事例内涵置于潜在增速理论层面思考，不难看出有必要把改革进程决定的体制转型状态纳入潜在增速的定义体系。

两类潜在增速比较事例此后多次再现。如1991年国家制定《国民经济和社会发展十年规划和"八五"计划纲要》，规定1991—2000年间经济平均增速为6%左右。然而实际上90年代GDP年度增速最低为7.6%，最高为14.3%，简单均值为10.5%，比十年计划规定的平均增速高出七成以上。1997年世界银行专家团队对21世纪我国经济增长前景做了全面分析，提出2001—2010年经济平均增速为6.9%。然而新世纪第一个十年我国经济年度增速最低是2001年的8.3%，最高为2007年的14.2%，十年简单平均值为10.5%。两次预测误差的产生虽有多方面原因，但未能重视或难以事先评估后续改革突破的影响仍是最重要原因。可见有必要采用"改革状态相关的潜在增速"视角分析我国体制转型背景下的长期增长现象。

我国经济现处于下行调整期，宏观政策已加大稳增长力度，表现为央行采用包括降准减息在内的手段多方降低企业融资成本，金融监管部门调节校准一度偏于激进的去杠杆政策，财政部门加大扩张力度并且提前下达地方专项债额度。从 20、21 世纪之交应对经济下行压力的经验与两类潜在增速有所区别的角度看，在肯定总需求管理政策必要性的前提下，还亟须加大与激活增长潜力相关领域的市场化取向改革力度，加强深化对土地、户口、城市化、民企等特定领域的已实施改革举措，使之提升集成为新一轮更具系统性的改革突破，推动经济运行尽快摆脱下行压力并迎来新一轮内生宏观景气增长。

第八章

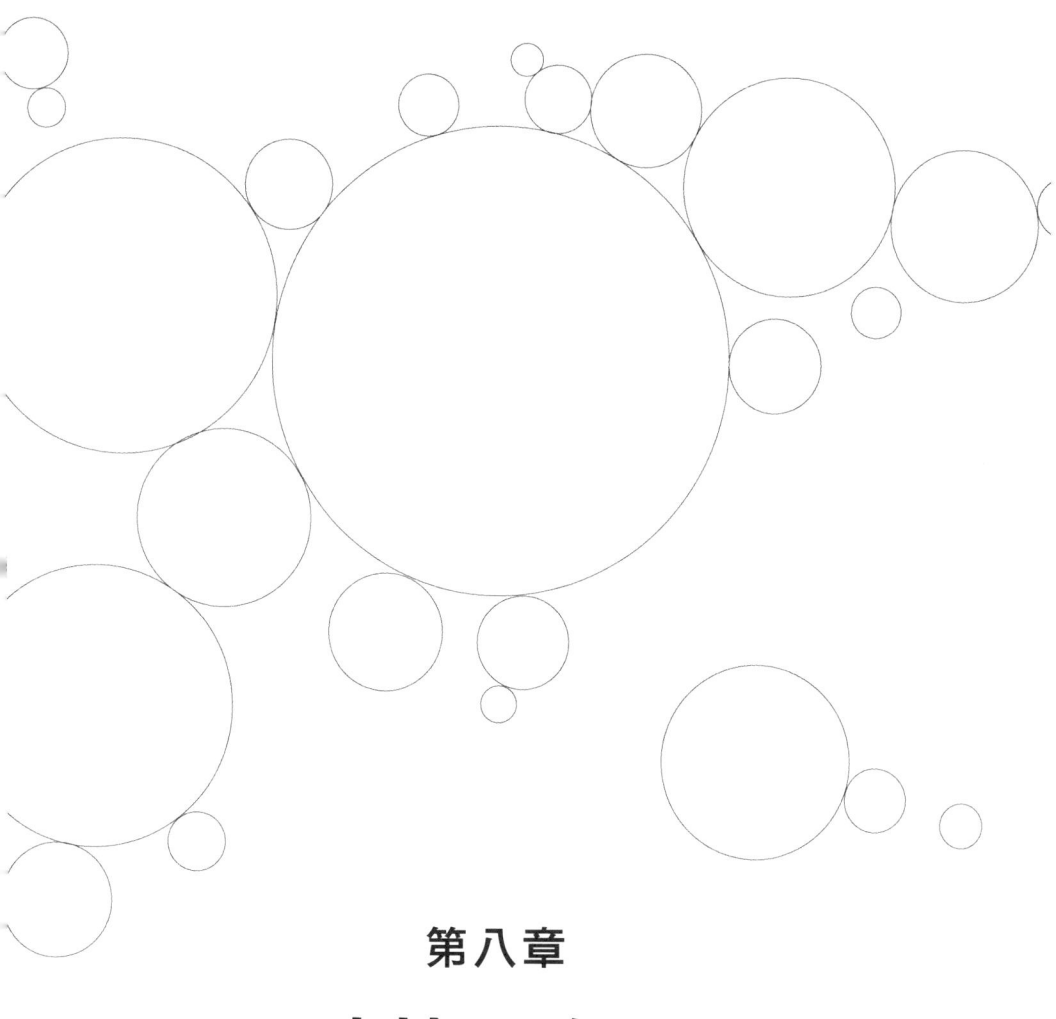

疫情影响下的世界经济

农业革命开启人类新疾病模式

在从猿到人的几百万年漫长演化中，虽然远古人类早就学会了说话、制作工具和使用火，从而区别于其他动物，然而直到 1 万多年前的农业革命才为人猿揖别进程画上休止符。农业革命使人类从早先通过采集渔猎获取食物和生活资料的经济形态，转变为在驯化动植物基础上通过栽培作物和饲养家畜获得基本食物和其他生活资料来源。目前考古学界的认识是，农业革命从公元前 9500 年开始先后在中东、印度、中国北方和南方等若干区域发生，随后逐步扩散到其他地区。农业革命伴随劳动生产工具从旧石器、中石器向新石器演变，因而又称作"新石器转型"（neolithic transition）。

农业革命作为生产力的一次飞跃，带来生产方式、生活方式以及社会组织的历史性变迁，为后续文明、城市以及阶级社会的出现奠定了基础，是人类演化历史上的划时代事件。然而，历史的进步与退步往往如影随形，执手相伴。从人类疾病史的角度观察，农业转型也给人类祖先健康带来前所未有的挑战，为各种新发传染病和其他流行病的出现和发展提供了现实条件。过去几十年，生物考古学特别是古病理学研究取得前所未有的进展，改写了人们对农业革命与人类健康疾病关系的传统认知。新石器农业转型后人类疾病新模式形成，构成人类疾病史的一个重要环节，对思考当代新发传染病再次活跃以至新冠肺炎疫情的影响都不无参考意义。

受多方面条件限制，历史学界传统上对农业革命前后人类健康疾病及生活状态变化的了解比较有限。考虑到采集渔猎经济转向栽培饲养农业后，人类生产能力及人口规模都发生了数量级的增长，我们自然也有理由推测人类健康和民生状态也得到显著改善。或许基于这方面的考量，早先学界主流观点倾向于认为，采用农业栽培带来人类健康改善以及食物供给质量与可靠性的改进，伴随人类用于获取食物方面的劳动投入减少。历史学家还认为，告别采集经济提升了人类群体对不定期食物危机的应对缓冲能力，并伴随供给食物所需劳动力投入的成本节省。这类有关新石器农业转型对人类经济福利与健康改善的传统观点，显然体现了与单维度线性历史观相一致的乐观主义认知特点。

从20世纪60年代开始，西方史学界开始对上述农业转型健康改善论提出质疑观点。如埃斯特·博塞拉普1965年出版的《农业增长的条件》分析，新石器时代农业技术进步是人口压力增长的产物，此后人口大幅增长派生劳动力投入收益递减，暗含对农民状况改善论的质疑。后又有研究发现，早期采集部落人口劳作强度低于后来栽培耕作者，并且采集狩猎时期食物获得性与营养条件比较好，人口健康状态也好于新石器时期的农民，直接挑战了"农民比狩猎者过得更好"的传统假设。这类研究肯定农业耕作提升人类在有限空间范围养活更多人口的能力，然而强调这并非必然意味着获取食物困难下降与闲暇时间增加，也不排除农耕者的食物质量下降与健康状态恶化。新观点拉开有关农业革命对人类健康疾病影响再评估的序幕。

问题在于如何得到有说服力的经验证据检验上述观点分歧。虽然对近现代个别地区仍存的游牧采集部落而言，人类学观察能提供间接资料，但更有说服力的直接证据仍需从考古学发掘的人类远古遗存资料中获取。这类考古资料的可获得性及其分析方法上存在的局限性，使得检验上述分歧观点面临特殊困难。所幸这方面情况不久就发生显著变化，特别是20世纪70年代后以古人类骨骼遗存分析为重点的古病理学研究取得突破性进展，对了解远古人类渺然难辨的健康疾病真相并检验上述争论发挥了关键作用。

古病理学通过分析古代人类遗骸提供的有关病理学信息，推测探讨人类历史上健康疾病状态及其变化的规律。"例如考古学家们在沙漠发现保存完好的木乃伊，其死亡时的医学状况可通过验尸来检测。而那些在干燥洞穴中死亡了很久了的印第安人则留下了保存极好的粪便，可供对钩虫和其他寄生虫的研究。"(Diamond，1987)在更为多样化的地理气候环境下得以保存的古人类骨骼牙齿提供了更为丰富的信息。对古病理学家而言，几千年以后这些骨骼仍能成为提示特定疾病特征的信息来源，这些疾病包括结核病、分枝杆菌感染、麻风、密螺旋体感染如梅毒和雅司病等。例如缺乏对钙代谢具有重要作用的维生素D会导致佝偻病，而佝偻病会影响骨密度和皮层厚度，从而导致股骨的特征性弯曲。另外，通过几千年前人类骨骼的眼眶状态，能够推断死者生前的营养状况以及是否患有贫血疾病。

"牙齿是骨骼遗存中保存最完好的标本，并提供了古人食物和营养状态的最好证据。"龋齿与牙齿磨损形态能够提供有关特定种类食物、摄入加工的碳水化合物或是软硬食物比例的直接线索。维生素C缺乏症能够表现为孩童时代牙齿脱落。牙冠截面提供了个体关键生长阶段健康状态按时间顺序排列的记录，形成的相对速度不同导致牙釉质厚薄不等，较厚层代表相对健康时期，较薄层表示健康出问题及生长过程被营养不良、感染或其他重要紧张刺激源打乱和推迟。把这类新方法与其他考古学方法结合使用，考古学家可以度量远古人口的健康状态，并比较生活在不同条件下的人口的有关度量结果，从而为分析农业转型的健康影响提供经验证据（Baratt and Armorlagos，2013）。

1982年纽约州立大学普拉茨堡学院举行专题研讨会（下文称"普拉茨堡会议"），主题是"利用人类骨骼分析数据和古病理学数据以度量新石器革命以及早先的史前采集渔猎食物经济的变化"。这次研讨会论文以"农业起源的古病理学"为名结集成书，19篇对世界不同地区古病理学的研究论文，第一次就新石器农业转型对人类健康和疾病的影响问题提供了广泛的区域研究结果和经验数据，集中反映了20世纪70年代以来相关领域的研究成果。基本结论认为："除极少数例外，农业转型的健康影响是不幸的。"

根据普拉茨堡会议组织者与论文集编辑者的概括，大部分研究论文依据经验发现都报告了包括肺结核在内的不同传染病发病事例，绝大部分论文认为相对采集者而言，耕种者面临更为常见和严重的感染问题，其原因在于定居、人口集中与营养不良等因素的协同作用。这些研究相当一致地显示，转向栽培耕作生产方式后，人口营养整体质量下降，多孔性骨肥厚和筛状眶是较为常见的古病理学证据，论文集中有16篇文章报告了多孔性骨肥厚的发生率。绝大部分论文显示，身体损伤情况在农耕后增加，贫血也主要发生在农耕人口群体中。另外13个地区研究提供了样本人口死亡年龄数据，10个提供了同一地点先后变化，研究结果提示死亡年龄在采用农业耕作后下降，其中一个包含100多个样本的研究结果也显示，在采集者采用集约农业以后，死亡年龄持续下降（Cohen and Armelagos，1984）。

巴雷特（Baratt）和阿姆拉戈斯（Armorlagos）特别介绍了该领域有关农业转型带来健康挑战的两个较为综合性的生物考古学证据。一个是前后70年间先后发掘的苏丹努比亚（Nubia）人遗存，对应人类活动时间从公元前11500年的中石器时代开始，延伸到公元1350年发达的传统农业社会。从中石器到新石器农业早期（公元前11500—公元前3400），牙齿发生龋齿缺损情况增加了十几倍，并首次出现缺铁导致的贫血病。公元前3400—公元前350年，农业依赖度进一步提升，上述变化趋势持续并伴随身高降低。遗存证据包含牙釉质发育不全症，显示当地人孩童时代发育迟缓。另外，年轻女性发生骨质疏松症，可能显示为补偿泌乳期女性的营养不足，骨头中的钙成分转移到母乳中。

第二个事例是在位于美国中西部的伊利诺伊南部的迪克森山岗墓葬群（the Dickson Mouneds burial complex，又称迪克森坟冢）遗存。考古学记录显示一个小规模社会经历了相对快速的集约玉米栽培转型。在公元950—1100年，这个区域为75~100个游牧采集者提供了经济活动与野营场所。随后一个世纪，这些居民越来越受到他们中部密西西比邻居——南边180公里的超过3万定居农耕者的影响。到公元12世纪和13世纪，上述采集者规模已扩大到600~1 200人，采用集约玉米农业生产方式并居住在小村庄里。这里的农业转型也伴随着健康疾病模式的显著变化，缺铁性贫血增加了10倍并伴随身高下降和皮质骨变薄，龋齿患病率增加显示孩子成长发育受到不利影响，样本的人均寿命也显著下降，外伤性损伤和退行性脊柱问题都显著增加。

普拉茨堡会议之后几十年，有关农业革命对人类健康、疾病模式影响的古病理学及生物考古学研究持续取得新研究成果。如2010年的一篇论文简略介绍了20世纪80年代到2007年的有关文献，研究结果继续肯定农业技术进步与人类人口健康状态转变存在联系，新石器农业转型后最常见的变化仍是较高感染率、营养整体质量下降和身体压力上升的组合因素带来的病理学条件变化。笔者未能全面检阅相关文献，然而基于已阅读的有关资料，上述认知或已在某种程度上成为国外相关领域比较主流的观点。

我国考古学界从20世纪90年代开始发表古病理学研究结果，早先主要是对个别遗址出土人骨标本骨骼病例现象的描述，近年开始关注我国新石器农业转型后人群营养、健康和疾病形态演变特点等问题，提供了一些与国外相关领域类似的发现。例如2014年的一项研究比较河南舞阳贾湖与河南灵宝西坡两处古代居民的健康状态。贾湖遗址距今9 000~7 800年，以渔猎为主要经济形态；西坡墓地距今5 000年，以栽培农业为主要产业。研究发现，与贾湖比较，灵宝样本身高显著降低，各种口腔病、退行性关节炎、骨质疏松和贫血等疾病明显增加（王明辉，2014）。又有研究发现，山东广饶新石器时代居民筛状眶病理发生率高（张君，2009），显示当地人群可能存在较为普遍的贫血压力。另外，在河南渑池笃忠遗址出土的仰韶晚期的15副人体骨骼中，11例存在不同程度的筛状眶和多孔性骨肥厚，可被解释为当地人群很可能受到贫血及其他疾病困扰（孙蕾，2011）。

虽然较多证据显示向农业栽培耕作转变伴随人口健康疾病某些不利变化，然而在如何解释此问题上，农业转型导致健康改善论与恶化论仍存在不同意见。如有学者提出"骨骼悖论"，认为上述发现也可看作与健康改善论相一致的证据。其大概逻辑是，转型到农业社会后，人类其实更加健康了，生产与生活条件得到改善，所以相对采集渔猎时代更可能从疾病和艰辛生活中存活下来，并在骨骼和牙齿上留下了更多病理证据（Wood et al.，1992）。因而相关证据显示人类对生活艰辛抵抗能力的增加，而不是生活艰辛本身的增加。该研究还从死亡率选择性、隐含风险差异性等技术性角度质疑农业转型后健康恶化观点。

"骨骼悖论"部分建立在农业转型后人口寿命延长的假设上，因而可通过古人死者年龄信息加以讨论。从生物考古学提供的相关证据看，诸多研究虽结论方向不完全相同，但总体上看农业转型后死亡年龄下降。如上文介绍的普拉茨堡会议论文集收录的19篇论文中，有10篇提供了同一地点死亡年龄的变化，都显示采用农业耕作后死亡年龄下降，提示农业革命更可能伴随人均寿命下降。《新发传染病的非自然历史》一书概括有关文献指出："在所有事例中，只要有可能通过骨骼学证据得到死者的一般年龄，都能看到农业时代更多人相比采集时代较早死亡。"该书作者认为，相关古病理学等学科的研究结果，总体显示农业人口相对采集者的健康状态是退化而非改善。

那么什么原因导致农业革命后出现的人类健康疾病模式？对此相关文献也从不同角度进行了分析，提供了一系列具有启发性的看法，主要观点大体可归结为以下五点。

一是与动物更加密切的日常性接触导致人兽共患病原体与传染源增加。在采集渔猎时代，猎杀和屠宰野生动物也会通过血液和体液接触造成病菌侵入人体致病。然而农业时代的牲畜家禽饲养要求人类与动物更加日常性近距离相处，使得来自动物的人兽共患病原体向人类宿主"跃迁"并导致感染机会显著增加。流行病学史研究人员将这种因生产生活方式转型带来的机会增加的小概率事件，称作综合因素结合创造了人兽共患疾病从动物转向人类宿主的"完美风暴"。

就文明社会人类熟知并深受其害的诸多传染病来说，追根溯源大都以人兽共患病作为其演化起点。天花、结核病等传染病来源都可追溯到驯养反刍动物。如天花最早可能来自牛的牛痘病毒，其一种毒株变种很早就被人类接种以预防更具毒性和致命的天花感染。麻疹病毒可能源于牛瘟病毒，而流感源头大都与来自水禽如鸭鹅的消化系统的禽流感病毒有关。农业要求人类和动物更为近距离地密切相处，创造了病原体传送的重复性机会（Baratt and Armorlagos，2013）。《瘟疫与人》的作者麦克尼尔认为："在多数情况下，文明社会所特有的传染病原本都是由动物传给人类。"他援引的数据显示，人类与七种饲养（家禽、马、猪、羊、牛、狗）或同室栖息（老鼠）动物相关联的人兽共患病共有几百种。

二是人口居住方式改变及集聚程度上升为传染病扩散传播提供便利条件。在采集狩猎时代，人类通常以几十人为单位从事经济活动，人均采集食物面积一般在 20~30 平方公里[1]，由于人口比较分散且有常态化移动迁徙，传染病难以流行。驯化农业使得人口增长，人口密度增加 10~20 倍成为可能。与新石器农业转型相联系，人类普遍采取永久性定居方式，特定空间面积人口食物承载能力上升，集中居住人口数量大幅度增加。特别是进入文明时代后出现城市集聚现象，城市人口规模提升到古典时代和中世纪时的几万人甚至几十万人。上述历史演变使得传染病扩散传播成为现实可能。

历史学家告诉我们，数以百计而不是十几个人在一地共同生活对其健康状态产生深刻影响。人口集聚起初导致更易受到本地病原体伤害：永久性定居吸引啮齿动物、昆虫及由这些媒介带来的传染病，大量肠道寄生虫通过被污染的供水实现宿主之间的扩散。支持更大群体的生活需提供食物、水、卫生设施和住房的能力增强，然而也同时增加了传染病扩散的压力。例如灌溉系统的发展在增加食物供应的同时，也在特定气候条件下为某些传染病传播媒介如血吸虫的钉螺、疟疾的蚊子繁殖生长提供了有利条件。从 6 000 年前开始，城市发展创造了一个助推人与人接触的新的疾病环境，后来人口城市化以及向新的生态区扩张成为传染病演化最重要驱动力之一。[2] 例如流行病学家认为，据估计，20 万人口规模才能支持麻疹疫情暴发。

三是食物种类减少对营养条件及健康的不利影响。对现代采集渔猎部落的人类学观察显示，其食物组合包含富含蛋白质及其他较为平

---

[1] Population densities of hunter-gatherers are rarely over one person per ten square miles, while farmers average 100 times that (Diamond, 1987).
[2] Evolutionary, historical and political economic perspectives on health and disease George J. Armelagos, Peter J. Brown, Bethany Turner; Social Science & Medicine

衡营养成分的野生动植物。(Diamond, 1987)由于获取食物的方式类似,远古时代的采集渔猎者也应享有较为广谱的食物。新石器时代农业转型后,种植生产结构决定食物消费结构,以耕作为主的农民逐步转向从一种或几种富含碳水化合物的作物中获取给养。世界各地农业时代的人口大都以小麦、稻米和玉米作为主食来源,这三种基本谷物在为人体生命提供必需能量方面做出了极为重要的贡献,然而其所含对生命很重要的维生素、氨基酸等微量元素往往偏低。日常食物过度依赖单一或少量谷物意味着长期营养不良,营养结构不平衡不仅会直接导致某些疾病,而且使身体抵御传染病的能力下降。

前文介绍了对人类骨骼牙齿的古病理学的研究有丰富证据显示,营养水平下降不仅导致新石器时代耕作者平均身高显著下降,还带来诸如贫血和骨质疏松等体质消极变化。如迪克森山岗古人遗存显示,农业转型后当地人越来越依赖单一主食玉米提供卡路里。生物考古学家还发现,古代花粉和孢子样本提供了农业降低营养多样性的证据,从这个角度可研究南亚地区发现的集约农业特点有助于食物供给的季节稳定性增加,然而同时伴随可食用植物资源总量减少。在地中海地区,农业集约化也伴随单一种植,并导致土壤过度利用的弊端。生物考古学家认为,这些作物数据弥补了生存实践与传染性、易感性之间的因果链条上那曾被遗漏的重要环节(Barret and Armelagos, 2013)。

四是加剧农民劳动强度并使间歇性饥荒风险上升。农业革命使得人类第一次获得食物供给控制能力,正常年景下可能提供15%~20%的剩余(Fogel, 2004),为长期社会分工与效率提高以及城市的产生奠定了基础。然而由此带来两点新问题。栽培耕作者的劳动强度显著增加,导致各种身体损伤加剧与慢性病增加。《人类简史》[1]作者赫拉利以小麦

---

[1] 本书由中信出版社于2014年出版。

种植为例说明农民为何更加辛苦,包括需"把田地里的石头捡干净搬出去,搞得腰酸背痛",要"男男女女在烈日下整天除草",还要"驱虫防病"和浇水施肥等,"人类的脊椎、膝盖、脖子和脚底就得付出代价"。他认为椎间盘突出、关节炎和疝气等疾病患病率的增加与此有关。

另外在较大空间范围高度依赖少数粮食作物作为主食,意味着一旦遭遇自然灾害或重大变故,可能会由于歉收造成严重食物短缺甚至饥荒。在人类学家看来,采集者借助几十种不同食物维生,某物种数量减少时可对其他物种多采多猎一些以补足基本食物量,就算没有存粮也不至于因荒年饿死。因而对布须曼人这样的当代采集狩猎部族人群而言,"像19世纪40年代土豆饥荒中成千上万的爱尔兰农民及其家属那样死于饥饿是不可思议的"(Diamond,1987)。赫拉利认为:"农业社会绝大多数饮食靠的还是寥寥无几的少数几种农业作物,很多地区甚至只有一种主食,如小麦、马铃薯或稻米。所以,如果缺水、来了蝗灾又或暴发真菌感染,贫农死亡人数甚至有可能达到上百万。"

五是农业革命后社会阶层分化会加剧普通劳动群体的健康负担。采集狩猎社会虽有性别和年龄意义上的自然分工,然而不存在后来的统治者、精英和普通劳动人群的阶层分工。农业技术进步提高生产力,经济剩余催生生产资料产权界定与私有关系,农业革命的深远影响在于,"不管在任何地方,都出现了统治者和精英阶级,不仅靠农业辛苦种出的粮食维生,还几乎全征收抢光,只留给农民勉强可过活的数量"。(《人类简史》)麦克尼尔创造了社会"巨寄生"概念以考察上述分化影响,"巨寄生"与"微寄生"概念并列构成《瘟疫与人》中分析人类疾病历史的基本视角。

从双重"寄生"概念语境看,有关农业革命开启了新疾病模式原因的分析,揭示了进入农业社会后人类与自然界"微寄生"关系发生历史性变化;社会分化与"巨寄生"发展的事实则提示,人类健康所面临的新压力注定会不平衡地更多成为普通劳动阶层需更多承受的负担。古病理学也提供了这方面经验证据。例如,"在希腊迈锡尼文明墓葬中发现的公元前 1500 年的骨架揭示,王室成员比平民享有更好的食物,他们的骨架要高出 2~3 英寸,牙齿状况也更好(平均来说龋齿或缺齿只占平民的 1/6)。在公元 1000 年智利的木乃伊中,贵族是一目了然的。不仅因为他们随身带着装饰品与金发夹,同时也由于疾病造成的骨骼损伤要比常人低 4 倍"(Diamond,1987)。

巴雷特和阿姆拉戈斯分析了农业转型派生的社会组织变化影响人群健康变化的阶层分布特点。古人埋葬方式提示社会和经济差异性:安葬在面积更大和更考究坟墓并陪葬了更贵重物品的个体,要比那些没有陪葬品与坟墓面积较小的有更高的社会地位。骨骼分析证据表明:"这些社会经济地位指标与较好营养和身体成长呈正相关,与罹患传染病征兆指标呈负相关。"在这两位研究人员看来,这个古老的故事今天仍在继续讲述:"拥有更多资源的人群比资源较少者较为健康,社会资源分配差别较大,社会健康差别也较大。"重要的是,这些差别并非人类与生俱来,而是农业革命后较为晚近的结果。"与营养质量降低、人口密度增加、接近非人类动物等因素相结合,这些社会变化导致人类物种面临的急性传染病第一次重大扩张"。

全面理解农业革命推动疾病模式变化还需留意几点。首先,相关古病理学研究结果并非整齐划一,而是存在少数反向证据。如普拉茨堡会议的论文显示,虽然传染病在绝大部分农业转型地区都有发生,但是也有少数报告发现采集经济转型到农业生产方式后,疾病感染率下降(Cohen and Amgelagos,1984)。我国有关研究也显示,古人骨骼发现的筛状眶和多孔性骨肥厚现象产生的原因比较复杂,各个地区人群的状况不能一概而论(张君,2009)。

其次,即便旧石器时代的人类营养比较健全与身体相对健康,我们显然也不应违背常识将其生活与福利状态过于理想化。把远古情形想象成当代人口获得健康的"旧石器时代处方"（a Palielithic prescription）（Armelagos，2010）显然是可笑的，毕竟当时人类仍处于尚未完全脱离动物界的"蒙昧时代"。

最后，在整体评价农业革命意义和地位的问题上，尤须秉持理性立场，避免以偏概全。值得关注的是，基于当代生物考古学有关农业转型后出现人类疾病新形态等方面的研究成果，国外历史学界出现明显过度质疑、否定农业革命意义的观点。如《枪炮、病菌与钢铁》作者戴蒙德1987年在美国《发现》（Discover）杂志上发表文章，批评农业革命是"人类历史上最大的失误"。2012年出版的《人类简史》这本风格新锐的畅销书，更是反复强调农业革命是一场"最大的骗局"。这些尖锐观点对普及农业革命与人类健康疾病关系新研究成果具有积极意义，对强调历史认知需避免简单线性思维也有合理性，然而全面否定农业革命显然过于偏激。历史发展具有曲折性，进步与退步可能相互交织，应肯定人类长期终究能通过科技进步提升生产活动效率与应对疾病的能力，通过在重复博弈中总结经验并调试改进制度，由此实现人类演化的螺旋式上升与发展。

新冠肺炎大流行与疫情经济学

传染病疫情在不同范围流行会冲击正常经济运行，社会采取防控措施影响稀缺资源配置，因而人与疫情互动这个古老命题注定具有经济学含义。过去几十年，特别是进入21世纪以来，全球范围的流行病特别是新发传染病疫情出现新特点，从经济学角度研究疫情相关问题得到长足进步，疫情经济学处在自身学科体系构建过程中。2020年新冠肺炎大流行对各国公共卫生、经济运行和社会生活带来巨大冲击，也为疫情经济学提出多维度和多视角的新课题，为深化疫情经济学规律认知并拓展其学科体系内容带来契机。

疫情经济学的缘起

传染病防控在诸多方面凸显卫生健康及医疗护理领域的经济学特征属性，因而有关传染病防控的经济学分析在20世纪60年代卫生经济学产生之际就构成这个应用经济学分支学科的内容。传染病防控集中体现的不可交换性、缺失经济分析最优解、信息的不完备可交易性及非竞争行为等，在阐述医疗服务领域资源配置特点并论证卫生经济学学科地位时得到重视。卫生经济学的其他重要命题如需求不确定性、供求关系与价格协调特点、成本外部性与政府干预、医患信息结构特点及影响等，都在有关传染病及疫情防控中得到体现。

过去几十年，全球范围的传染病防控形势演变，特别是由新出现的人兽共患病原体导致的新发传染病发生频率上升，并不符合20世纪70年代国外"流行病转型理论"学说认为的传染病对人类健康的威胁将趋于消失的乐观判断。进入21世纪以来，全球经济特别是新兴经济体快速成长，中国等发展中国家数以亿计的人口摆脱贫困并分享到经济现代化福利，然而工业化、城市化、全球化和气候变化也引发了新的人兽共患病等新发传染病发生频率和风险上升的危险。在上述背景下，国际流行病学界、公共卫生部门及相关国际机构对传染病疫情研究和防控的重视程度显著提升，传染病流行的经济分析得到长足发展，推动了疫情经济学学科的创建。

2019年底突如其来的新冠肺炎疫情侵袭我国荆楚大地并借助春节前的大规模人员流动发生扩散，2020年1月20日最高层做出有关决策与指示及23日实施武汉封城，标志我国进入举国动员抗击疫情时期，2月中旬我国新增病例数由升转降，3月18日内地首次报告无本土新增确诊病例，标志我国本土疫情较快得到控制。然而3月11日WHO（世界卫生组织）宣布新冠肺炎疫情全球大流行，到5月21日全球累计新冠肺炎确诊病例超过500万例。新冠肺炎疫情大流行对全球经济造成严重冲击，也对疫情经济学提出一系列新的观察现象与研究课题。

疫情期资源配置特征

新冠肺炎大流行有望改写疫情经济学的基本原因在于，疫情防控高潮阶段社会经济资源配置目标和状态发生实质性变化，客观要求采用包括疫情经济学在内的新视角调整创新观察分析思路。传染病疫情环境并未根本超越由稀缺性、机会成本、权衡置换等经济学底部概念决定的资源配置一般规律，然而大流行危机与干预措施设定了一种超常而真实的场景，由此派生的特殊目标设定和约束条件导致资源配置状态发生颠覆性转变。

疫情大流行最普遍的特征现象是社会不得不普遍采取各种社交区隔（social distancing）的方式应对：从感染者在一定期限内居家隔离（quarantine），到关闭餐馆、电影院、学校等公共场所（closure），直至城市及国家封禁（lockdown）。现代经济建立在专业分工不断深化的基础上，要求不断破除有形无形壁垒以降低经济活动的交易成本，保证物畅其流、人便其行、网状连接、互联互通。出于疫情防控需要，人们不得不采取各种限制人员交往和物流的举措，客观上大幅提升经济活动交易成本并对经济增长带来扰动，因而在直接导因意义上经济衰退是社会主体自我选择的结果。这时资源配置方式类似于战争环境下经济增长目标不得不退居其次，只不过真实战争场景下是举国动员应对敌国敌军，而疫情防控的敌人是病毒和传染病。

疫情期间资源配置方式超越经济常态却并未超越经济规律。从"轻重缓急"看，宁愿以经济萎缩为代价实施社交区隔，并非经济目标不重要，而是由于疫情防控更紧急。传染病蔓延威胁人类健康生存，经济活动也是人类生存发展不可缺少的条件，就"轻重"而言，二者不分轩轾。然而新冠肺炎疫情大流行因其致病率和致死率的经验参数所代表的破坏力量，在"缓急"权衡上要求暂停普通经济活动为疫情防控让路。特定环境下疫情防控目标压倒经济目标，仍体现给定限制条件下通过资源配置选择实现社会利益最大化这个基本经济规律要求。

同样基于权衡得失选择资源配置方式的一般规律要求，在疫情危机最为紧迫，诸多常态经济活动暂时停摆的环境下，也要将一些必需品的正常供给作为与抗疫活动等量齐观的优先目标。这类确保对象至少要包括粮食、蔬菜、水果和各种动物食物产品的生产、加工、运输和销售，还要维持电力、煤气、饮用水、通信等公用事业部门正常运转。即便在与疫情防控需求最具有竞争性的社会医疗护理资源方面，仍需分配适当比例资源以满足非新冠肺炎患者急诊就医及产妇接生护理等特殊需求。

疫情下的资源配置特点涉及的另一个问题是，随着疫情防控形势的演变，需动态调整抗疫与经济目标优先度的关系，适时有序地逐步重启经济。经济暂停的合理性源自疫情高潮时期经济活动要求的正常人际接触可能加剧疫情蔓延造成较大损失，随着"社交距离"管制措施持续实施，加之疫情经济学中"个体自行防护对疫情流行度弹性"规律发生作用，逻辑上迟早会面临资源配置方式转变临界点，此后在边际上重启特定经济活动创造的预期利益，会大于其影响疫情防控预期的风险及损失，从而使得有序重启经济成为可行与必要的选择。

虽然从经验上识别上述临界点涉及复杂因素，但一国病例增量由升转降应是关键参考指标之一。从我国抗疫形势与高层决策的演变情况看，2020年2月中下旬全国新增报告病例出现由升转降拐点，决策层面的疫情防控与经济政策目标组合随之发生相应调整。2020年2月12日中央政治局常委会就要求"以县域为单元，确定不同县域风险等级，分区分级制定差异化防控策略。"2月23日习近平在最高层有关会议上则强调："经济社会是一个动态循环系统，不能长时间停摆。在确保疫情防控到位的前提下，推动非疫情防控重点地区企事业单位复工复产，恢复生产生活秩序"。

疫情大流行的宏观经济学

传统上，与卫生经济学方法相一致，对流行病相关现象的经济学研究通常从微观行为切入，很少直接涉及宏观经济层面的分析。进入21世纪后相关情况有所改变。如2003年初"非典"暴发时国内学界就疫情对宏观经济的影响和政策应对出现密集讨论，近年埃博拉疫情对非洲几个重灾国宏观经济的冲击也得到研究关注。不过上述疫情拖累宏观经济仅涉及少数国家和经济体，其总量规模及全球影响也比较有限。这次疫情对宏观经济的冲击范围与严重程度，与上述事例不可同日而语。另外，由于疫情对经济运行产生的特殊冲击，无论是经济萎缩的直接成因还是不同行业部门的响应方式，都呈现出不同于传统经济衰退的结构性特征。如何处理与疫情冲击相联系的特征性宏观经济现象，是新冠肺炎大流行对疫情经济学提出的重要研究课题。

新冠肺炎大流行冲击宏观经济特征的表现可从几个层面观察。首先是世界主要经济体普遍遭遇几十年不遇甚或二战以来的最大幅收缩并面临严重经济衰退前景。对比IMF《世界经济展望》2020年4月春季版与2019年10月秋季版对G20成员国GDP增速的预测值，各国预测增速之差大体可看作4月份IMF对疫情拖累各国经济增长程度的初步定量估测。基于这一观察，G7成员经济收缩幅度日本最低，为5.7%，其他都在8%~10%，其中意大利最高为9.6%，欧元区为8.9%，美国为8%。重要新兴经济体中韩国预测收缩幅度最低，为3.4%，中国、沙特、印尼较低，为4.5%~4.6%，其他经济体在7%~8%的高位。全球经济增速收缩幅度预测为6.4%。从截至5月底的有关信息观察，全球经济受打击程度可能高于上述4月的IMF预测水平。

其次是与传统经济衰退一般由供给或需求单侧冲击所致迥然不同，由拉长"社交距离"内生经济衰退的基本机制决定，新冠肺炎流行期经济萎缩成因明显呈现供给与需求双重冲击的特征。供给侧冲击来自隔离和封禁的举措，导致很多行业企业生产流程和经营活动无法正常展开。我国 2020 年 1—2 月出口跌幅为 17.2%，远远超过同期进口 4% 的跌幅；由于 1—2 月国外疫情尚未全面暴发，经济运行仍处于大体正常状态，我国出口远超进口的超常跌幅，主要显示国内出口供给能力短期因疫情危机受到影响。第一季度我国交通旅行和餐饮娱乐服务业受到重挫，投资数据也大幅跳水，显示需求侧受疫情冲击萎缩并拖累宏观经济。高善文博士分析第一季度经济数据注意到 GDP 增速与物价走势组合与上次金融危机时的不同特点："本次疫情所导致的 GDP 和工业增加值下降要比金融危机猛烈得多；但生产价格指数（PPI）和核心消费价格指数（非食品 CPI）的下跌相较金融危机来说却非常温和。"这也从一个侧面显示，疫情拖累宏观经济是由供给和需求的"双重冲击"所致。

再次是在宏观经济大幅收缩的背景下，不同层次行业部门的表现迥然有别，进一步彰显与非疫情经济衰退不同的结构性特点。从我国三大产业受影响的情况看，2020 年第一季度数据显示第二产业增速降幅最大，达到 9.6%，其中制造业和建筑业增速分别为 -8.5% 和 -10.2%。其次是第三产业增速为 -5.2%。农业生产活动空间相对分散受疫情蔓延冲击较小，农林牧副渔业增速为 -2.8%。不同行业部门的疫情期表现更是大相径庭甚至走势相反。以服务业为例，交通运输、仓储和邮政业，以及批发和零售业增速分别为 -14.0% 和 -17.8%，住宿和餐饮业甚至创下 -35.3% 的增速跳水纪录，然而同属第三产业服务业的金融业仍保持 6.0% 的正增长，信息传输、软件和信息技术服务业甚至取得 13.2% 的高速增长。又如在农业内部，疫情有可能在短期内对收入和价格弹性较高、对物流及时性依赖度较高的鲜活时令农产品，如水产、家禽、蔬菜、瓜果、花卉等产生较大冲击，而对价格弹性较低、生产周期较长、可储存性较强的粮食等大宗农产品影响较小。

新冠肺炎流行对疫情经济学的影响

从科学认识演变特点和规律的角度看，特定学科研究课题的新颖性、特殊性和重要性，来自真实世界研究对象与经验现象的新颖性、特殊性和重要性。新冠肺炎疫情对全球经济造成百年不遇冲击的同时，也为疫情经济学提供了独具特征的观察现象与基于全新经验的研究课题。一是疫情防控要求拉长"社交距离"，客观上急速推高广义交易成本，导致全社会范围的资源配置方式短期内发生颠覆性转变。二是由防控内生的宏观经济冲击影响范围可能会覆盖世界所有重要经济体，经济衰退程度可能会超过罕见金融危机甚至直追20世纪30年代的大萧条。三是疫情内生型宏观经济重挫与传统经济衰退比较，具有受到供给与需求两侧双重冲击的特点，不同行业部门对外生冲击的响应方式和状态也更加多样化。

新冠肺炎流行对疫情经济学提出的问题清单自然不以上述为限，笔者在一篇较长研究论文中还讨论了其他几方面相关观察现象。宏观经济急速大幅萎缩推动各国实施远超上次金融危机的刺激政策，美欧宏观政策出现"泛刺激化"倾向，"现代货币理论"从边缘学说变为学界主流争议话题，国内学界就"财政赤字货币化"发生激辩，疫情或许会成为宏观政策范式转变的酵母。半个多世纪的经济全球化推动各国经济相互依存、深度融合，疫情危机冲击凸显其潜在协调风险与局部脆弱性，将激活我们对经济全球化与全球化疫情关系的更为全面的反思，拓展深化疫情经济学对这个问题的已有研究思考。另外，这次疫情防控中不同国家选择策略与成效的差异，提示疫情经济学可能需要借鉴比较经济体制领域研究的视角，把体制、治理、文化、社会组织等非传统变量纳入研究视野。

疫情经济学回应新冠肺炎大流行催生的时代性课题，除了诉诸不同学科交叉融合大概别无他法。在后疫情时代，仍在襁褓之中的疫情经济学可能会迎来全新研究课题与学科发展机遇，流行病学及公共卫生专家与经济学家的交流互鉴将更为频密甚至成为常态。经济学分析需更加重视学习了解流行病学和公共卫生学科的专业知识，在相关领域与研究场景适当纳入人兽共患病原体与新发传染病、流行病发生蔓延规律等环境和结构性变量。实际上这个过程在现实需求推动下已然发生：2020年有关病毒学、流行病学和公共卫生学常识的社会普及成绩，可能比过往所有历史时期来得更大。另一方面，流行病学和公共卫生专家也要更为重视传染病疫情与经济系统的互动关系，并适当借鉴经济学视角以丰富和创新自身研究方法，大学公共卫生和流行病学院系也可考虑开设经济学基础性课程。

20世纪70年代《瘟疫与人》这一经典著述问世，20世纪末《枪炮、病菌与钢铁——人类社会的遭遇》一书畅销，传染病疫情跨区域传播可能显著塑造人类历史某些转折点走向的看法，渐次普及成为经济史与历史学常识。2020年是又一个不同寻常的庚子年：新冠肺炎大流行不仅是当代公共卫生领域的里程碑式事件，也是对世界经济带来罕见冲击并会深度影响全球化演变前景的里程碑式事件。总结新冠肺炎大流行期间的全新经验，加深认识传染病疫情，特别是新发传染病流行的潜在风险及其治理含义，将成为相关学科领域优先度大幅提升的重大研究课题。疫情经济学的创新和重构，有望成为这个时代性认识视角演进的重要环节之一。

应对危机需全方位加强国际合作[①]

破坏力百年不遇的新冠肺炎疫情,自2019年底发生以来已先后对中国及很多国家造成空前的公共卫生危机,并对包括主要经济体在内很多国家的经济和社会生活带来巨大冲击,全球经济面临衰退和危机风险。这次疫情危机无论从根源还是表现看,都深刻体现全球化时代的特点,其应对方式也会被打上全球化时代的烙印。在全球化环境下,疫情没有国界,经济相互依存,加强合作是国际社会共度时艰的必由之路。2020年3月26日G20领导人用视频方式召开特别峰会,对全球范围的携手合作展现出领导力;然而要战胜疫情与经济冲击的双重危机,国际社会仍需动态拓展和加强多边、区域及双边的全方位合作。

前期国际合作实践与困难

应该说,秉持有难相助的朴素理念,依托全球治理已有的体制安排,

---

① 本文基于笔者2020年3月22日在CF40一次内部视频研讨会上的发言内容拓展整理而成,最终成文于2020年8月31日,感谢CF40提供交流机会,有删节。

疫情暴发以来国际合作早已以多种方式展开。例如中国于2020年2月前后的抗疫最艰难阶段，得到日本、巴基斯坦、蒙古、柬埔寨等很多国家不同方式的援助和声援，一些暖心细节一时传为佳话，美国和其他主要发达国家的华侨、留学生、企业等也提供了不同方式的合作援助。据报道，应意大利政府的请求，古巴3月22日向意大利疫情最严重的伦巴第地区派遣了一支由52名医生和护士组成的医疗队，帮助抗击疫情。此前几天古巴已派出5支援外医疗队。德国一些地方为邻国患者准备重症监护室接诊和帮助邻国患者进行治疗。随着国内外疫情形势的变化，中国支持国外抗疫行动的规模不断扩大。据报道，截至3月26日，中方已宣布向83个国家和世卫组织、非盟提供援助，并为有需要的国家在华进行商业采购提供便利。又如WHO作为联合国下属负责全球公共卫生的国际组织，在协调指导国际社会防控疫情方面做了大量工作，包括向国际社会动态发布与共享疫情最新信息，对各国防控疫情提出指导性建议，协调国际科学界在新冠病毒基因测序与研发疫苗上的合作等。

在经济金融政策协调合作方面，国际机构与协调机制对2020年2月下旬以来的全球金融动荡和经济衰退风险多次发表声明或实施联手干预行动。2020年2月22—23日，今年G20首次财政部长和央行行长会议发布联合声明表示："我们将加强全球风险监测，包括最近暴发的新冠肺炎疫情，我们随时准备采取进一步行动应对这些风险。"3月6日，G20财政部长和央行行长针对新冠肺炎疫情发表联合声明。表示"我们正在密切监测新冠肺炎疫情的演变，包括其对市场和经济状况的影响。我们欢迎各国提出的支持经济活动的措施和计划。我们准备采取进一步行动，包括酌情采取财政和货币措施，协助应对病毒，在这一阶段支持经济，保持金融体系的弹性。"G20峰会协调人3月12日会后发表《二十国集团协调人关于新冠肺炎的声明》，强调"此次大流行亟须国际社会积极应对"。

3月2日，IMF总裁与世界银行行长发表联合声明，准备帮助成员国应对新冠病毒带来的人员灾难和经济挑战。3月3日，世界银行宣布向受新冠肺炎疫情影响的60多个国家提供120亿美元的支持。IMF也在其网站上公布该组织将如何支持各国应对新冠肺炎疫情的经济影响，包括紧急融资、扩大现有贷款项目、减免债务的补助金和安排新融资等。3月16日，G7领导人视频会议正值美股第四次熔断和全球主要股市承压时点，会后联合声明呼吁"各国的央行继续协调，提供必要的货币措施，以支持经济和金融稳定，促进复苏与增长。"并要求"财长们就这些措施的落实以及制定进一步即时有效的行动，每周进行协调"。次日美欧主要经济体同步出台宽松货币政策，随后各国加快财政刺激政策力度。

国际合作与全球协调虽早已实施，不过从具体内容看较多是自发性或非机制性双边合作，区域性合作尚未有明显动作；多边机构和机制已采取某些具体应对措施，然而更多仍是表达合作应对意向，G20峰会机制层面尚未发声。3月19日联合国秘书长古特雷斯指出：我们正面临联合国75年历史上前所未见的全球健康危机。这场危机是一次"对整个人类社会的冲击"。他呼吁世界各国采取"完全透明和协调一致的"措施，共同渡过难关。就危机冲击范围及其对人类健康、经济运行与社会生活造成的损害及不确定性程度而言，当时国际合作与全球协调力度显然仍有待加强。

疫情全球大流行前期国际合作动员和推进与国际社会预期存在差距，可能与多方面的具体困难有关。第一，新型人兽共患病流行引发金融和经济冲击带来两难选择。由于没有疫苗和特效药，应对疫情最基本、最重要的手段是高强度隔离，然而隔离在客观上派生的经济效果类似于保护主义，在国内是地区分割，在国际上是边界控制，由此导致合作困难。控制经济后果需要合作,控制疫情客观上要隔离,是疫情引发宏观经济冲击的重要特征之一。

第二,疫情和金融经济双重冲击的各自严重程度及发生时点,在不同国家存在差别,各国现实压力的差异使得特定时点的国际合作诉求在一致聚焦形成行动能力方面有困难。不过这方面的制约因素,可能在疫情蔓延主要局限在比较少数国家的早期阶段、疫情引发经济冲击的前期比较明显,随着2020年3月中旬WHO也以较为迟来的节奏宣布新冠肺炎疫情全球大流行,同时主要发达国家及重要新兴经济体感受到疫情引发的同步性金融经济冲击,并且全球经济衰退成为大概率事件的背景下,合作诉求难以聚焦这个因素的实际影响则相应减少直至不复存在。

第三,国际环境演变与大国关系短期变化产生困难。与10多年前的国际金融危机相比,近年全球化与国际环境出现阶段性转变,特别是美欧质疑全球化社会思潮的影响力上升。近年WTO改革推进艰难,WTO争端解决机制在2019年底已然停摆,折射出全球多边贸易治理机制面临危机。美国近年推行贸易保护主义政策,甚至与中国和其他国家发生贸易摩擦,试图质疑和重塑二战后形成的经济全球化规则。另外,这次疫情发生后,美国个别媒体发表辱华言论,美方高官对新冠病毒概念的错误表述,我国有关机构人士质疑美军向我国输入新冠病毒可能性,使得双边关系出现新的困难和敏感因素。

然而随着疫情蔓延加剧和全球经济危机风险的增加,国际社会要求合作应对危机的驱动力和呼声增大。中美有关病毒来源问题的争议降温,一度承压的双边关系再次得到修复改善,为推动国际合作升级应对危机提供有利条件。2020年3月26日G20领导人召开特别峰会,标志全球多边合作应对危机进入新阶段,其他双边与区域合作也有望得到提升和加强。

G20 特别峰会展现领导力

2008 年美国金融危机引发全球金融海啸，G20 峰会机制应运而生，对当时全球合作应对金融危机发挥了关键作用，并成为后危机时期全球治理架构中最具有政治权威性的机制性平台。这次疫情发生以来，WHO、IMF、WB、UN 等常设多边机构虽仍在发挥倡导协调职能，G20 的财政部长和央行行长会议与协调人会议发表多次声明产生积极影响，然而无一机构能取代 G20 峰会可能发挥的权威性引领作用。2020 年 G20 由沙特担任轮值主席国，G20 峰会没有常设机构以临时推动紧急议程，加上受到包括大国关系发生新敏感因素等情况制约，直到 2020 年 3 月中旬初尚未有 G20 峰会层面应对危机形势的公开消息。

此前 3 月 11 日 WHO 宣布新冠肺炎疫情全球大流行，随后相关形势很快发生重要变化。3 月 13 日韩国总统向法国总统建议举行 G20 特别峰会应对局面。3 月 15 日韩国总理向美国总统国家安全顾问方提出类似建言，3 月 16 日非 G20 成员国西班牙也提出类似建议，得到有关建议对象国积极回应。3 月 17 日，沙特以 G20 主席国身份发布公告，表示正在与 G20 成员国沟通，计划在下周（3 月 23—29 日）采用网络方式召开 G20 领导人特别峰会，提出针对新冠肺炎疫情及其对人类与经济影响的协调应对措施。上述动向显示，召开 G20 特别峰会，促成全球合作应对危机的共识在快速形成。

这个阶段中美关系缓解改善为成功启动 G20 峰会特别机制创造了必要条件。3 月 17 日，中国驻美大使崔天凯接受 AXIOS 和 HBO 联合节目采访，对近年两国博弈与疫情暴发后出现的诸多敏感问题做了全面回应，强调中美两国"应当并肩合作抗击病毒，恢复经济正常运作，重塑人们对世界经济的信心，培育应对其他类似危机的能力"。访谈中，崔大使以理性务实和柔中有刚的风格，对美方对华的一些错误指责给予明确驳斥，对一些不怀好意的提问给出有说服力的澄清。

3月20日美国国务院发言人奥尔塔格斯接受凤凰卫视专访，这位发言人仍错误坚持中国应对疫情措施导致国际社会"行动迟缓"等片面观点，同时也指出美方把新冠病毒称为"中国病毒"不是针对中国人民，表示中美外交政策并非零和游戏，并肯定两国在全球很多领域合作，还称赞在这次疫情中"中国医生才是真正的英雄"。她对一些敏感问题措辞虽仍强硬，不过态度语气也不乏缓和示好表现，与此前我国大使媒体访谈形成联手缓和双边关系信号。3月23日特朗普总统"发推特呼吁保护亚裔群体"，并在次日决定不再使用"中国病毒"说法。

在这一背景下，G20领导人视频特别峰会于3月26日召开。峰会发布联合声明显示，各国领导人就抗击疫情与稳定经济两大主题将要采取的广泛措施达成共识。声明指出，与新冠肺炎疫情"做斗争需要本着团结精神进行透明、强大、协调、大规模和以科学为基础的全球对策"。领导人做出六大承诺：保护生命；保护人们的工作和收入；恢复信心，保持金融稳定，恢复增长并恢复强劲；最大限度地减少对贸易和全球供应链的干扰；向所有需要援助的国家提供帮助；协调公共卫生和财务措施等。

在目前疫情肆虐危机和经济危机风险并存的形势下，G20领导人能够坐下来召开视频特别峰会协调应对措施，本身就是疫情发生以来最重要的多边合作举措，对抗疫情、稳金融、拼经济是一个不可替代的关键利好因素。这次特别峰会的主基调是加强全球合作。领导人还承诺："我们随时准备迅速做出反应，并可能采取任何进一步的行动。我们表示愿意根据情况再次召开会议。""保护人类生命、恢复全球经济稳定，并为强劲、可持续、平衡和包容性增长奠定坚实的基础。"

峰会着重就三方面优先合作领域阐述了行动方针。首先是有效抗击疫情全球大流行，以保护人们尤其是最脆弱的人们的健康生存。为此峰会要求各国共享抗疫物资、信息、经验等各方面资源，并要求在 4 月的卫生部长会议上制订一系列 G20 紧急行动计划以共同抗击疫情。领导人决定加强相关领域研发合作，包括增加疫苗和药品的研发资金，利用数字技术并加强科学国际合作。另外，要增加防控疫情所必要的融资，为此领导人在承诺帮助 WHO 弥合资金缺口外，呼吁所有国家、国际组织、私营部门、慈善机构和个人为这些努力做出贡献。

其次是协调各国宏观政策，维护目前经受疫情冲击考验的全球经济运转。这方面如学界和业内人士普遍预期，G20 领导人承诺"我们将继续提供充足的大规模财政支持。……这种反应的规模和范围将使全球经济重新站稳脚跟，并为疫情防控和恢复增长奠定坚实的基础。"领导人表示"支持中央银行根据其职责采取特别措施"。肯定"中央银行已采取行动，支持向家庭和企业的信贷流动，促进金融稳定，并增强全球市场的流动性"。同时峰会要求 G20"财政部长和中央银行行长定期进行协调，以制订应对新冠肺炎疫情的 G20 行动计划，并与国际组织密切合作，以迅速提供适当的国际金融援助"。

峰会声明承诺将向全球经济注入 5 万亿美元，以应对疫情大流行对社会、经济和金融带来的负面影响。依据声明表述，5 万亿美元刺激总量应由"财政政策、经济措施和担保计划"三部分构成。其中额外财政刺激，如美国国会随后批准的 2 万亿美元财政预算法案，与 5 万亿美元总支出数量关系比较确定，然而"经济措施和担保计划"金额怎么衡量，以及如何定量计入 5 万亿美元的总量，则或许难以精准评估。类似 2008 年底我国的 4 万亿元"一揽子"刺激计划，很难精准分解 4 万亿构成，然而其在应对危机时期确实产生了特殊的政策信号效果。

最后峰会把避免国际贸易中断作为优先行动目标之一。控制疫情蔓延客观上需要隔离，控制疫情经济后果则需要合作，防控疫情扩散与经济互联互通之间的矛盾，构成流行病宏观经济学的两难命题，并对抗疫期间贸易政策提出相应协调管控要求。基于经济和社会稳定目标，必须在人事能及范围采取一切手段，尽量减少超出防控疫情必要性的边境限制手段，把可能对国际贸易和供应链造成扰动的边境措施限制在合理范围，抵制贸易保护主义。

与上述逻辑相一致，G20领导人峰会把消除国际贸易中断作为一个独立方针，承诺"目标是实现自由、公平、非歧视、透明、可预测和稳定的贸易和投资环境，并保持市场开放"。声明提出了处理防控疫情与物流畅通矛盾的两点方针：一是"承诺继续合作以便利国际贸易，协调政策以避免对国际运输和贸易造成不必要的干扰"；二是确保"旨在（防控疫情）保护健康的紧急措施将是针对性的、相称的、透明的和临时的"。峰会特别要求"努力确保重要的医疗用品、重要的农产品及其他商品和服务的跨境流动，并努力解决全球供应链中断的问题，以支持人类的健康和福祉"。

G20峰会特别会议成功召开是全球合作应对这次疫情危机的一个标志性事件，并彰显现阶段全球治理的两大特点。一是G20峰会机制的特殊重要性。往年曾有世界无大事年份，G20峰会议程略显波澜不惊，国外对峰会必要性有过质疑性评论。这当然是浅见。G20峰会的意义不在于每次都会有石破天惊的新政，而在于它对协调全球重大事务特别是危机应对具有不可替代的作用。G20成员由经济总量超过世界八成的最主要经济体构成，其机制性功能超越了G7机制代表性缺乏与联合国体制决策力不足的局限，与当今世界格局变迁的时代背景契合度较高。G20领导人峰会以其独特的政治权威性，便于收放自如地在跨部门领域全面协调和决策，并对所有国际机构和社会组织提出必要指示和要求，从而比较有效地凝聚全球共识与合力以实现特定目标。

二是再次彰显中美双边关系的全局性地位，对G20及全球治理机制具有特殊影响。近期中美关系面临新困难，美对华政策转变强调战略博弈是根本原因，突发疫情派生新矛盾、新争议则是直接推手。2020年3月中旬两国双边关系的紧张状态有所转圜，为峰会成功举行提供了必要条件。否则如果任由病毒名称、病毒来源相关议题的阴谋论和污名化争执继续影响和挟持两国舆情，G20特殊峰会或许难以顺利举行。目前两国关系有所改善，然而结构性矛盾并未消失，如何管控不确定性增加环境下的中美关系对两国以及全球都具有更为重大的意义。正如习近平在3月27日中美元首应约通话中强调的："当前，中美关系正处在一个重要关口。中美合则两利、斗则俱伤，合作是唯一正确的选择。"

升级双边与区域国际合作

全球治理离不开区域治理，国际合作起步于周边合作。全方位国际合作意味着，双边、区域、多边合作多层面、多维度展开，国际合作在抗击疫情与稳定金融经济方面多主题、多领域推进。G20领导人特别峰会联合声明也涉及其他渠道合作的要求和期许。例如对"欢迎我们的中央银行延长货币互换安排"的表态，对"区域开发银行"与多边国际机构共同行动的承诺，显示G20特别峰会认同全方位国际合作的方针立场。

对中国这样的大国而言，与各类伙伴国之间的各种双边合作始终具有特别重要的意义。在国际合作抗击疫情方面，习近平在G20领导人特别峰会上承诺：向出现疫情扩散的国家提供力所能及的援助；加大力度向国际市场供应原料药、生活必需品、防疫物资等产品。3月26日，外交部宣布中国已对80多个国家及世卫组织、非盟等国际组织提供紧急援助，包括检测试剂、口罩等医疗物资，并向世卫组织提供了2 000万美元捐款，支持其开展抗疫国际合作。中国还建立了新冠肺炎疫情防控网上知识中心，向所有国家开放。我国在物资装备供给、医护专业人才、最早抗疫经验等方面具有综合优势，这方面的双边合作规模有望进一步扩大，体现我国作为新兴大国的责任和担当。

后续双边合作可能要面对的重要内容，是如何应对防范疫情导致金融市场波动与金融危机风险上升。对此需区分主要发达国家与新兴经济体及发展中国家面临的挑战，前者可以主要依靠自身及与美元互换协议安排，通过相对独立的政策应对控制货币和金融危机风险。然而在美国股市剧烈波动和金融风险加剧的情况下，美元回流，美元指数走高，如果对一些新兴经济体和发展中国家的金融稳定造成冲击，可能会为中国双边合作带来需要考虑的问题。

外部金融危机风险加大可能会对双边合作提出一些新的挑战。譬如，危机后美元仍然有避险的功能，几次股市波动后美元反而出现升值趋势，以及全球流动性紧缺与利差飙升。依据历史经验及 2014 年和 2018 年前后的情况，上述情形持续往往诱发新兴经济体金融风险爆发。目前紧张形势如果不能较快缓解，不排除宏观经济基本面存在脆弱性的新兴经济体和发展中国家会面临国际收支困难甚至金融风险加剧的局面。

如出现上述局面，我们在双边合作层面至少要考虑两个问题。一是执行双边货币 Swap 需求可能超常增加。全球金融安全网络（GFSN）由国别储备、双边互换、RFA（区域性融资安排）、IMF 构成。我国在双边货币互换层面占据重要地位，央行的《2019 人民币国际化报告》显示，截至 2018 年末，双边有效本币互换协议 30 份，总金额 3.48 万亿元。目前可能有 35 份，金额在 3.5 万亿~4 万亿元。2018 年末境外人民币存款余额约为 1.2 万亿元，人民币债券未偿付余额 4 151 亿元，大额存单（CD）发行余额 1 066 亿元。不考虑外储，境外市场人民币规模约在 2 万多亿元。

依据对这些国家国际收支和宏观数据的观察，一些国家对外部环境变化承压能力较弱；即便目前情况尚可的国家，在双重冲击环境下也可能面临新的困难。危机风险可能推动执行双边货币互换协议急剧增长。如果在合作应对危机时大量执行或激活双边货币互换协议，或许会出现对外方增加数千亿甚至更多人民币供给的情况，这对中国人民币国际化政策来说是一个机会，但对离岸人民币市场前景和人民币汇率会产生什么影响，还需适当考虑。

二是如果面临的经济金融冲击更加严重，有些新兴经济体和发展中国家，特别是周边邻国及与我国基于"一带一路"倡议合作较多的国家，可能会提出超出双边货币合同上限或范围的援助请求。如果出现这类情形，中国当然可以考虑采取不同方式回应。加入采取双边合作方式，直接手段可能较多的是援助+无息贷款等。在实施这类短期救助性合作时，需考虑人民币国际化政策目标，也要考虑在经济发展方式上与合作对象国进行更多互学互鉴，做到"一带一路"中提到的"五通"，甚至要考虑到未来货币区演变动向，把短期危机应对措施与长期发展目标较好结合起来。

其次，区域合作也不可缺少，并且与双边合作存在紧密联系。据报道，2020年3月17日欧亚经济委员会理事会审议亚美尼亚和吉尔吉斯斯坦提出的关于针对新冠肺炎疫情传播采取协同措施的提案，决定免除或降低部分用于预防和抗击疫情传播的医疗用品进口关税。就我国面临的形势而言，新世纪特别是国际金融危机以来，东亚经济一体化进程快速推进，中国在区域经济影响力方面快速提升，这次冲击会进一步推动上述趋势。作为我国应对"双重冲击"的区域合作重点，亚洲特别是东亚地区自然具有某种特殊优先地位。

亚洲开发银行作为致力于发展中成员经济和社会发展的区域性政府间金融开发机构，面对双重冲击形势，可总结本地区比较有效的防控疫情具体措施与一般经验，采取必要措施加强公共卫生与应对疫情投资及能力建设，并为此提供必要的金融与非金融支持。针对疫情国际传播加剧的形势，习近平在 G20 领导人特别峰会发言中倡导"有效开展国际联防联控"。据报道，中韩已成立由两国外交部牵头，卫生、民航等多部门参加的疫情联防联控合作机制，对双方加强疫情防控沟通协调发挥了积极作用。东盟－中日韩（10+3）机制也可以探索在区域层面建立相关合作机制。

各国应对双重冲击普遍面临的两难问题，是防控疫情大流行要进行必要的边境限制，同时需保证必要贸易物流畅通和跨国产业供应链正常运转以降低疫情对开放型经济的冲击。东盟－中日韩区域经济一体化程度较高，需要在这方面率先研究总结合理兼顾应对之道，为化解上述内在矛盾提供务实有效的解决方案。据报道，日前个别区域国家宣布限制部分粮食出口。从常识考虑，新冠肺炎疫情冲击经济的产业分布特点，是对服务业和制造业冲击最为明显和严重，农业生产过程空间分散所受影响应比较有限，而农产品贸易涉及很多国家的食物安全与社会稳定，应避免过度恐惧造成出口限制过度扩大，由此对国际贸易和经济稳定造成不必要损害。中国应利用双边合作渠道与东盟－中日韩等区域机制合作，并与世贸组织协调，在合理考虑并协助解决相关国家粮食安全诉求的基础上，针对这类出口限制措施加以商讨和协调。

通过区域合作应对双重冲击的一个新议题，是要考虑双重冲击下"清迈协议多边化"/"东盟与中日韩宏观经济研究办公室"（CMIM/AMRO）机制是否需要激活其金融救助功能。由东盟－中日韩打造经营十几年的 RFA，直接目标是维护区域金融稳定和应对危机，长期与培育东亚区域货币安排有关，CMIM 问世以来从未被正式激活利用。这次双重冲击如果诱发成员面临危机压力，是否要首次启动救助机制？如何通过可能的首次或首批救助检验多年能力建设的实战效果？利用地区货币作为缴纳货币战略设想有无可能在危机应对中得到更多重视机会？这些问题需成员国共同决定，中国作为最大出资国之一有必要先行谋划。

另外近年中国积极推进"一带一路"、上海合作组织、金砖国家以及与非盟、阿盟、中东欧、拉共体等多边或区域性国际机制，结合目前形势，需适时增加公共卫生防控疫情、合力应对金融/经济冲击的合作内涵。这些国际机制涉及国家大多为发展中国家，无论是公共卫生体系还是国民经济基础都存在短板，应对新冠肺炎疫情和外部经济环境冲击能力较弱。中国作为世界上最大的发展中国家和新兴经济体，应把疫情防控纳入多边或区域性国际合作框架，为发展中国家提供资金、技术、资源、信息、人力支持，同时为这些国家稳定经济提供力所能及的协助，在危机环境下进一步彰显中国作为新兴大国的责任与担当。

结语

习近平在 2020 年 3 月 27 日与美国总统特朗普通电话时指出："流行性疾病不分国界和种族，是人类共同的敌人。国际社会只有共同应对，才能战而胜之。"目前新冠肺炎疫情仍在蔓延恶化，全球确诊病例数呈指数级增长态势；疫情给全球经济带来的冲击目前仍处在初步释放阶段，第二季度负面影响有望进一步显现；人类社会面临二战以来前所未有的挑战。全球化时代各国相互依存、休戚与共，有效应对这场病毒大流行所带来的危机，各国的动员能力、果断决策与行动固然是根本决定因素，国际社会的通力合作、守望相助也是不可缺少的关键条件。能否加强全方位的国际合作与全球协调，不仅关乎国际社会能否与如何战胜疫情和经济双重危机，也会以路径依赖方式影响后疫情危机时代的全球治理走向与人类社会前途。

如何看待大疫之年的粮食安全?[1]

新冠肺炎疫情全球大流行给包括农业在内的经济生活带来全面冲击,受恐慌性预期等因素影响,部分国家对粮食出口实施限制措施,国际大米价格于 2020 年 3 月中旬以后一度较快上升,"粮食安全"频频出现于主流媒体的报道评论标题中。沙漠蝗虫近来肆虐东非和南亚部分地区,加剧全球粮食安全风险。4 月 21 日世界粮食计划署发布预测,受到新冠肺炎疫情的影响,到 2020 年底,全球范围处于粮食危机的人口数量,可能会比 2019 年增加将近一倍达到 2.65 亿。[2] 近年我国粮食安全形势有何特点?新冠肺炎疫情与国际粮食市场异动对国内粮食供求会产生什么影响?如何看待大疫之年的粮食安全问题?

---

[1] 感谢李昕、吴思芮、杨业伟、白春华等人帮助收集数据资料并参与讨论。本文在《中国银行业杂志》2020 年第 5 期发表。
[2] 《联合国警告新冠疫情将加剧冲突地区饥饿问题》,http://news.china.com.cn2020-04/22/content_75%3206.htm,2020 年 4 月 22 日。

疫情前我国粮食形势概况

粮食安全是指任何时候所有人都有能力获得充足的维护生命和健康的食物，从一国治理角度而言则强调生产足够数量的粮食并最大限度保障粮食供给稳定，粮食危机则意味着社会成员基本粮食需要得不到满足以至发生大范围饥饿危及生存的状态。粮食安全或危机与个体、地区、一国粮食供求关系等特定状态相联系，因而讨论本文主题有必要先了解疫情暴发前粮食供求关系概况。

得益于市场化取向改革释放的体制创新作用，借助于农业科技进步和现代投入持续增长，辅以开放环境下国际农业资源利用程度增加，进入新世纪以来我国粮食生产和供给的综合能力持续提升，对保障我国粮食安全与改善国民膳食结构发挥有力支撑作用。告别"饥荒之国"的历史记忆，从"吃得饱"走向"吃得好"，是我国当代经济发展转型阶段性成就的基本内容之一，也是这个进程得以稳健推进的基本保障条件。

新世纪初年我国粮食产量由上一轮粮食相对过剩派生周期性调减的过程结束，此后"十二连增"使粮食年产量从 2003 年的 4.3 亿吨增长到 2015 年的 6.6 亿吨，形成改革时期第四次粮食供大于求的相对过剩状态。近年政府部分退出最低收购价干预政策，粮食产量改变"连增"走势，保持基本稳定，2015—2019 年间国内粮食年产量稳定在 6.6 亿吨上下，国内产量加净进口得到的粮食表观消费量维持在 7.7—7.8 亿吨上下的历史高位。人均粮食产量从新世纪初年 350 公斤上下的较低水平，恢复到 2008 年的 400 公斤以上，2015 年上升到 480.6 公斤的峰值，近年维持在 470 公斤的历史高位。[①]

[①] 根据国家统计局历年《中国统计年鉴》和《2019 年国民经济和社会发展统计公报》相关数据整理。

我国粮食贸易呈现两方面特点。一方面谷物进口绝对规模不小，但是贸易依存度很低。2018—2019年大米、小麦、玉米等主要谷物净进口量为700多万吨，加上大麦等杂粮净进口600万~700万吨，谷物净进口占国内产量比例为2.5%。另一方面，大豆进口持续超预期增长，20世纪90年代后期我国变为大豆净进口国，2000年和2010年净进口规模分别超过1 000万和5 000万吨，2015—2019年在8 200万~9 500万吨的高位波动。[1] 大豆加工品豆粕是家禽家畜饲料的重要成分，大豆大规模进口节约了国内耕地和水资源，有助于国内动物生产和国民膳食结构改善。当然，大豆贸易依存度很高，也意味着万一大豆国际贸易面临较大扰动，我国将面临调整压力。

粮食库存吞吐是应对粮食供求短期冲击的重要手段。2015年前后的第四次粮食相对过剩高峰时期，粮食库存总规模估计高于全年消费量。[2] 近年随最低收购价格回调，过量库存有所释放，不过库存占年消费比例可能仍在80%以上[3]，处于数倍于国际通常安全标准的高位。粮食过量库存规模较大显示我国保障粮食安全的目标在减本增效方面仍有相当大的改进空间，然而目前的超量库存为稳定大疫之年的粮食安全提供了现实支持。

笔者十几年前提出，随着以供给侧绝对短缺匮乏为特征的传统粮食安全问题得到解决，改革开放时代我国粮食安全内涵发生历史性变化。有三点原因至关重要。首先是建立农村家庭联产承包责任制，构建适应农业经济规律和特点的农村微观组织架构，放开价格管制，鼓

---

[1] 根据wind提供的海关总署有关数据整理。
[2] 卢锋，《'三量齐增'难持续——'十三五'时期粮食周期调整探讨》，《CMRC中国经济观察》(总第45期)，2015年。
[3] 综合我国有关部门官员透露的大米和小麦储备库存规模与美国农业部对我国粮食库存的估计，结合近年我国粮食表观消费量数据估计而得。

励要素流动，引入市场机制。其次是在市场取向的农业改革政策环境下，中国农民整体勤劳努力与聪明善学的优良素质得以淋漓尽致地发挥。再次是农业现代投入的增长发挥了不可或缺的作用。如进入新世纪以来，我国农业复合肥料投入、农村用电量、地膜覆盖面积、农用机械总动力、农业 R&D 投入等成倍甚至数倍增长。①

疫情对国内粮食供求影响

冲击力百年不遇的新冠肺炎疫情发生以来已先后给中国与很多国家造成空前的公共卫生危机，并对包括主要经济体在内的很多国家的经济和社会生活带来灾难性影响。2020 年 4 月 14 日，IMF 发布新一期《世界经济展望报告》，预测 2020 美国与欧元区经济增速分别为 -5.9% 和 -7.5%，全球经济萎缩 3%。全球经济面临战后最严重衰退风险。

新冠肺炎疫情对粮食需求和供给都可能产生冲击影响。经验观察显示，疫情时期需求结构和总量都发生显著变化。在粮食和食物需求结构方面，表现为外出餐饮需求大幅下降②，在家做饭的个人和家庭比例大幅提高，电商网络消费零售方式趋势性变化进一步加强，对方便速冻食品的需求大幅增长③。主要受不确定预期的影响，加上疫情高强度防控期间人们居家饮食习惯改变，粮食和食物囤货短期需求大幅增

---

① 农业现代投入增长情况参加历年《中国统计年鉴》。
② 国家统计局 2020 年 4 月 17 日发布第一季度社会经济发展状况显示，2020 年 1—3 月，全国餐饮收入 6 026 亿元，同比大幅下跌 44.3%；限额以上单位餐饮收入 1 278 亿元，同比大幅下跌 41.9%。
③ 据央视网消息，一季度电商平台上食品消费保持良好增长，粮油米面、方便速食、南北干货、烘焙食材分别增长 88%、155%、92%、92%；生鲜品类上，水果、水产、蔬菜、肉类、冰激凌成交额同比分别增长 40%、60%、190%、168%、161%。生鲜的线上成交额同比增长了 112%。(《2020 年一季度经济数据发布！电商平台水产成交额同比增长 60%！》，2020 年 4 月 21 日)

长。2020 年第一季度我国粮油、食品类零售额达 3 858 亿元，与 2019 年同期相比增长 12.6%。[①]

疫情造成的粮食安全风险主要来自供给侧。首先需指出的是，疫情冲击经济具有行业对象分布特征。就城乡比较而言，人口数量众多与人际交往频繁的大城市，与相对地广人稀的乡村比较，疫情蔓延风险与经济受冲击程度较大。就不同产业而言，疫情对服务业影响通常最大，对工业特别是劳动密集型制造业的影响次之，对农业影响较小。在农业内部，疫情对鲜活时令农产品，如水产、家禽、蔬菜、瓜果、花卉等冲击较大，对价格弹性较低、生产周期较长、可储存性较强的粮食等大宗农产品影响较小。这些结构性特点，决定了一些大城市某些服务业在疫情防控最紧张期间的"停摆"现象，不大可能在粮食生产场景出现。

依据相关经验观察，疫情冲击粮食生产产生直接影响可能经由以下渠道发生。一是在疫情最严重、防控最严厉阶段，各地农村比较普遍实施封村封路的防控举措，农业劳动者去农田工作受到限制。二是化肥等农用物资投入品供应因疫情对物流的冲击难以正常供应，也可能影响粮食生产。三是疫情对家禽家畜、农村副业（如农家乐）、外出打工等方面的冲击拖累农民可支配收入，有可能使农民安排粮食生产时面临资金困难等。从国内 2020 年初以来的具体情况看，由于疫情较快得到控制，疫情前农业基础条件和农民收入情况比较稳定，政府针对上述影响已实施一些调节政策，因而总体影响应有限。

就全球某些局部范围而言，疫情可能会显著加剧粮食安全风险。如在一些低收入发展中国家，特别是非洲和中东某些经济基础薄弱或

---

① 《疫情背景下粮油零售市场如何？ 2020 年一季度粮油食品类零售额同比增 12.6%》，中商产业研究院，2020 年 4 月 20 日。

经历政局动荡甚至战乱的国家，如疫情进一步恶化拖累农民收入并影响粮食生产的潜在负面影响不容低估。2020年4月21日联合国世界粮食计划署执行干事戴维·比斯利指出：封禁与经济衰退会导致海地、尼泊尔和索马里等国海外汇款收入急剧下降，占埃塞俄比亚出口收入47%的旅游业会遭遇重创，油价暴跌会使苏丹这样98.8%出口收入来自石油的国家遭遇巨大困难。[①] 这些国家如出现农民收入大幅下降甚至农村经济萧条，很可能加剧其粮食生产困难和危机风险。

疫情对国际粮食贸易的影响

疫情影响粮食安全的另一渠道是国际粮食贸易可能受到出口国贸易限制措施的冲击。疫情全球大流行后，少数国家先后出台对部分粮食、蔬菜和动物性食物的出口限制措施。最早是越南宣布从2020年3月24日起禁止出口粮食大米。同日印度开始在全国范围实施21天"封城"措施，大米出口也因封锁限制而暂停。3月26日泰国宣布禁止出口鸡蛋7天。3月31日俄罗斯宣布从4月1日到6月30日，对非欧亚经济联盟成员国实行700万吨小麦、黑麦、大麦和玉米谷物出口配额限制，同日欧亚经济联盟其他四个成员国（哈萨克斯坦、白俄罗斯、吉尔吉斯斯坦和亚美尼亚）宣布部分谷物和食物出口的限制措施。截至4月15日，已有十几个国家实施了不同形式的粮食和食物出口限制措施。

就上述出口限制国在国际市场的相对重要性而言，俄罗斯是全球第一大的小麦出口国，2017年出口量全球占比22.7%。同年印度和越南分别是全球第一和第三的大米出口国，出口量全球占比分别为25%

[①]《联合国警告新冠疫情将加剧冲突地区饥饿问题》，http://news.china.com.cn2020-04/22/content_75963206.htm，2020年4月22日。

和 14%。此外，其他国家出口量占全球比例大都比较小。初步匡算，十几个实施出口限制的国家粮食出口总规模接近 1 亿吨，占世界粮食出口量近五分之一，其他主要粮食出口国如美国、巴西、澳大利亚、加拿大等国没有实施限制措施。就受影响较大的大米贸易而言，我国 2012 年以来年进口大米 200 万~300 万吨，2018—2019 年年度出口 200 多万吨，进口主要用于调节地区余缺。据有关部门官员透露，我国大米库存相当于全年消费量。国际大米市场波动，对我国不会造成实质性的粮食安全影响。

从有关国家限制粮食出口措施的动机看，印度据称是由于封国令导致国内大米加工和港口物流难以正常运转，更多国家则是担心疫情引发国内粮食短缺。一国政府重视国内粮食供给稳定是合理的，问题在于依据对疫情影响粮食生产的实证分析，限制粮食出口措施是否有必要。粮食等农业生产的特征是自然再生产和社会再生产的统一，自然再生产是利用动物、植物、微生物的生活机能不断进行物质循环与能量转化的过程，这一过程不会受到病毒和疫情影响。就社会再生产环节而言，上述讨论显示，受疫情冲击的经济行业对象结构分布规律决定，除了少数农业基础特别薄弱和社会不稳定甚至面临战乱的国家外，疫情的现实影响其实比较有限。

世界粮食产量约六分之一通过国际贸易成为非产地国人口的粮食供给来源，因而维护国际粮食贸易体系正常运转对保障全球粮食安全具有重要意义。这方面疫情以来的积极变化是，2020 年 4 月中旬以来国际社会通过区域[1]和多边机制[2]就稳定国际粮食贸易协调沟通取得初

---

[1] 4 月 14 日东盟与中日韩抗击新冠肺炎疫情领导人特别会议商讨维护粮食贸易秩序稳定议题。
[2] 4 月 21 日，联合国安理会开会研究新形势下的全球粮食安全问题，G20 召开紧急农业部长视频会议，商议粮食安全问题。

步成效，维护粮食贸易正常秩序成为普遍共识，有的国家如越南已经取消早先的禁止贸易措施。相关形势演变仍存在不确定性，然而从目前的情况观察，如果全球疫情不发生超预期恶化，国际粮食贸易失序风险有望得到控制。

初步小结与政策应对

疫情造成的前所未有的冲击显著增加了全球范围的粮食安全压力，局部区域粮食危机风险上升。我国由于多方面的有利条件，有能力保障国内粮食和食物安全。首先，我国在发生疫情前多年稳定的每年 6 亿吨以上的粮食生产能力，加上远超通常安全水平的粮食储备库存规模，构成保障国内粮食安全目标的基本条件。其次，就国际贸易依存度风险而言，我国主要用于饲料的大豆进口规模很大，贸易依存度很高，然而大米、小麦、玉米等基本谷物自给率在 98% 以上，因而即便出现国际粮食贸易较大异动仍能比较从容地调整应对。再次，我国较早举国动员防控疫情并较快取得成效，政府适时出台粮食和农业春耕生产协调支持政策，粮食春耕播种进展情况较好。

2020 年 4 月 17 日最高层提出当前经济工作"六保"方针，其中要求确保粮食和能源供应安全。为此要切实贯彻落实现有稳定粮食和农业生产的政策，确保今年粮食生产稳定和丰收，兼顾粮食安全与库存调减目标。核查粮食储备库存减少统计误差，在提高粮食库存信息精准度的基础上，根据形势变化适时适度运用库存调节供求。作为最大新兴经济体，我国要继续参与引领双边、区域、多边国际合作，发挥我国特殊优势为全球疫情防控大流行做出贡献。同时积极参与国际合作协调，在确保国内粮食安全前提下适度扩大过量粮食库存出口，为维护国际粮食市场稳定发挥大国正能量。

美国应对新冠肺炎疫情为何迟缓？
——疫情经济学思考

2019年6月底，美国总统经济顾问委员会（CEA）主席凯文·哈塞特离任，前芝加哥大学经济学教授、时任CEA委员托马斯·菲利普森受命代理该职，成为白宫新的首席经济学家。近年美国高官走马灯式去留任免时常伴随争议，如2018年3月美国国家经济委员会（NEC）主任科恩因贸易摩擦问题与白宫政策龃龉离职，成为当时的新闻热点。比较而言，这次CEA换届没有引发太多关注。我国媒体和经济学界对菲利普森教授熟知度不算高，2020年2月他提及特朗普贸易政策对美国经济的负面影响曾引发我国媒体集中评论[①]，除此以外，这位CEA新掌门人很少被报道。

CEA是根据美国1946年就业法案（"The Employment Act of 1946"）设立的机构，使命是针对可能影响美国国内与国际经济政策的问题为美国总统提供客观经济分析。就CEA负责人任职而言，菲利普森教授的学术背景颇有特殊之处。不难理解，历任CEA主席大都由宏

---

① "White House Admits That Trump Trade Stance Did Depress Economy," Rich Miller, *Bloomberg*, 20 February 2020. 国内多家财经媒体有"白宫官员承认特朗普的贸易立场的确压制了经济"的报道。

观经济、货币金融、财政税务、国际经济等领域的经济学家担任。如菲利普森的前任哈塞特专攻税务财政问题，早先曾任此职知名度更高的曼昆教授和伯南克教授，都可谓宏观经济学研究领域的重要人物。然而菲利普森的研究专长则是卫生经济学，任命一位卫生经济学领域的学者执掌 CEA，即便作为代理主席有临时意味，在 CEA 历史上也属罕见。

浏览菲利普森教授学术简历可知，他在卫生经济学领域涉猎广泛，研究问题涵盖医疗研发和技术、创新和管制、肥胖症、长寿和生命价值等多方面。特别值得一提的是，他对流行病经济学研究多有建树。例如他 20 世纪末就社会成员个体防护选择对传染病流行度响应机制及互动关系的分析，堪称当代疫情经济学领域的重要学术成果。在新冠肺炎大流行对经济增长带来百年不遇挑战的背景下，白宫首席经济学家碰巧是疫情经济学领域的著名专家，他的学术专长是否有助于美国决策层更好地评估应对疫情风险，自然成为一个有意思的看点。

然而令人遗憾的是，带着这份好奇心去看，收获很有限。从相关信息看，这位 CEA 代主席对新冠肺炎疫情及其经济影响发表的公共意见似乎很少。例如 2020 年 2 月他主持完成的美国总统年度经济报告，展望美国经济增长前景部分对未来有利条件和不利因素进行分析，列举的多方面下行风险也未涉及新冠肺炎疫情因素。在 2 月 20 日宣介这份年度报告的媒体会上，菲利普森倒是提及"新冠肺炎疫情对美国经济的潜在影响"，当时他强调"我不认为疫情对美国经济威胁会有那么大"，意在淡化疫情风险。事后看这个表态自然属于误判，他本人也会很快意识到这一点。

依据上述有限信息讨论菲利普森有关疫情早期的评估观点显然存在局限性。上述媒体报道是否准确有待核实。即便报道属实，一位现任政府要职官员对敏感政策问题的公开表态，与他作为特定领域专家的认知判断也可能存在差异。我们无从了解他在政府内部相关讨论或向最高层建言时，是否对新冠肺炎疫情的经济影响提出过更具有前瞻性的见解。不过观察美国政府应对新冠肺炎疫情的政策，2020年3月以前总体对风险显著低估，疫情快速蔓延后应对政策进退失据、效果不佳，应是不争的事实。这么说来，菲利普森在2月20日记者会上表达的观点，至少能反映美国决策层当时对这个问题的一般看法。

基辛格老先生于4月初撰文指出，新冠肺炎疫情过后，很多国家的制度应对将被看作失败，字里行间对美国这次危机应对表示失望和痛心。美国对疫情危机风险评估的偏差与反应迟缓滞后，显然是这次受到重挫的关键原因之一。为什么在中国1月下旬开始举国抗疫，疫情全球流行风险已全面彰显的背景下，美国未能在第一时间给以足够重视并抓紧国内防控部署，而是到2月底或3月疫情已然扩散后才仓促应战？跟上面观察背景相联系，像菲利普森代主席这样对疫情经济学具有独到理解的专家，在疫情风险山雨欲来之际，为何未能更好展现专业洞见和判断力？

对此或许可以从美欧等西方社会应对传染病的长期历史形成的传统模式角度略加讨论。历史学家告诉我们，人类产生之初就见证了人类和动物传染病的表现。传染病以复杂而微妙的方式影响了人类的演化和历史。特定社会价值观、发展阶段与科技水平等因素，都会对应对疫情的具体方式产生深刻影响，而某些制度及文明的相对稳定因素，都会在疫情反应方式选择上得到体现。如罗森伯格（Rosenberg）教授所言：对社会科学家而言，疫情建构了一个极为罕见而有用的自然试验，足以彰显社会价值与体制实践的基本形态特征。他甚至别出心裁地设计出一部戏剧、几场标准场景，来刻画西方社会应对传染病疫情的某些规律性特征。

疫情暴发之初，社会主导阶层出于不同考量往往试图回避现实。"商人总是害怕疫情对贸易的影响，城市政府担忧对预算、公共秩序以及生活常态的冲击，只有到疫情无法遮掩时才会承认事实。病死者尸体累积，患者数量增加，这时再也无法回避现实。几个世纪以来，这个模式不断重复。无论是在早期的意大利、17世纪的伦敦还是19世纪的美国，也无论疫情主角是鼠疫、黄热病还是霍乱，疫情总是以这样可预计的形态拉开序幕。医生发现了少数'可疑'病例，随后或是医生遏制了自己的焦虑感，或是报告给了对是否告知公众心存狐疑并对直面现实缺乏动力的权威部门。"首场剧情主题是真相"递进式显现"，强调社会"逐步和不情愿地接受疫情现实"。在当代，"递进式显现"的细节内容已大不相同，然而从美国对新冠肺炎疫情风险早期缺乏及时重视看，传统应对模式的某些机制性内容仍有显现。

任何一次传染病流行都伴随诸多带来致命影响的偶然性作用：灾难为何"突如其来"地在特定时间和地点降临？传染病造成患者出现各种症状缘由何在？为什么同一城市、社区甚至家庭成员，有人罹病甚或丧命，有人却安然无恙？"接受疫情存在意味着需要提供管理疫情可怕肆虐的框架，形成某种广泛同意的解释框架成为第二阶段的主题"，罗森伯格将疫情大剧第二场的主题称作"管理随机性"，即针对疫情派生的偶然随机性提供解说。

依据罗森伯格对欧美历史经验的观察，这类解释早先经常拿上帝说事，具有道德与宗教神谕式内涵。后来随着病理学和生理学等科学常识的普及，转而用包括意志力和责任心、酗酒或暴食、性行为特点等世俗因素解释疫情，间或衍生出针对特定社会背景或生活习惯的人群或阶层的污名化指责。这次新冠肺炎疫情在美国等西方国家全面暴发后，少数政界和媒体人士在解释危机根源时，不愿检讨自身而是一味责怪外国报告疫情信息滞后，或归咎于有关国际组织的协调方法，甚至提出国际性追责的无理要求，折射出全球化环境下一国遭遇危机冲击后寻求卸责方法的某些新特点。

对美国等西方国家这次应对新冠肺炎疫情迟缓，还可以从当代疾病转型趋势特点及其对社会思维行为惯性与疫情经济学研究思路的影响角度思考。在人类文明演化的历史中，传染病与饥荒、战争构成人类健康生存的三大主要杀手。19世纪后半期，特别是进入20世纪后微生物学、抗生素、疫苗等领域的科研取得突破性进展，使得人类与传染病抗争逐步赢得历史性主动。二战后公共卫生领域继续不断取得进步，西方发达国家传统传染病流行得到控制，带来人们对传染病威胁认知的转折性变化。20世纪70年代前后，在美欧流行病研究领域与公共卫生管理部门产生广泛影响的"流行病转型"理论认为，传染病对人类生命健康的威胁正趋于消失，今后需主要应对非传染性疾病加剧的趋势。

"流行病转型"理论在揭示人口结构与疾病类型变化的关联性方面确有贡献，强调心血管疾病、癌症等各种非传染性疾病在卫生健康领域中的重要性有所增加也有合理性，然而有关传染病危险趋于消失的预测观点则过于乐观。随着20世纪80年代艾滋病肆虐全球，进入21世纪后从"非典"到埃博拉病毒病，多次发生跨国新发传染病疫情，在证伪早先"传染病式微论"观点的同时，提示全球化时代由新生人兽共患病原体导致新发传染病的风险趋势性增长。

时代背景对美欧社会认知传染病流行的无声持久影响，在一定程度上可解释为何美欧等西方国家这次应对新冠肺炎疫情迟缓低效。虽然上述流行病转型理论对传染病消亡的预测论点在学界早已被证伪，然而过去一个世纪前后西方发达国家确实没有发生大规模的烈性传染病疫情，这个基本事实意味着几代人没有应对大规模传染病的直接生活经验和记忆，客观上导致相关风险意识趋于淡漠和应对这类危机的能力弱化退化，不利于在面临新冠肺炎疫情冲击时做出更为及时有效的响应。

基于近年从"非典"到埃博拉的跨国疫情接二连三暴发，美欧流行病与公共卫生领域专家普遍认识到，随着全球化的拓展深化与人员跨国流动频繁，新发传染病全球大流行风险趋势性上升。由新生人兽共患病原体诱致新发传染病一旦暴发，短期内难以获得特效药及安全有效的疫苗，因而潜在危害尤巨。然而"非典"、中东呼吸道综合征、埃博拉病毒病等新疫情都主要在新兴经济体或非洲等发展中国家暴发，对美欧发达国家的影响比较间接和有限，这些本可能具有警示意义的信号也就被西方社会承平日久积攒的自满自得认知屏蔽。

艾滋病是美欧发达国家当代经历的最严重的传染病，本应推动西方发达国家提升对新发传染病风险的警觉，然而由于艾滋病的发生机制与应对方式和新冠肺炎这类疫情差异较大，因而应对艾滋病的经验对防控新冠肺炎疫情的借鉴作用比较有限。例如艾滋病从感染到发病有几个月到十几年的潜伏期，免疫力缺陷导致身体多个系统发生不同病症，一般不会出现某个城市或地区很短时间突然出现成千上万新患者、对卫生医疗体系内特定科室——如呼吸科和重症监护室的治疗护理带来超负荷甚至恐慌性压力的情况。另外，从扩散渠道和方式看，通过个人生活方式调整，以及对特定群体和血浆供应系统采取适当干预措施，就能有效降低艾滋病发病率，无须诉诸隔离性防控手段；然而新冠病毒通过一般社交接触借助飞沫等介质就能实现人传人，加长社交距离等隔离措施成为控制疫情的必要手段。

从疫情经济学角度看，像菲利普森教授这样的学者过去几十年的研究工作多有斩获。他们在这一领域研究课题，不少以艾滋病流行作为提炼假说和构造模型的经验观察素材对象，其研究成果对疫情经济学认识水平的提升与理论体系的形成具有积极意义，然而在及时应对新冠肺炎疫情冲击、提供借鉴意义方面作用仍比较有限。回到本文开头提到的问题：为什么对当代疫情经济学具有深刻理解的白宫首席经济学家，在美国遭遇百年不遇疫情冲击前夕未能对眼皮底下的风险更早提出预警并部署防控措施？上述讨论或许能提供一个侧面解释。

由是这涉及一个需要系统讨论的主题：疫情经济学的现有视角和体系远远不能适应时代发展的现实需要。新冠肺炎疫情大流行对未来流行病学与公共卫生理论和政策提出反思要求的同时，也对疫情经济学提出一系列全新研究课题，并对其现有学科体系带来创新与重构的契机。为此需要在回顾梳理疫情经济学现有成果与学科体系架构的基础上，结合新冠肺炎疫情大流行的发生原因、冲击影响与应对举措所涉及的经济新现象与新经验，提炼具有时代特点和现实需要的课题，通过系统研究来丰富和完善当代疫情经济学的认识内容。流行病学及公共卫生学与经济学等多学科交叉合作，是实现疫情经济学创新重构的必由之路。